LA PRESENCIA DE ARGENTINA EN HAITÍ

LA PRESENCIA DE ARGENTINA EN HAITÍ

Contexto global, regional y experiencia militar (2004-2015)

Sabina Frederic y Mónica Hirst
(coordinadoras)

teseo

La presencia de Argentina en Haití : contexto global, regional y experiencia militar 2004-2015 / Sabina Frederic ... [et al.] ; coordinación general de Sabina Frederic ; Mónica Hirst. – 1a ed . – Ciudad Autónoma de Buenos Aires : Teseo, 2016. 288 p. ; 20 x 13 cm.

ISBN 978-987-723-086-4

1. Fuerzas Armadas. 2. Haití. 3. Cooperación Internacional. I. Frederic, Sabina II. Frederic, Sabina, coord. III. Hirst, Mónica, coord.

CDD 327.17

Imagen de tapa: (CC) Todd Huffman, "Presidential Palace", Flickr, 2010. Convertida a escala de grises.

Para sugerencias o comentarios acerca del contenido de esta obra, escríbanos a: **info@editorialteseo.com**

www.editorialteseo.com

ISBN: 9789877230864

Compaginado desde TeseoPress (www.teseopress.com)

Índice

Prólogo

Mariano Aguirre[1]

Entre 2004 y 2015 las Fuerzas Armadas argentinas formaron parte del contingente militar multinacional de la Misión de Estabilización de las Naciones Unidas en Haití (MINUSTAH). Si bien a lo largo de varias décadas Argentina ha participado en diversas misiones de paz de la ONU, la de Haití ha sido especialmente relevante por varias razones. Primero, por ser especialmente latinoamericana, liderada por Brasil y llevada a cabo en otro país de la región. Segundo, por las posibilidades de largo plazo que ha ofrecido a las Fuerzas Armadas argentinas para confrontar sus capacidades logísticas y operativas y de coordinación con el sistema de Naciones Unidas y con efectivos de otros países. Tercero, porque en la década en que Argentina estuvo presente en Haití hubo en el sistema internacional importantes desarrollos y debates sobre las misiones de paz.

Este libro es un importante aporte para el conocimiento sobre cómo funcionan las misiones de paz, sobre de qué forma impactan en los efectivos que participan en ellas, sobre cómo se vincula el personal militar internacional con la sociedad local e, implícitamente, sobre qué prácticas pueden mejorarse en el futuro. El texto combina el marco geopolítico con el análisis etnográfico, o sea que avanza desde el contexto general hacia la particularidad de la vida, actividades, percepciones y discursos que los miembros de las Fuerzas Armadas tuvieron y desarrollaron durante sus estancias en Haití. De este modo, las relaciones internacionales se cruzan con la antropología y, en cierta

---

[1] Mariano Aguirre es director de NOREF, centro noruego de resolución de conflictos, en Oslo. ma@peacebuilding.no

forma, con los estudios culturales, con el fin de presentar una fotografía de gran utilidad para el conocimiento de las Fuerzas Armadas a la vez que de la complejidad de las operaciones de paz.

Especial relieve y simbología tiene también el hecho de que las Fuerzas Armadas de cuatro países (Argentina, Brasil, Chile y Uruguay), que cuatro décadas atrás ocuparon internamente a sus sociedades de forma represiva y colaboraron en la represión transfronteriza, hayan participado y colaborado en una misión multilateral orientada a apoyar la paz y la estabilidad en Haití. Más allá de los éxitos o los fracasos de MINUSTAH, es importante la vinculación entre la democracia en estos cuatro países, la reformulación del papel de las Fuerzas Armadas en sus contextos nacionales y la participación en esta misión.

Observando la doble perspectiva geopolítica y etnográfica del libro, tres cuestiones se pueden subrayar en este prólogo. La primera se refiere a determinados aspectos de la relación entre los miembros de las Fuerzas Armadas argentinas y la población local en Haití. La segunda a la capacidad operacional que les habría proporcionado esta experiencia. La tercera, vinculada con las preguntas de Mónica Hirst al final de su capítulo sobre el alcance y los límites de la misión en Haití.

Dentro de los diferentes temas que plantea el análisis etnográfico resaltan los capítulos sobre la vida cotidiana y las reglas sobre las relaciones afectivas y sexuales. Los análisis sobre política internacional raramente entran en el campo de la psicología, de la afectividad y de cómo influyen pautas culturales en las acciones políticas. Se da por hecho que se trata o bien de actores racionales con intereses más o menos claros, o bien de actores irracionales (estilo Hitler, Sadam Husein o Gadafi) que es necesario combatir. El temor a explicar la política a través de las psicologías de los personajes hace perder de vista en qué medida influyen las historias personales y los contextos culturales.

En su excelente análisis sobre los factores políticos, económicos, geopolíticos y también personales que condujeron a la Primera Guerra Mundial, la historiadora Margaret MacMillan presenta un cuadro particularmente fascinante sobre en qué medida rasgos de la personalidad de los principales actores políticos de Europa, de Asia y de Estados Unidos generaron "la guerra que acabó con la paz".[2] Igualmente, el analista político Simon Jenkins considera que el impulso intervencionista que nació después del final de la Guerra Fría y que condujo a guerras como las de Afganistán y de Irak tiene más que ver con la melancolía neoimperial y con el autoengaño relacionado con la ilusión de la gloria y el poder militar de líderes como el ex primer ministro Tony Blair que con reales intereses geopolíticos y económicos.[3]

La vida de cuartel en el Caribe

Los capítulos sobre la vida privada de los miembros de las Fuerzas Armadas en Haití proyectan una fotografía en la que emergen cuestiones como la relación con otras culturas, los problemas del tiempo libre en un país sin espacios organizados de ocio y bajo unas reglas de comportamiento que no ofrecían casi ninguna oportunidad, la lejanía de sus contextos familiares y sociales, y la compleja relación con el mundo de la prostitución (en muchos casos infantil) haitiana. La descripción que leemos muestra una realidad claustrofóbica, básicamente de cuartel, muy masculino, con la excepción de la limitada presencia de personal militar femenino.[4]

---

2 Margaret MacMillan, *The war that ended peace*, Londres, Profile books, 2014.
3 Simon Jenkins, *Mission accomplished?*, Londres, I.B.Tauris, 2015, p. 182.
4 Ver sobre este tema los proyectos de RESDAL: www.resdal.org/genero-y-paz/genero-operaciones-paz.html

De gran interés igualmente son los testimonios de algunas de estas mujeres miembros de las fuerzas argentinas y sus opiniones sobre el telón de fondo de la sociedad haitiana en la que las reglas de lo que podríamos llamar la "economía sexual" son flexibles y se internan rápidamente en el terreno de la violación de las normas establecidas por la ONU para los miembros de misiones de paz. Los numerosos casos de cascos azules implicados en prostitución y en abusos de menores en diversas misiones hacen que el estudio aquí presentado sea todavía más importante. Sería deseable que más análisis similares se llevaran a cabo en otras misiones de paz. Igualmente necesario es que en la formación de los *peacekeepers* se dedique más tiempo a los temas sexual y de género con la apertura que se abordan en este libro. Testimonios diversos indican que en los cursos de formación estas cuestiones se tocan muy ligeramente.

¿Son los argentinos diferentes?

En los capítulos etnográficos más operacionales resalta también la cuestión de la identidad de las Fuerzas Armadas. Los militares argentinos no escapan, según los testimonios presentados en el libro, de comparación autorreferencial que hacen militares españoles o brasileños (hasta donde este autor conoce, pero probablemente sea un fenómeno extendido en otras nacionalidades) que participan en operaciones de paz. La comparación se refiere a que los efectivos argentinos "son diferentes" en su calidad humana al tratar con los haitianos o en su capacidad para solucionar problemas con pocos medios. Los efectivos españoles que han estado en misiones de paz se sienten orgullosos de su cercanía a la gente (son "campechanos"); los brasileños son igualmente cercanos ("nos ganamos a la gente jugando al fútbol").

Por un lado, estas comparaciones están vinculadas con el nacionalismo patriótico que anima a todos los ejércitos. En definitiva, son ejércitos nacionales que al disolverse en la identidad más amplia de Naciones Unidas y teniendo que seguir, en este caso, las órdenes de un mando brasileño, buscan formas de mantener cierta identidad propia. Por otro lado, indican la normal desconfianza y lejanía respecto de sociedades extrañas, muy diferentes, como la haitiana, y un cierto paternalismo en la forma de tratar con ellas: somos más cercanos, entendemos a la gente, somos más amigables, jugamos al fútbol o, volviendo al punto anterior, nos vinculamos (como explica un testimonio en el libro) emocional y sexualmente con una mujer a la que ayudamos económicamente y de esa forma ella sostiene a su familia.

La lectura de los capítulos etnográficos dejan la sensación de que, para las Fuerzas Armadas argentinas, la participación en MINUSTAH y otras misiones abre, como ha ocurrido con las Fuerzas Armadas de España, Chile, Uruguay, Brasil y otros países, una perspectiva nueva con múltiples facetas que ojalá sean sintetizadas y transmitidas a las nuevas generaciones de oficiales. A la vez, muestran la necesidad de ahondar en los conocimientos sobre las formas de vida de los otros en el país en el que se va a operar.

Los dilemas del intervencionismo

Además del rico estudio etnográfico, este libro presenta la perspectiva geopolítica. MINUSTAH se enmarca en la tendencia internacional, que comenzó después del final de la Guerra Fría, de responder a las crisis institucionales y a las rupturas internas en una serie de Estados que generan inestabilidades nacionales y regionales. Esas rupturas en Estados poscoloniales denominados "frágiles" dan lugar a guerras o a altos niveles de conflictividad violenta, como ocurría en Haití, a graves sufrimientos en sus poblaciones y a crisis humanitarias, flujos de refugiados y emigrantes. A la vez, facilitan el crecimiento de economías ilícitas y de tráficos de armas, de drogas y de personas.

MINUSTAH fue establecida por el Consejo de Seguridad de la ONU en 2004. La misión ha tenido tareas de seguridad, humanitarias (especialmente después del devastador terremoto de 2010) y electorales. Actualmente, según Naciones Unidas, su objetivo es "establecer un entorno seguro y estable en el que se pueda desarrollar un proceso político, fortalecer las instituciones del Gobierno de Haití, apoyar la constitución de un estado de derecho, y promover y proteger los derechos humanos".[5]

Al igual que otras misiones, MINUSTAH nació en medio de la contradicción entre objetivos políticos y normativos (tratar de pacificar y de democratizar las sociedades en crisis para que sus ciudadanos no sufran la guerra y tengan una vida digna) y las limitaciones estatales realistas de los países contribuyentes con tropas y fondos (comprometer fuerzas y recursos financieros hasta el límite que el compromiso, en este caso en Haití, no supere cierto nivel crítico en los países intervinientes). En otras palabras, el dilema en los países que mandan fuerzas y personal civil es cómo manejar el balance para que el impulso moral no se vuelva en contra de los Gobiernos si la intervención se torna impopular (por ejemplo, si comienza a haber bajas entre los efectivos, si es muy cara o si dura demasiado tiempo).[6] Cuando la balanza se mueve en dirección crítica hacia la intervención, los Gobiernos y los mandos militares usan el argumento pragmático del entrenamiento, que se encuentra presente en este libro: una misión como la de Haití sirve

---

5 www.un.org/es/peacekeeping/missions/minustah/
6 Ver, por ejemplo, el debate parlamentario en Chile sobre permanecer o retirarse de Haití. Este debate se ha repetido en todos los países participantes en la misión de la ONU: www.t13.cl/noticia/nacional/tropas-chilenas-en-haiti-el-origen-de-la-mision-y-el-debate-por-la-permanencia-desde-2004

para preparar a los militares latinoamericanos para enfrentar situaciones casi reales de guerra, de contrainsurgencia o de guerras contra grupos armados.[7]

Este movimiento pendular entre defensa de los intereses comunes (la paz, el bienestar de los otros) y percepciones en la seguridad y la política (electoral) nacional es un dilema que ha estado y está presente en prácticamente todos los países que se han embarcado en las misiones que se iniciaron desde el final de la Guerra Fría. Como expresó en su momento el fallecido académico Stanley Hoffman, en el terreno del intervencionismo moral humanitario, el sistema internacional pasó de "lo que debemos hacer" a "lo que es posible hacer".

La MINUSTAH se ha visto afectada, así mismo, por problemas comunes en otras operaciones de paz. ¿Misión de corto plazo para mantener la paz entre actores en conflicto que consienten su presencia (Capítulo VI de la Carta de la ONU), misión para imponer la paz entre partes en guerra que no aceptan a los casos azules (Capitulo VII) o misión híbrida que conlleva un poco de cada cosa? A la vez, ¿es una misión para sentar las primera bases de la construcción de la paz (*peacebuilding*) que sirvan para construir (o reconstruir) el Estado (*statebuilding*)? Estas preguntas impregnan casi todas las operaciones de paz que se pusieron en marcha desde 1991 en Somalia, en la República Democrática del Congo, en Haití o en Darfur.

Guerra u operación de paz

Una clarificación se impone en este punto. Las guerras en Afganistán y en Irak complicaron la conceptualización de las operaciones de paz y del denominado intervencionismo

---

[7] www.latercera.com/noticia/nacional/2015/05/680-629945-9-ffaa-la-capacitacion-en-haiti-es-el-mejor-entrenamiento-al-que-podemos-optar.shtml

humanitario. A principios de la década de 1990, el entonces secretario general de la ONU Boutros Boutros-Ghali indicó en su *Agenda para la Paz* que el sistema internacional debía responder a las crisis en Estados que generaban catástrofes humanitarias. Las respuestas serían diplomacia preventiva, acciones de construcción de la paz, operaciones de paz (incluso usando la fuerza) y reconstrucción posconflicto. Su texto sentó las bases para el intervencionismo en caso de violaciones masivas de los derechos humanos, especialmente si los Estados no cumplían con las obligaciones de garantizar la seguridad de sus ciudadanos. Boutros-Ghali puso, así mismo, énfasis en el concepto de construcción para la paz en situaciones de posconflicto (*post-conflict peacebuilding*).[8]

Una década después, el pésimo balance de la intervención limitada en la Guerra de los Balcanes (1991-1999), la no intervención en la crisis en Ruanda (1994) más los atentados del 11 de septiembre de 2001 mostraron que las recomendaciones del secretario general no habían sido bien escuchadas y que sus expectativas eran excesivas. Los intereses nacionales estaban por delante del interés general o de la suerte de las víctimas. La ONU no recibió el apoyo político necesario, y el mismo Boutros-Ghali fue desplazado por el Gobierno de Bill Clinton.

Del optimismo de la intervención humanitaria se pasó, especialmente después de septiembre de 2001, a intervenciones para "cambiar regímenes" y "estabilizar Estados frágiles" que podían ser paraísos de terroristas (como Bin Laden en Afganistán), y desde ahí a las actuales misiones de paz pragmáticas y crecientemente limitadas. El impulso moral a favor del intervencionismo humanitario de principio de los años noventa se transformó en las intervenciones de los años 2000, guiadas ideológicamente por el pensamiento neoconservador para "promocionar la democracia"

---

8   www.un-documents.net/a47-277.htm

y "cambiar regímenes". En este sentido, MINUSTAH es una de las últimas misiones "integradas", civil-militar, con un amplio despliegue y por un período muy largo de tiempo.

Los vaivenes en las guerras en Afganistán y en Irak, y los mayores ejemplos de guerras neoconservadoras después de septiembre de 2001 llevaron a Estados Unidos y los aliados de la OTAN a presentarlas como operaciones de construcción de la paz y de reconstrucción del Estado. La lógica era la siguiente: si se desplazaba a dictadores como Sadam Husein y a milenaristas fanáticos como los talibanes entonces habría democracia y desde esos países ya no habría amenazas terroristas ni de armas de destrucción masiva para Occidente.

Cuando esta narrativa no resultó porque ni el triunfo ni la democracia fueron posibles, se pasó a argumentar que se trataba solo de operaciones de apoyo a los Gobiernos locales en sus tareas de contrainsurgencia. Rusia, por su parte, justificó su intervención en Osetia del Sur (2008) indicando que era una operación de "imposición de la paz". Esta confusión premeditada entre operaciones de paz y guerra colaboró a que en parte se perdiese de vista el carácter neutral, humanitario o defensor de los derechos humanos que podría asumir la comunidad internacional cuando los Estados nacionales violaban sus obligaciones.

El resultado de estos cambios y confusiones, unido a las tendencias de los países occidentales a evitar poner sus tropas en riesgo, a las restricciones financieras y a querer presentar resultados rápidos ante los atentados yihadistas en Europa, en Turquía, en Estados Unidos y en otros países, han llevado a que las operaciones de paz estilo MINUSTAH sean crecientemente sustituidas por misiones con mandatos de corto plazo, en las que los objetivos humanitarios se superponen con la lucha contrainsurgente, y con mandatos políticos limitados, evitando toda ambición de construcción de la paz y del Estado.

Estados Unidos y Francia, por ejemplo, están utilizando crecientemente misiones híbridas, que combinan elementos de operación de paz con lucha antiinsurgente contra actores no estatales violentos, siguiendo el modelo usado en las misiones de estabilización en Afganistán y en Irak. Esta falta de definición entre misiones de paz y operaciones contra milicias crea serios problemas porque cuestiona los principios de consentimiento, de imparcialidad y de uso proporcional de la fuerza que deben tener las misiones de paz.

De hecho, el Consejo de Seguridad de la ONU solicita cada vez más a las misiones que se ocupen también de otros temas, como la criminalidad, la buena cooperación entre las agencias, la protección de civiles y el facilitar las transiciones. Por ejemplo, la Misión de la ONU para la República Democrática del Congo (MONUSCO) tiene el mandato de prevenir la expansión de "todos los grupos armados, neutralizar los grupos y desarmarlos". También las misiones en Mali (MINUSMA) y en Somalia (AMISOM) cuentan con mandatos contra insurgentes.

Precisamente, entre las recomendaciones del High-level Independent Panel on Peace Operations hechas públicas en julio de 2015, se recomienda que las operaciones de paz incorporen componentes de mediación, de prevención de conflictos, de protección de civiles, y que se tenga cuidado en no confundirlas con operaciones contraterroristas que precisan diferente tipo de preparación.[9] Como indica Jean-Marie Guéhenno, director del International Crisis Group, sobre esta recomendación, victorias tácticas de las operaciones de paz contra grupos terroristas se pueden convertir en derrotas estratégicas.[10]

---

9 www.un.org/sg/pdf/HIPPO_Report_1_June_2015.pdf
10 Jean-Marie Guéhenno, "Giving peace a chance", *The World Today*, agosto y septiembre de 2015, p. 10. www.chathamhouse.org/publication/twt/report-sets-rules-un-blue-helmet-missions

El factor nacionalista

Las razones de este movimiento, desde la gran ambición estratégica de los años noventa a la respuesta limitada y táctica, son varias. Primero, el fracaso de tratar de cambiar sociedades y sistemas de poder a través de la fuerza. El término mismo "cambio de régimen" encierra la falta de visión neoimperial y paternalista, pensando que en un país dado se cambia el régimen por la fuerza y a la mañana siguiente amanece la democracia. Los casos de Afganistán, de Libia y de Irak demuestran que es un pensamiento poscolonial simplificador derivado de la falta de comprensión de la complejidad de las sociedades que tienen parte de las élites político-intelectuales en Estados Unidos y muchos de sus aliados.

Sin llegar al autoritario "cambio de régimen", incluso las más pacíficas intenciones de promover el desarrollo en Haití desde la cooperación Norte-Sur y Sur-Sur, como lo indica el capítulo de Bernabé Malacalza en este libro, se han enfrentado a una serie de complejos problemas, intereses, inercias y fracasos. Esto en parte tiene relación, como se indica también en esta obra, con el escaso tiempo dedicado al conocimiento de la sociedad, de la cultura y de la política de Haití. Estos factores ponen en cuestión el papel de la cooperación internacional y su papel en los proyectos que vinculan operaciones de mantenimiento de la paz con construcción de la paz a través del desarrollo.[11]

Segundo, la cuestión de la soberanía en el mundo poscolonial. La idea de que los países del Norte, en particular los que fueron potencias coloniales, lideren campañas militar-civiles para poner en orden Estados en crisis es

---

[11] Sobre la complejidad de la realidad haitiana y la forma de actuar de sus ciudadanos, con una larga tradición basada en la ocultación de sus datos privados (verdadero nombre, dirección de sus hogares) para evitar ser identificados por los colonialistas francesas y luego estadounidenses ver el artículo y serie de libros reseñados en www.nybooks.com/articles/2013/06/06/haiti-compromising-reality/

resistida desde diversos sectores en los países del Sur. Es un rechazo fundamentado en un antiimperialismo histórico-político. Las intervenciones del Norte en el Sur han dejado una marca muy fuerte asentada sobre el nacionalismo. Aunque hoy las formas de dominación sean diferentes y las intervenciones y los golpes de Estado inspirados en las capitales del Norte son menos frecuentes (y menos necesarias), para sectores políticos e intelectuales resulta casi natural asociar intervenciones con imperialismo.

Esta asociación ha impedido a muchos sectores en países del sur comprender la dimensión ética, vinculada con el derecho internacional, del intervencionismo humanitario. La distorsión y la manipulación que se ha hecho de las operaciones de paz en misiones de corto plazo, con limitados objetivos, cruzadas con contrainsurgencia, parecen dar la razón a los críticos de estas operaciones. Sin embargo, desde una perspectiva histórica de largo plazo de las relaciones internacionales y del derecho internacional, el mal uso de un principio no anula su legitimidad ni su necesidad.

En el contexto del debate sobre la soberanía, hay también posturas demagógicas e interesadas de Gobiernos que usan el antiintervencionismo humanitario y la crítica a las operaciones de paz para erigirse en líderes de los países del sur o de los emergentes. Por ejemplo, cuando durante los últimos años los Gobiernos de Rusia, Sudáfrica, China y Brasil se opusieron en el Consejo de Seguridad de Naciones Unidas a adoptar medidas más fuertes contra la el régimen de Bashar al-Asad en Siria, su primer interés no era la defensa de la soberanía nacional ni los derechos humanos de la población siria sino ganar espacio geopolítico en el actual mundo multipolar. A la vez, para Rusia y para China, es importante contar con un grupo de países amigos que los apoyen en la resistencia a legitimar toda forma de intervención internacional, aunque sea por razones humanitarias. Moscú y Beijing piensan especialmente que lo que aprueben hoy en esa dirección podría volverse mañana en su contra en situaciones como Tíbet o el Cáucaso.

La mayor parte de los conflictos armados actuales ocurren entre Estados y milicias (organizaciones armadas no estatales). Este tipo de conflictos va a seguir generando violaciones masivas de derechos humanos, inestabilidad y crisis nacionales y regionales. Esto requerirá formas diversas de intervenciones. Posiblemente habrá fases de intervencionismo moral mezcladas con operaciones por intereses geopolíticos y económicos. Las segundas serán disfrazadas de buenas intenciones. Habrá crisis a las que se prestarán mucha atención y otras que seguirán olvidadas. Las Fuerzas Armadas de muchos países, entre ellos Argentina, posiblemente participarán en misiones de creciente complejidad, situadas en zonas grises entre asistir a poblaciones en peligro y hacer la guerra a milicias como el Estado Islámico o Boko Haram. La experiencia en Haití y las enseñanzas que presenta este libro serán útiles para las decisiones políticas que se tomen, las relaciones civiles-militares que se diseñen y las acciones militares que se implementen.

Oslo, 18 de abril de 2016

Introducción

Sabina Frederic y Mónica Hirst

La producción de este libro fue el resultado de un proyecto de investigación realizado en la Universidad Nacional de Quilmes con el apoyo del Ministerio de Defensa de la República Argentina.[1] Junto a las motivaciones académicas que llevaron a su realización se sumó la de hacer conocer a la ciudadanía un tema que consideramos de gran trascendencia política, aunque ocupe un espacio menor en el debate público argentino: la participación de las Fuerzas Armadas en operaciones de paz. El foco acá será el aporte que se dio en el territorio haitiano a partir de la creación de la Misión de Estabilización de Naciones Unidas para Haití en 2004. Consideramos que la presencia de contingentes militares de diversas naciones latinoamericanas, entre las cuales estuvo Argentina, implica un nuevo tipo de compromiso, como acciones y decisiones estratégicas mundiales con consecuencias de mediano y de largo plazo para el país.

Textos y contextos

Las operaciones de paz constituyen un instrumento multilateral esencial para lidiar con realidades en las cuales los recursos institucionales locales carecen de autoridad para contener el conflicto y asegurar condiciones de convivencia entre los miembros de una determinada sociedad. Para las Naciones Unidas se trata de un medio crucial del cual

---

[1]   El apoyo se materializó en un convenio de asistencia técnica suscripto por las partes y vigente hasta la finalización del proyecto.

dispone la comunidad internacional para garantizar la paz y la seguridad mundial. Si bien no están mencionadas en la Carta de la ONU de 1945, estas operaciones corresponden al principal activo de fuerza a disposición del sistema colectivo manejado por su máximo órgano decisorio, el Consejo de Seguridad.

En América Latina, Argentina es uno de los países que más se destaca por su participación en misiones de paz conducidas por la ONU, ya sea como país observador o como contribuyente de tropas, de apoyo logístico o de asistencia humanitaria. Esta tradición estuvo condicionada por los diferentes momentos del contexto internacional así como también por las prioridades de la política externa de los Gobiernos de este país. En los años noventa, durante la primera etapa de la pos-Guerra Fría, el Gobierno argentino estuvo especialmente comprometido en mantener un alto perfil en el proceso de expansión numérica y de redefinición normativa de las operaciones de paz de la ONU.[2] Internamente, este impulso coincidió con una redefinición del sentido de la misión de las Fuerzas Armadas del país. Como parte del proceso conocido como "de democratización" se restringió el ámbito de las competencias para la intervención militar al campo de la defensa nacional, y se excluyó la seguridad interior, que sería exclusiva competencia de

---

[2]   La Argentina en la década de 1990 participó de veintidós misiones de paz. Angola: UNAVEM I (1988-1991), UNAVEM II (1991-1995), UNAVEM III (1998-1997), MONUA (1997-1999); Mozambique: ONUMOZ (1992-1994); Ruanda: UNAMIR (1993-1996); Guatemala: MINUGUA (1997); Haití: UNMIH (1993-1996), UNTMIH (1997), MIPONUH (1997-2000); Camboya: UNAMIC (1991-1992); Croacia: UNTAES (1996-1998), UNPSG (1998); ex Macedonia: UNPREDEP (1995-1999); Península de Prevlaka: MONUP (1996-2002); Bosnia y Herzegobina: UNMIGH (1995-2002); Irán/Irak: UNIMOG (1988-1991); Iraq-Kuwait: UNIKOM (1988-1991); Sahara Occidental: MINURSO (1991-hoy); Chipre: UNFICYP (1964- hoy); Kosovo: UNMIK (1999-hoy); Oriente Medio: ONUVT (1948-hoy).

las fuerzas policiales y de seguridad.[3] Dos leyes aún vigentes, sancionadas entre 1987 y 1991 llamadas de Defensa Nacional y de Seguridad Interior respectivamente, alejaron desde entonces la formación, el entrenamiento militar y la habilitación legal para realizar operaciones policiales en territorio argentino. Aun así la operación de paz de mayor envergadura hasta finalizar la década de 1990 en la que tomó intervención argentina fue en Chipre, sin que esta desafiara la normativa vigente. Por el contrario, durante esta década, la intervención de los militares en operaciones de paz fue legitimada internamente, según algunos estudiosos, por su capacidad de alejar a los militares de asuntos no domésticos y por ende de democratizarlos (Worboys, 2007; Sotomayor, 2014).[4]

En la década siguiente la presencia Argentina en las misiones de paz se dio en contextos externos e internos notablemente diferentes. En el plano internacional, las expectativas de una paz colectiva asegurada por los recursos normativos y funcionales de la gobernanza global se habían erosionado por la veloz securitización de la agenda mundial después del 11 de septiembre de 2001. En el plano interno, la política de defensa argentina acompañaba el conjunto de transformaciones iniciadas en 2003 por un Gobierno cuya política externa se manifestaba crítica y aprehensiva frente al intervencionismo de las potencias occidentales. Un intenso debate parlamentario fue la antesala de la salida del contingente más grande de tropas militares para intervenir

---

3   La función de seguridad interior es cubierta en Argentina por fuerzas federales: la Policía Federal Argentina, la Gendarmería Nacional Argentina, la Prefectura Naval Argentina y la Policía de Seguridad Aeroportuaria; y fuerzas provinciales son el conjunto de las policías dependientes de las provincias y la policía metropolitana con jurisdicción en la Ciudad Autónoma de Buenos Aires.

4   Arturo Sotomayor (2014) analiza las consecuencias de las misiones de paz desafiando los fundamentos de su legitimación original.

en la operación de paz en Haití.[5] El carácter del conflicto haitiano, las restricciones a la intervención de las Fuerzas Armadas argentinas en asuntos de seguridad interna, sumado a la autorización de hacer uso de la fuerza dado el mandato de Naciones Unidas de imposición de la paz al inicio de la MINUSTAH, fueron de los aspectos más controvertidos del debate. No obstante, el Congreso aprobó la ley que autorizó la salida del primer contingente. Fue en este contexto que la participación en misiones de paz adquirió un sentido selectivo y que su motivación pasó a estar articulada con el compromiso de la solidaridad regional que permeaba las demás acciones internacionales del país.

La decisión de Argentina de unirse a las naciones vecinas le permitió asumir un lugar destacado en la organización y el despliegue de la MINUSTAH, que llega a Haití en la segunda mitad de 2004. El objetivo de este libro es narrar esta experiencia. Nuestra intención es analizar la conexión entre el contexto global-regional y las especificidades de las vivencias de las tropas argentinas en el terreno a lo largo de los doce años en que permanecieron en suelo haitiano.

Pasado reciente y presente incierto

Un aspecto importante a ser mencionado sobre este libro se refiere a las marcadas diferencias en los momentos políticos atravesados por Argentina y por Haití entre su elaboración y su publicación. No se trata de una diferencia que se explique por el lapso temporal, pero sí por la producción de realidades internas de notables contrastes. El proyecto de investigación que permite la organización de este volumen fue motivado por un escenario de salida de las tropas argentinas en Haití, el que a su vez se articulaba a

---

[5] En marzo de 2004 el Gobierno nacional envió un proyecto de ley al Congreso de la Nación aprobado sin mayor debate en el que obligaba a dar autorización parlamentaria a cualquier salida de tropas militares al exterior.

un proceso de drástica disminución con vistas hacia la total retirada de los contingentes militares de la MINUSTAH en 2016, obedeciendo el mandato aprobado por el Consejo de Seguridad de la ONU. De hecho, la decisión Argentina de retirar sus tropas de Haití en mayo de 2015 se dio en un contexto muy distinto al actual respecto de la evolución del mandato de la MINUSTAH y de las realidades políticas haitianas, latinoamericanas y argentinas. Destacamos tres diferencias fundamentales: i) con respecto a la realidad haitiana, la interrupción del proceso electoral iniciado en agosto de 2015 que llevó a la asunción de un Gobierno transitorio comprometido con una nueva convocatoria a elecciones en 2016; ii) con respecto a la MINUSTAH, la incertidumbre sobre la retirada de la misión frente al nuevo escenario político haitiano; iii) con respecto a la realidad argentina, la victoria electoral y el inicio del Gobierno de las fuerzas políticas opositoras a aquel que impulsó el envío de tropas a la MINUSTAH en 2004, lo que inaugura un nuevo ciclo político en el país.

Las autoridades responsables por el despliegue y el repliegue de las tropas en Haití ya no gobiernan en Argentina. ¿En este cuadro perdieron vigencia las posiciones críticas de la Argentina a las transformaciones de la MINUSTAH, que apresuraron su retirada de Haití? Esta pregunta puede llevar a otras en cuanto a la identificación de la decisión de participación militar en operaciones de paz. ¿Para Argentina ésta constituyó una política de Estado o de Gobierno vinculada con determinadas preferencias políticas? Sin lugar a duda, en el momento en que este libro salga a la luz será especialmente difícil prever el futuro político de Haití y también cuál será el camino que tomará la ONU con respecto a la MINUSTAH. También parece prematuro anticipar cuáles serán los lineamentos de las políticas exterior y de defensa argentina con respecto al tema de la intervención internacional.

Entre dos campos disciplinares

Los textos reunidos en este libro son reflejo de una doble mirada disciplinar, que suma los enfoques de los estudios internacionales a los de la antropología. En este esfuerzo buscamos articular prismas analíticos que consideramos complementares para entender cómo factores sistémicos globales, contextos políticos regionales y dinámicas locales se articulan con perspectivas de los actores sobre su actuación y el escenario de intervención, y confluyen en una misión de paz. Se trata de una propuesta que reconoce las fronteras y las particularidades de cada campo de conocimiento, y advierte en esta diferenciación la riqueza del diálogo y del intercambio entre los respectivos territorios epistemológicos. Por consiguiente, al mismo tiempo que nos vemos estimuladas por esta interacción, procuramos preservar el tipo de enfoque y el método de análisis de cada campo de conocimiento. Consecuentemente, cabe aclarar, las diferencias de lenguaje y técnicas narrativas volcadas en este libro no son una cuestión de estilo sino resultado del propio abordaje analítico demandado por los fundamentos epistémicos de cada disciplina.

Un estudio sobre operaciones de paz en el actual contexto mundial puede conducir a diferentes intercambios entre los estudios internacionales y la antropología. En nuestro caso elegimos tres vertientes que consideramos pertinentes para reforzar esta conexión.

La primera relacionada con el estudio de la guerra y de su comprensión en el inventario de opciones humanas manejadas en las relaciones que involucran grupos sociales autopercibidos, como Estados nacionales, etnias, tribus, comunidades religiosas, entre otros. En este caso recurrimos a las enseñanzas de antropólogos como Margaret Mead (1940) y Pierre Clastres (1977) quienes constatan que la guerra es una invención social y no una condición inherente al individuo. Sus tesis procedentes de tradiciones disciplinares nacionales diferentes convergen en concebir a la guerra no como una necesidad biológica, sino como una opción –estructural según Clastres– entre otras formas posibles de relación y de intercambio. El recurso a la violencia de esta forma del intercambio hace de la guerra, en los términos de Mead (1940), una "mala invención", afirmación con la que desnuda las implicancias morales de cualquier estudio científico sobre la cuestión. Para Clastres (1977), interesado en la guerra en las sociedades sin Estado, se trata de una cuestión estructural políticamente funcional a la identificación con un nosotros que refuerza la oposición a otra comunidad.

Si este es un axioma aplicable para analizar el conflicto entre Estados, se vuelve todavía más apropiado en el análisis de las intervenciones militares emergentes en el mundo actual. Retomando la idea de que la guerra es una "mala invención", como dice Mead, el recurso actual a intervenciones militares como las operaciones de paz aparece entonces revestido de cierta benevolencia, y puede conducir a lo que llamaríamos, casi irónicamente, una "no tan mala" invención.

Se trataría de un recurso de poder de la comunidad internacional para lidiar con la realidad de conflictos que colocan en riesgo a determinado grupo social. Esta visión benevolente estaría basada en el hecho de que si bien este tipo de intervención puede ser una construcción política movida por intereses estratégicos, se legítima por decisiones colectivas y por principios normativos definidos colectivamente. Como resultado, esta invención sigue reglas de procedimiento definidas multilateralmente. No obstante, su máximo recurso político es el uso de la fuerza y la hipótesis de su utilización dependerá del marco jurídico en torno de la decisión de cada país que se suma a una operación de paz. Sus prácticas se dan a partir de la interpretación que realizan de estas reglas los grupos militares integrantes a la vez de Naciones Unidas y sus Estados nacionales, los que imponen un código de disciplina específico. En este libro, el desempeño de los militares argentinos en Haití constituye el foco de atención, una entre las varias tropas extranjeras que coexistían en un "ambiente operacional" cuya percepción y consiguiente actuación es materia de diálogo entre las dos disciplinas.

Una segunda posibilidad de diálogo entre los estudios internacionales y la antropología, que también lidia con la cuestión de la intervención, ya no como una acción de fuerza, es convertirse en un instrumento de transformación de una realidad ajena. El motor de la presencia externa en Haití es el "desarrollo" y la antropología ha estado comprometida de diversas maneras con dicho principio tendiente al supuesto mejoramiento de las condiciones de vida de ciertas poblaciones. Según la corriente antropológica y el contexto histórico, algunos antropólogos pivotearon entre contribuir a mejorar la adaptabilidad de los programas diseñados y ejecutados por organismos internacional de crédito, o por el contrario, se han ocupado de cuestionarlos mostrando las consecuencias negativas o nulas en las poblaciones (Martínez Mauri y Larrea Killinger, 2010). La exploración del modo en que en el escenario haitiano las políticas internacionales destinadas tanto a la "pacificación" como al "desarrollo" son concebidas por los encargados de implementarlas, ofrece un terreno de diálogo fructífero entre las disciplinas. La complementariedad entre ambas ubica el interés de la antropología en identificar las lógicas concretas mediante las cuales los agentes –de ONG, Naciones Unidas, Cancillerías y Fuerzas Armadas– actúan en un escenario internacional, y en nombre de qué categorías y procesos lo hacen: el cambio, el desarrollo, la ayuda humanitaria, la paz, entre otras.

Nuestro enfoque centrado en el diálogo interdisciplinar ha sido útil para comprender determinados aspectos, sean militares o no, de la presencia regional en Haití. La idea de que esta presencia puede incidir en los procesos políticos y en las opciones económicas locales estuvo presente durante todos los años de la MINUSTAH. La mirada crítica que los estudios antropológicos sobre el desarrollo y la cooperación internacional proporcionan es de gran utilidad para entender los desafíos que los países latinoamericanos enfrentarán en sus acciones junto a la población haitiana. ¿Cuáles son los límites transformadores de estas acciones, sean en la transferencia de conocimientos o en la transmisión de valores y principios políticos? Ésta es la pregunta crucial de difícil respuesta después de 12 años de permanencia en Haití.

Un tercer punto de interconexión disciplinar es el de los estudios regionales y la problemática de las identidades nacional y regional. La pregunta de qué regiones son actores internacionales ganó un nuevo impulso en los años de la posguerra fría (Buzan, 2003). Analizar el regionalismo latinoamericano siempre constituyó un tema complejo en función de determinantes pasados y presentes que limitan y fragmentan a la hora de la cooperación. Saltando rápidamente al tema de este libro, está claro que consideramos la dimensión regional de la MINUSTAH como un aspecto de gran relevancia. Aun cuando con el tiempo está dimensión perdió peso por razones políticas y limitaciones operativas, las tropas militares mantuvieron sus vínculos y desarrollaron formas de cooperación a lo largo de la misión. El escenario de la MINUSTAH puso en juego la relación permanente en situaciones operacionales reales de efectivos de la mayoría de los países latinoamericanos. En este diálogo entre nuestras disciplinas, nos preguntamos: ¿cómo evaluar su impacto en el reconocimiento y la autopercepción de la identidad de los contingentes militares latinoamericanos? ¿Qué puede enseñar la experiencia de los militares argentinos sobre la constitución de una identidad regional en materia de defensa? ¿Puede la experiencia de una misión comandada e integrada por Fuerzas Armadas de la región constituirse en un paso previo hacia la interoperabilidad militar regional?

Finalmente, y desde el punto de vista institucional, el carácter interdisciplinar de este libro implicó la articulación entre equipos de investigación de los Departamentos de Ciencias Sociales y de Economía y Administración de la Universidad Nacional de Quilmes, en el marco de los proyectos "Innovaciones conceptuales y aplicadas de la cooperación Sur-Sur latinoamericana: en búsqueda de la sustentabilidad y del cambio estructural", dirigido por Monica Hirst y "Moral y emoción en la configuración profesional de las Fuerzas Armadas y de Seguridad" dirigido por Sabina Frederic.

La estructura y sus partes

La estructura de este libro sigue la lógica de la diferenciación disciplinar y se divide en dos partes principales. Una primera titulada "El nexo multilateral-regional de la intervención y la cooperación en Haití" corresponde a los textos elaborados desde el enfoque de las relaciones internacionales que se desdobla en dos secciones. Un primer capítulo, escrito por Mónica Hirst, se dedica a analizar los cambios que ocurren en los ámbitos de la gobernación global que inciden en los nuevos tiempos de la intervención internacional y especialmente en las operaciones de paz conducidas por las Naciones Unidas. Este capítulo también subraya las motivaciones de la participación latinoamericana en la MINUSTAH destacando las motivaciones de los países del grupo ABC (Argentina, Chile y Brasil) e indica las diferencias intrarregionales observadas después del terremoto de 2010 y a partir del gradual proceso de retirada de sus contingentes militares. El segundo capítulo, de autoría de Bernabé Malacalza, está enfocado en el tema de la cooperación internacional en Haití. Su mayor atención serán las acciones de naturaleza Sur-Sur y especialmente la actuación argentina. En este caso un estudio crítico es realizado sobre el Programa Pro-Huerta y los desafíos que enfrentó en los años recientes en territorio hatiano.

La segunda parte del libro está orientada al análisis etnográfico de la experiencia de los militares argentinos que integraron alguno de los veinte contingentes desplegados en la MINUSTAH. Contiene una primera sección con la presentación, escrita por quienes realizaron trabajo de campo etnográfico, y donde se da cuenta de la investigación realizada, de sus objetivos, de su estrategia metodológica y de su complementación con los datos producidos por una encuesta. Asimismo contiene información sobre las características generales de la misión militar en Haití relativa a las funciones, las tareas y el tamaño de los contingentes.

Luego de la presentación se incluyen seis capítulos en los que se analizan desde la perspectiva de los militares los aspectos más relevantes de su experiencia, como son entre otros los desafíos, los obstáculos y los aportes a sus vidas personales, familiares y profesionales, y a las Fuerzas Armadas argentinas en la operación de paz más importante en la que han tomado intervención. El capítulo 1 "Capacitación militar para las misiones de paz de Naciones Unidas", escrito por Sabrina Calandrón y Guadalupe Gallo, presenta una descripción de las instrucciones y de los adiestramientos específicos recibidos por los militares próximos a desplegar y se focaliza en la adaptación de las capacitaciones al contexto de la misión de paz en Haití; para ello, introduce al Centro Argentino de Entrenamiento Conjunto para Operaciones de Paz (CAECOPAZ). A continuación, en el capítulo 2 "Mando, conducción y disciplina en una operación de paz" a cargo de Sabina Frederic y Marina Martínez Acosta, observaremos que, además de la preocupación por la adquisición de las competencias profesionales de los subalternos, los oficiales al mando se muestran sensibles ante distintas prácticas que puedan favorecer el clima de trabajo, las cuales –además de adquirirse mediante un proceso de enseñanza-aprendizaje– son centrales al momento de construir el mando y ejercer el liderazgo. Por su parte, Mariano Melotto en el capítulo 3 "La autocomprensión de militares argentinos y su desempeño durante la MINUSTAH" estudia las descripciones que los propios militares despliegan respecto a su desempeño profesional en donde se articula no solo la elaboración de la distinción de otras milicias extranjeras, los inconvenientes y la falta de recursos con los que debían operar, sino también algunos sentidos compartidos con los sujetos institucionales en su definición sobre quiénes son y qué hacen. En "Distancia, encierro y tiempo libre: la dimensión familiar y personal", el capítulo 4, Sabina Frederic indaga sobre las narrativas de los militares argentinos desplegados a fin de dar cuenta de implicancias y de repercusiones íntimas y personales surgidas a partir de las experiencias vividas en las operaciones de paz en Haití en donde la administración del tiempo libre y las buenas comunicaciones en sus varios sentidos adquieren una gravitación significativa en la eficacia de las tareas a realizar. Sabrina Calandrón en el capítulo 5 "Género y sexualidad en la perspectiva de militares argentinos en la MINUSTAH" investiga sobre el lugar ocupado por la sexualidad y las concepciones de género en el contexto de la misión de paz y considera al mismo tiempo las consecuencias sociales y políticas implicadas por tales comportamientos. Finalmente, Guillermo de Martinelli en el capítulo 6 "La valoración de los militares sobre la MINUSTAH a través de una encuesta de opinión" se ocupa de abordar desde un enfoque cuantitativo las apreciaciones y percepciones presentadas –en tensión y consenso– por los militares desplegados respecto a la dimensión profesional y personal de esa experiencia.

El nexus multilateral-regional de la intervención y la cooperación en Haití

El marco multilateral y la presencia regional en Haití[1]

MÓNICA HIRST

La llegada de la MINUSTAH a Haití en 2004 intentó remover un pasado con reiterados momentos de suspensión o limitación de soberanía. La ocupación que dejó mayor marca fue la impuesta por Estados Unidos en las primeras décadas del siglo XX, cuando la presencia militar norteamericana se proyectó en diferentes partes de la región del Caribe y de Centroamérica.[2] La nación haitiana también fue víctima de repetidas prácticas coercitivas externas con fuerte impacto en su economía.[3] En los últimos años de siglo pasado, la presencia de misiones multilaterales a cargo de la Organización de Estados Americanos (OEA) o de las Naciones Unidas, con el propósito de estabilizar y de restablecer el orden institucional en el país, volvió a poner en jaque el autodeterminación haitiana.[4] Y otra vez en

---

1   La autora agradece a Bernabé Malacalza por la elaboración de los gráficos y a Karen Gómez por su contribución como asistente de investigación.
2   Conocida como la política del Gran Garrote (*Big Stick*), se originó durante el Gobierno de Theodoro Roosevelt, cuando tuvo lugar la ocupación de la Republica Dominicana (1916-1924), de Cuba (1906 y 1909) y de Haití (1915-1934).
3   Se menciona: la prolongada y multimillonaria deuda externa que Francia impuso a Haití desde la independencia de 1804 hasta 1947, las sanciones económicas aplicadas por Estados Unidos, la ONU y la OEA a este país en los años 1991-1994 y la suspensión de la ayuda externa en diferentes periodos.
4   Las misiones de Naciones Unidas en Haití fueron: MICIVIH (Misión Civil internacional en Haití), conjuntamente con la OEA (Res. A/47/208, abril 1993), UNMIH (Misión de las Naciones Unidas en Haití Res. CS/940, septiembre de 1993 a junio de 1996), UNSMIH (Misión de Apoyo de las Naciones Unidas en Haití. Res. CS/1063, julio de 1996 a junio de 1997), UNTMIH (Misión de Transición de las Naciones Unidas en Haití. Res. CS/123, agosto de 1997 a noviembre de 1997), MIPONUH (Misión de la Policía Civil de las Naciones Unidas en Haití. Res CS/1542, diciembre de 1997 a marzo del 2000), MICAH (Res. A/54/193, diciembre de 1999), MIF (Fuerza Interina de Paz. Res. CS/1529, febrero de 2004).

37

2003 la caída del Gobierno de Jean Bertrand Aristide, acompañada por una severa crisis interna, causó la intervención de la Fuerza Multinacional Provisional promovida por Estados Unidos y por Francia.[5]

La crisis haitiana tuvo un impacto inmediato en América Latina y produjo dos tipos de reacciones: una de movilización de recursos económicos y de iniciativa de cooperación para atender las emergencias humanitarias de la población, y otra encuadrada en los procedimientos intervencionistas de la ONU para lidiar con realidades para las cuales se considera necesario el envío de una misión de paz. Ésta correspondió a la quinta misión de Naciones Unidas; su propósito era reestablecer el orden institucional haitiano, incentivando el diálogo político y la reconciliación nacional acompañados por la promoción del desarrollo económico y social. Además de garantizar la estabilidad, la MINUSTAH llevaría adelante una amplia gama de responsabilidades en el marco de las llamadas "intervenciones multidimensionales". Se combinaron tareas de asistencia electoral, seguridad pública, ayuda humanitaria, protección de los derechos humanos y del medio ambiente y el fomento al desarrollo económico.

El envío de contingentes militares a Haití fue, desde el inicio, materia de controversia en los ámbitos políticos e intelectuales latinoamericanos. Los cuestionamientos sobre la misión giraron en torno a tres puntos: i) su origen y su subordinación

---

5   En el año 2000, Jean Bertrand Aristide fue elegido presidente con el 91% de los votos (sólo el 10% de los electores votaron debido a un boicot organizado por los partidos opositores). Tanto la oposición como la comunidad internacional acusaron al Gobierno de cometer fraude y de manipular los votos. La comunidad internacional le impuso sanciones muy severas que afectaron la economía del país. En febrero de 2004 estalló una revuelta armada que se extendió rápidamente por todo el país. Después del fracaso de soluciones negociadas y frente a la decisión de Washington de enviar tropas, Aristide abandonó el país. El Consejo de Seguridad de la ONU autorizó (por pedido del presidente interino Boniface Alexandre) el despliegue de una Fuerza Multinacional Provisional compuesta por soldados norteamericanos, franceses, canadienses y chilenos. El 1 de junio de 2004 por la resolución 1542 se estableció la MINUSTAH (Misión de Estabilización de las Naciones Unidas) por un período inicial de seis meses.

a los intereses de Estados Unidos; ii) los costos y los beneficios para el país de una nueva intervención externa; y iii) sus posibilidades de éxito en el corto y el mediano plazo.

Bajo el nuevo intervencionismo

En los años de la posguerra fría, la caracterización de la violencia intraestatal como una amenaza global abrió las puertas para una nueva etapa de securitización de la política mundial. Al mismo tiempo que las potencias mundiales, y específicamente Estados Unidos, redefinían sus políticas estratégicas, se fue reconfigurando la agenda de preocupaciones de las instituciones multilaterales, y las discusiones en el seno del Consejo de Seguridad de las Naciones Unidas (CS) adquirieron mayor relevancia (Kennedy, 2006: 51-76). Durante los años de la Guerra Fría, el principio de la soberanía de los Estados estuvo subordinado a la lógica del conflicto operado directamente por las superpotencias, lo que quitó trascendencia al CS y redujo sus "transgresiones". Con el deshielo de la política mundial, el CS expandió su agenda intervencionista, lo que le otorgó un nuevo rol: es el propio CS el que actúa relativizando la inviolabilidad del principio de soberanía. Luego, las acciones militares en Afganistán y en Irak en respuesta a los ataques del 11 de septiembre de 2001, lideradas por el Gobierno norteamericano y la OTAN, revelaron con contundencia los nuevos parámetros del intervencionismo internacional. Entre tantas consecuencias, se subrayan las diferencias generadas entre las potencias occidentales y los poderes emergentes, lo que amplió la resonancia de las voces discordantes del mundo en desarrollo.

Diez años después, el impacto causado por las intervenciones en Libia (2011), Ucrania/Crimea (2014) y Siria (desde 2012) confirmó el retorno de la geopolítica al tablero mundial (Mead, 2014). Las motivaciones estratégicas de las potencias mundiales eran el motor de las intervenciones militares. En este contexto, las lógicas de intereses geoestratégicos, que conducían a la securitización de las crisis humanitarias, se confundían con los principios normativos de la intervención multilateral.

Percepciones distorsionadas e interpretaciones simplificadas de realidades ajenas han pasado a justificar diferentes formas de intervención, que incluyen prácticas coercitivas tales como sanciones económicas, cooperación condicionada, presión política o acción militar. En nombre de la responsabilidad internacional, han sido practicadas o defendidas acciones que pretenden la modificación de conductas de Gobierno o la eliminación de regímenes políticos considerados inaceptables por parte de las potencias occidentales. Desde un prisma normativo, estas acciones han estado amparadas en el principio de la Responsabilidad de Proteger (conocido como R2P), a partir del cual se ha desplegado una nueva interpretación sobre las realidades que justifican o exigen la intervención externa.[6] En la práctica, las operaciones ejecutadas reducen la soberanía, generan nuevas modalidades de tutelaje y son capaces de producir crisis humanitarias con altos costos para la población local (Avezov, 2013).

En el CS, este escenario genera tensiones en los debates entre sus miembros, sean éstos permanentes o rotativos. Cada vez se observa más una fragmentación entre potencias occidentales y el "resto", este último compuesto por potencias como Rusia y China, además de determinadas naciones en desarrollo. Naturalmente, estas coaliciones se forman de acuerdo con la rotación de los países de cada región y sus respectivas preferencias en política exterior. En determinadas ocasiones, las potencias emergentes pudieron coordinar sus posiciones fren-

---

6 El principio de R2P está vinculado con la idea de que la soberanía es una responsabilidad y no un derecho. Su fundamento es que si los Estados no son capaces de protegerse y tampoco a sus ciudades de acciones de genocidio, limpieza étnica, guerras y crímenes contra la humanidad, deben pedir asistencia a la comunidad internacional. En caso de que esta solicitación no ocurra, cabe a la comunidad internacional asumir la responsabilidad de actuar para proteger a integridad de la población afectada. Este principio fue defendido originalmente en 2001 por la Comisión Internacional sobre Intervención y Soberanía Estatal (International Commission on Intervention and State Sovereignty - ICSS) Disponible en goo.gl/LfTg6d.

te a deliberaciones con las cuales no estaban de acuerdo. Un momento emblemático se dio en 2011 cuando los cinco países del grupo BRICS coincidieron en el Consejo de Seguridad (Brasil, Sudáfrica y India con asientos rotativos Rusia y China como miembros permanentes) (Hirst, 2015).

En 2011, con la acción multinacional en Libia, se inauguró en la ONU el uso del principio de la Responsabilidad de Proteger (R2P) para justificar la necesidad de una intervención militar. Con el sentido de prevenir desastres humanitarios, el consenso logrado en el CS para que una operación fuera desencadenada en este país abrió la caja de pandora para una nueva vinculación entre orientaciones normativas y decisiones intervencionistas. De hecho, el trayecto entre la teoría y la práctica ponía en evidencia las contradicciones y los dilemas que el empleo del principio puede provocar (París, 2014). Inmediatamente, las acciones de las potencias occidentales en Siria, que siguieron una misma lógica, mostraron los resultados dramáticos de acciones legitimadas por el principio.

El nuevo intervencionismo abre espacio en los ámbitos de la gobernanza global para nuevas expectativas con respecto a los Estados del Sur. Se defiende la idea de que los países en desarrollo podrían –y deberían– expandir su presencia en las intervenciones internacionales asumiendo nuevas responsabilidades, especialmente –pero no solamente– en sus respectivos contextos regionales. En América Latina, los países más calificados para la tarea son aquellos que comparten atributos tales como el compromiso con el estado de derecho, la defensa de los derechos humanos, la promoción de la diplomacia multilateral, la experiencia previa en misiones de paz y la disposición a desempeñar un papel regional en los casos de situaciones de grave crisis institucional o de escalada de conflictos intra- e interestatal.

El rol de las operaciones de paz

A partir de los años noventa, la articulación entre las operaciones de paz y la agenda de seguridad internacional llevó a una rápida expansión numérica de aquellas. Si en los años 1945-1988 el número de operaciones de paz conducidas por la ONU fue de trece, en los años 1988-2006 este número aumentó a cuarenta y seis. Además, con el fin de la Guerra Fría, estas misiones fueron afectadas por reiterados cambios conceptuales y prácticos. Más que el resultado de una reflexión sobre los errores y los aciertos de las experiencias acumuladas en las décadas anteriores, las redefiniciones acordadas fueron fruto de una especie de segunda chance otorgada al CS para que asumiera el rol de gendarme de la paz mundial (Kennedy, 2006: 77-112). Rápidamente estas misiones fueron valoradas como un instrumento para enfrentar situaciones en las cuales las confrontaciones intraestatales tendían a predominar por sobre las interestatales en diferentes partes del mundo (Jervis y Snyder, 1999: 15-38). Sin embargo, durante la primera etapa de la pos-Guerra Fría, se hizo evidente la falta de preparación de la ONU para lidiar con este tipo de conflicto a medida que se acumulaban experiencias dramáticas de conflictos armados y de pérdidas masivas de vidas humanas que ni las operaciones de paz ni el CS o las potencias mundiales pudieron frenar.[7]

La nueva generación de operaciones de paz se articuló con una reconfiguración de la agenda del CS en la cual el empleo de la fuerza se hizo más presente en los mandatos de las intervenciones. Se observa un vínculo entre el nuevo activismo de este órgano, la expansión numérica de las operaciones de paz, la ampliación de sus mandatos y los embates estratégicos entre las potencias mundiales. Una consecuencia fue el mayor empleo del capítulo VII de la Carta de Naciones Unidas en las definiciones de los mandatos de las operaciones de paz aprobados por el

---

[7] Se destacan el conflicto en Somalia con más de 300.000 muertes, en la ex Yugoslavia donde el número de muertos fue cercano a 250.000 y en Ruanda con un número de muertes aproximado de 800.000.

CS. Éste constituye el instrumento legal legitimador de la utilización de la fuerza para "restablecer la paz y la seguridad internacional".[8] En este mismo contexto, ganó espacio el argumento de que, en las realidades vulnerables de los países en desarrollo, la precariedad institucional se hacía propicia a la presencia de amenazas como el crimen organizado, el narcotráfico y el terrorismo internacional.

La redefinición de las responsabilidades de las Naciones Unidas para actuar en contextos de conflicto o de reconstrucción posbélica implicó innovaciones conceptuales y metodológicas –como las misiones multidimensionales y robustas– (Koops, 2015: 263-268).[9] Fueron diseñados marcos normativos y fundamentos políticos para las operaciones de paz, divulgados en 2000 con el informe Bahimi y desde entonces revisitados y actualizados para indicar sus lineamientos en el terreno.[10] Un punto central en esta agenda ha sido el esfuerzo por perfeccionar la "caja de herramientas" para la conducción de los procesos de resolución de conflicto y de reconstrucción posbélica.

---

8   De acuerdo con el artículo 34 de la Carta de Naciones Unidas, "El Consejo de Seguridad podrá investigar toda controversia, o toda situación susceptible de conducir a fricción internacional o dar origen a una controversia, a fin de determinar si la prolongación de tal controversia o situación puede poner en peligro el mantenimiento de la paz y la seguridad internacionales" (Artículo 34, Capítulo VI de la Carta de ONU). En ese mismo orden, el artículo 39 plantea que: "El Consejo de Seguridad determinará la existencia de toda amenaza a la paz, quebrantamiento de la paz o acto de agresión y hará recomendaciones o decidirá qué medidas serán tomadas de conformidad con los Artículos 41 y 42 para mantener o restablecer la paz y la seguridad internacionales" (Artículo 39, Capítulo VII de la Carta de ONU). Disponible en http://goo.gl/drE2K0.

9   El concepto de operaciones de paz multidimensionales está asociado al abanico de tareas establecido por los mandatos en temas de seguridad, estabilidad política, protección de derechos humanos y mejoría de condiciones sociales. La noción de misiones robustas implica el uso de métodos de estabilización con el empleo de personal equipado para el uso de la fuerza en operaciones defensivas y de protección de poblaciones civiles. (Koops, 2015: 614).

10   Véase: Naciones Unidas (2000). En 2015 fue divulgado el informe final producido por el Panel de Alto Nivel sobre Operaciones de Paz de Naciones Unidas. Véase: Naciones Unidas (2015).

A partir del empleo de un enfoque prescriptivo, por momentos semejante al de la agenda de la eficacia adoptada para la cooperación internacional,[11] la orientación actual persigue seis prioridades: i) acuerdos políticos con actores vinculados a los temas de seguridad, desarrollo y política; ii) protección de las poblaciones civiles, incluso cuando esta tarea implique el uso preventivo de la fuerza; iii) diseño de respuestas adaptadas a circunstancias específicas; iv) rendición de cuentas junto a las sociedades y las autoridades locales; v) colaboración con actores regionales y globales para fortalecer el impacto de los mandatos de las misiones; vi) refuerzo de las acciones de la ONU que traten la prevención de conflicto y la mediación política con el fin de evitar el aumento de violencia y el deterioro de las condiciones locales.[12]

Desde 2005, se sumó un nuevo espacio multilateral en la arquitectura con la creación de la Comisión de Construcción de la Paz (*Peacebuilding Commission-PBC*).[13] La iniciativa estuvo motivada por realidades consideradas especialmente vulnerables que requieren un apoyo en los procesos de recuperación después de periodos prolongados y traumáticos de conflicto. En este contexto, las operaciones de paz multidimensionales y robustas, entre las cuales está la MINUSTAH, ganan un sentido de experimentación y de aprendizaje para la Comisión. De hecho, se genera una diferenciación entre las etapas de imposición y de manutención de la paz y de reconstrucción posconflicto. Los debates en la ONU que acompañan estas innova-

---

11 Aquí nos referimos a los postulados, los principios y los indicadores establecidos en la Declaración de París para la eficacia de la ayuda (2005).

12 El futuro de las operaciones de paz de las Naciones Unidas: aplicación de las recomendaciones del Grupo Independiente de Alto Nivel sobre las Operaciones de Paz. Ver también: Report of the Independent High-level Panel on Peace Operations, convened by the Secretary-General to undertake a thorough review of the current United Nations peace operations and the emerging needs of the future of 17 June 2015.

13 La Comisión de la Construcción de la Paz (*Peacebuilding Comission*) fue creada en 2005, con el propósito de dedicarse a los países en contextos de posconflicto. La estructura de la comisión comprende tres divisiones: el comité organizacional, las configuraciones específicas de países, el grupo de trabajo sobre lecciones aprendidas. Disponible en: http://goo.gl/ks4VMW.

ciones revelan algunos consensos básicos pero también indican diferencias en cuanto a métodos, orientaciones políticas y evaluación de resultados de las operaciones de paz. Se observa una fragmentación norte-sur en las secciones dedicadas al tema en el CS en la cual subyace una simple idea: "decide quién paga y no quién ejecuta". Los países, que se destacan con relevantes contribuyentes de contingentes militares o policiales y organizaciones como el Movimiento de Países No Alineados, manifiestan sus aprensiones en torno de los nuevos tiempos de las misiones de paz.[14] Entre las preocupaciones subrayadas está la de que el capítulo VII esté de hecho reduciendo la relevancia del capítulo VIII de la Carta de la ONU, de que exista un déficit de consultas y diálogos entre el CS y los países contribuyentes de fuerzas para las Misiones, de que sea insuficiente la coordinación entre las agencias de la ONU y de que se haga imprescindible otorgar más voz al 5to Comité de la Asamblea General. Mientras el artículo VIII de la Carta está dedicado a reconocer el rol de las organizaciones regionales para la resolución de controversias y la preservación de la paz en su ámbito de actuación, el 5to Comité de la Asamblea General tiene la atribución de aprobar el presupuesto de la ONU, incluyendo la partida designada para las operaciones de paz. La mayor amplitud de los mandatos, a su vez, implica una mayor movilización de fondos presupuestarios para las misiones, lo que afecta otros programas de la organización.

En los últimos quince años, fueron innumerables los debates, las posiciones individuales de los países y las innovaciones burocráticas en los ámbitos de la ONU para ajustarse a los nuevos tiempos de la intervención internacional. El tema que ha generado mayor controversia ha sido el del uso de la fuerza por las misiones, especialmente a partir de la inclusión del concepto de operaciones robustas en las cuales están autorizadas acciones de "neutralización" de grupos armados por Brigadas

---

14 Ver: Security Council Open Debate on Peacekeeping Operations: New Trends June 2014, Security Council Chamber. Statement by Mrs. Ogwu Permanent Mission of Nigeria to the United Nations. Disponible en: http://goo.gl/kMgi4G.

de Intervención como parte de las tareas de imposición de la paz. La reconfiguraban las tareas de imposición de paz, a partir de novedosas interpretaciones del capítulo VII de la Carta de Naciones Unidas, tuvo como punto de inflexión la aprobación del nuevo mandato de la MONUSCO en la República Democrática del Congo en 2013.[15]

Algunas críticas a la ampliación del alcance del capítulo VII consideran que los nuevos parámetros de la intervención internacional han abierto la caja de Pandora a partir de los mandatos *prêt-à-porter* aprobados por el CS. Cuando son analizados los riesgos causados por tal "descontrol", los debates en el CS sobre las misiones de paz destacan la expansión de posibilidades que legitiman la utilización de la fuerza con preocupaciones por la protección de poblaciones civiles; el empleo de nuevas tecnologías para perfeccionar el trabajo de inteligencia y extender la presencia de la misión en situaciones de conflicto; y la colaboración militar entre las operaciones ya establecidas para ampliar capacidades de acción. En el primer caso, el foco está puesto en la formación de brigadas especiales de rápido desplazamiento; en el segundo, en la utilización de nuevas tecnologías –con mención a los vehículos no tripulados (drones)–; y en el tercero, en la cooperación interoperacional en el marco de mandatos ya aprobados por el CS. En su conjunto, éstos son aspectos operativos innovadores que integran la caja de herramientas de las operaciones robustas.

Países como Estados Unidos, Francia e Inglaterra valorizan estas innovaciones; otras potencias como China o Rusia manifiestan sus preocupaciones acerca de las implicaciones políticas, jurídicas y presupuestarias de tales "avances". Estas preocupaciones también son transmitidas por los países en desarrollo, como India, Indonesia, Nigeria, entre otros. Cabe también destacar las reacciones latinoamericanas en los debates del CS, especialmente los más relevantes oferentes de contingentes militares las operaciones de paz. En este caso, las

---

15 Véase: Resolución 2098 (2013), aprobada por el Consejo de Seguridad en su 6943ª sesión, celebrada el 28 de marzo de 2013. Disponible en: http://goo.gl/WXufAW.

posiciones varían entre la prudencia (como se da con Chile y con Brasil) y la crítica abierta (como ocurre con Argentina y con Uruguay). Como importante contribuyente de tropas para la misión en la República Democrática del Congo, este último mo expresó sus críticas a la aprobación por el CS de la utilización de brigadas especiales de intervención en el mandato de la MONUSCO en 2013.

Además del tema de las opciones de uso de la fuerza, se instaló también el debate alrededor de la tarea de estabilización, concepto que merece diferentes interpretaciones por parte de los países que discuten los aspectos normativos y prácticos de las operaciones de paz. Mientras algunos lo entienden como la sustentabilidad de la seguridad, otros lo asocian con la fórmula que combina seguridad con desarrollo.[16] Para los países sudamericanos, esta articulación se transformó en el argumento esencial para justificar sus presencias en la MINUSTAH.

La introducción de las nuevas orientaciones normativas y prácticas abrió un espacio de críticas por parte de la comunidad epistémica que sigue el tema de las operaciones de paz. Cuestionadas por constituir un instrumento que emplea la violencia en nombre de la paz, la nueva generación de intervenciones, conducida o no por las Naciones Unidas, debe lidiar con realidades complejas y contradictorias en las cuales los objetivos de desarrollo y de protección de derechos humanos terminan perdiéndose.[17] También se discute el hecho de que algunas misiones se destacan como casos de experimentación –como la MONUSCO y la MINUSMA– o como operaciones iniciadas por motivaciones geopolíticas –como la UNMISS y UNIFIL– o el impacto local de las acciones emprendidas como la

---

16 Véase en: "Stabilization as the securitization of Peacebuilding? The experience of Brazil and MINUSTAH in Haiti", *Brasiliana-Journal for Brazilian Studies*, Napoleão, 2015.

17 Para un debate reciente sobre el tema ver: "A double-edged sword of peace? Reflections on the tension between representation and protection in gendering liberal peacebuilding", *International Peacekeeping*, Hudson, 2012.

UNAMID. En este tablero, es llamativa la reducida atención a la MINUSTAH, mencionada casi exclusivamente por autores de países latinoamericanos que enviaron tropas a Haití.

Gráfico 1: Operaciones de paz de Naciones Unidas alrededor del mundo (2015)[18]

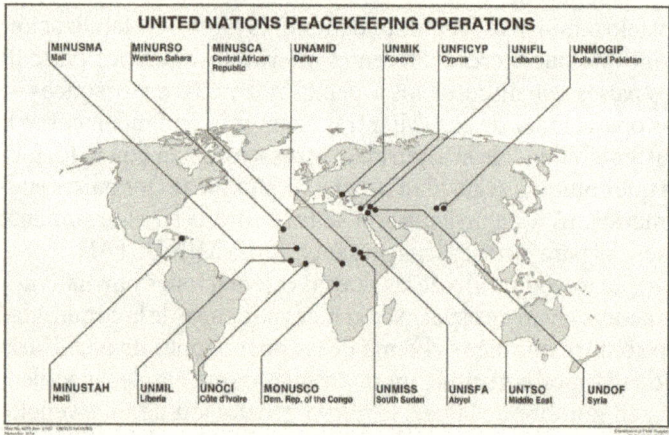

Fuente: *UN Peacekeeping Operations Fact Sheet*, 2015.

---

18 Actualmente las operaciones de paz de las Naciones Unidas son UNTSO (UN-Truce Supervision Organization), UNMOGIP (UN Military Observer Group in India and Pakistan), UNFICYP (UN Peacekeeping Force in Cyprus), UNDOF (UN Disengagement Observer Force), UNIFIL (UN Interim Force in Lebanon), UNOCI (United Nations Operation in Côte d'Ivoire), MINUSTAH (United Nations Stabilization Mission in Haiti), MINUSMA (United Nations Multidimensional Integrated Stabilization Mission in Mali), MINUSCA (United Nations Multidimensional Integrated Stabilization Mission in the Central African Republic), UNAMID (African Union-United Nations Hybrid Operation in Darfur), MONUSCO (United Nations Organization Stabilization Mission in the Democratic Republic of the Congo) y UNISFA (United Nations Interim Security Force for Abyei), *UNMISS* (United Nations Mission in the Republic of South Sudan).

Como puede observarse en los gráficos 2 y 3, la MINUSTAH integra un conjunto de dieciséis misiones de paz de las Naciones Unidas distribuidas en diferentes partes del mundo. Esta operación pertenece al grupo con mayor contingente militar y policial, comparable a las intervenciones en el Congo, Sudán, Costa de Marfil, Mali, República Centroafricana y Liberia (Keops, 2015: 614). La MINUSTAH es actualmente la sexta misión de paz en volumen presupuestario –con quinientos millones de dólares anuales–, sólo superada por MONUSCO, UNAMID, UNMISS, MINUSMA y MINUSCA.

Gráfico 2. Presupuestos anuales de operaciones de paz de ONU (2015)

▪ Presupuesto anual (millones US$)

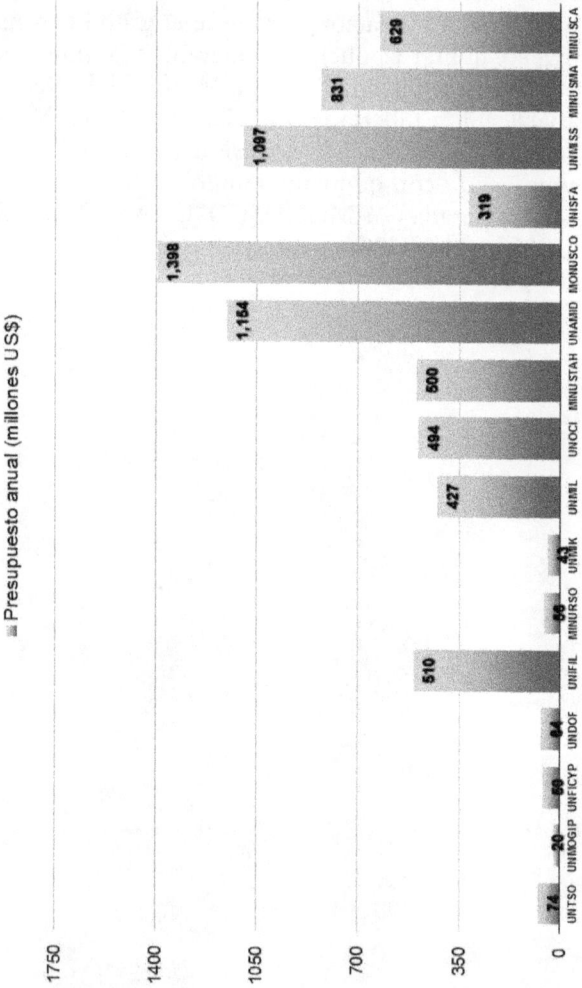

Operación	Millones US$
UNTSO	74
UNMOGIP	20
UNFICYP	60
UNDOF	44
UNIFIL	510
MINURSO	60
UNMIK	42
UNMIL	427
UNOCI	494
MINUSTAH	500
UNAMID	1,154
MONUSCO	1,398
UNISFA	319
UNMISS	1,097
MINUSMA	831
MINUSCA	629

Fuente: Elaboración propia en base a *UN Peacekeeping Operations Fact Sheet*, 2015.

Gráfico 3. Contingentes de operaciones de paz de la ONU según composición (2015)

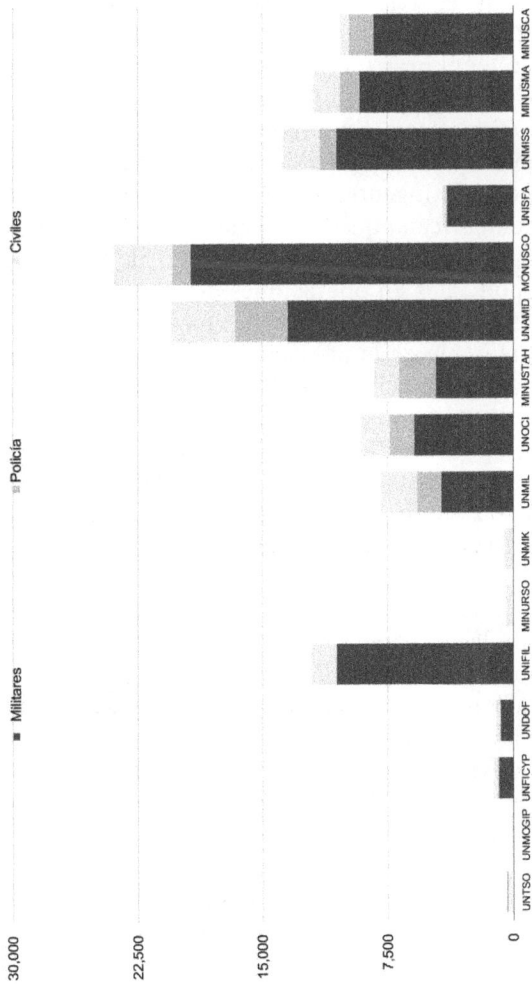

Fuente: Elaboración propia en base a *UN Peacekeeping Operations Fact Sheet*, 2015.

El gráfico 3 indica que la MINUSTAH integra el pequeño grupo de misiones en el cual el contingente policial dispone de algún peso. No obstante, la contribución latinoamericana es irrisoria y se concentra en el envío de tropas militares. A partir de 2014, el mandato aprobado en el CS buscó equilibrar fuerzas policiales y militares, y, desde 2015 la MINUSTAH junto con la UNAMID conforman las operaciones con mayor contingente policial. El componente policial de la MINUSTAH está constituido esencialmente por contingentes asiáticos y africanos, y la presencia latinoamericana queda notablemente reducida. Haití es un ejemplo de la creciente importancia de la presencia de fuerzas policiales en operaciones de paz y de la necesidad de entrenamiento de contrapartes locales para una protección sustentable de la población civil. La estructuración y la ampliación de la Policía Nacional de Haití es ahora un tema relevante en la lista de resultados de las misiones de la ONU. No obstante, como fue mencionado, la presencia latinoamericana es inexpresiva al lado del trabajo realizado por las fuerzas policiales francesas y canadienses.

Cada vez más, las organizaciones regionales y subregionales sumadas a entidades económicas, como el Banco Mundial y el Banco Africano de Desarrollo, son convocadas por las Naciones Unidas para apoyar los procesos de reconstrucción posconflicto. La responsabilidad de las organizaciones y de los actores regionales para la manutención de la paz y la estabilidad en sus respectivas zonas de influencia sugiere una diferenciación entre actores regionales que disponen de atributos políticos e institucionales para intervenir en situaciones de crisis severas de gobernabilidad. Como ya se mencionó, éste es un tema presente en los debates y en las deliberaciones de CS sobre operaciones de paz que viene generando nuevas expectativas en cuanto a recursos y a responsabilidades de métodos de trabajo que aseguren sustentabilidad a los procesos de paz y estabilidad.

Para América Latina, y para Sudamérica en particular, este tipo de expectativa ha conducido a respuestas menos institucionalizadas que en África y en Asia, donde la Unión Africana y la Asociación de Naciones del Sudeste Asiático (ASEAN) han asumido nuevas responsabilidades de intervención militar o policial. En Sudamérica, la Cruz del Sur, formada por Argentina y Chile, representa una iniciativa innovadora de creación de una fuerza binacional configurada para actuar en contextos de manutención de la paz. Su disponibilidad para cumplir este tipo de rol ya es mencionada en el CS.[19] Los diferentes órganos que operan para fomentar la cooperación y la integración regional omiten la cooperación en seguridad como uno de sus atributos. Ni el Mercosur, ni la Comunidad Andina, ni la Comunidad Sudamericana ni el Grupo de Río han promovido operaciones de paz y de asistencia humanitaria de forma semejante a sus contrapartes en África y en Asia. Quizás la ausencia de realidades con grados semejantes de turbulencia y de desintegración intraestatal explique esta ausencia. Aun cuando se enfrentan a urgencias comparables, como la de Haití en 2004, las naciones sudamericanas –en especial los países del ABC– han preferido actuar desde un ámbito multilateral global. Esta preferencia no quitó el fuerte sentido regional que la presencia de los países latinoamericanos imprimió a la MINUSTAH desde los primeros momentos. Para algunos países, se buscaba reactivar el sentido de responsabilidad coordinada que en los años ochenta llevó a la formación de los grupos Contadora y Apoyo a Contadora para promover una solución pacífica a la crisis Centroamericana

---

19 "Instead of piling more responsibilities onto a particular area, we should think about how we can coordinate and articulate them so that they dovetail with the various agencies in the United Nations system and with the capacities we have in regional, subregional and national organizations." Ver: UN Security Council meetings discussion April 2014. Disponible en: http://goo.gl/IDS0uQ.

(Hirst, 2010). Al mismo tiempo, un abanico de iniciativas intergubernamentales tuvo lugar con el propósito de estimular y coordinar acciones que contribuyesen al fortalecimiento institucional haitiano. Se señalan tres tipos de acciones: i) el apoyo de las organizaciones multilaterales regionales que abrieron espacio para la presencia de Haití en sus agendas; ii) los proyectos de cooperación para el desarrollo que pusieron a Haití en el topo de sus prioridades; y iii) las iniciativas de carácter político puntual motorizadas por la voluntad de los Gobiernos participantes de la MINUSTAH.

En el primer caso, se destacan el Grupo de Amigos de Haití en la OEA, la Secretaria Técnica para Haití en UNASUR y la presencia haitiana en las organizaciones caribeñas y latinoamericanas. Además del ingreso de Haití en la Alianza Bolivariana para Nuestra América (ALBA) en 2007, fue retomado el diálogo con la Comunidad del Caribe (CARICOM) y establecida su membresía a CELAC en 2011.[20] Como consecuencia, se tornó frecuente la presencia de mandatarios haitianos en cumbres regionales y en tomas de mando presidenciales en América Latina. Ya los proyectos de cooperación para el desarrollo fueron una marca relevante del gran impulso de la Cooperación Sur-Sur Regional (CSSR) observadas en las primeras décadas del siglo XXI.[21] En el tercer caso, es importante subrayar la creación del grupo 9×2, un mecanismo político *ad hoc* creado en 2007 para coordinar las acciones entre los países latinoamericanos participantes en la MINUSTAH, el Gobierno haitiano y la cooperación internacional. La iniciativa

---

[20] Destácase la presencia haitiana en las reuniones de la CELAC. Ver por ejemplo: http://goo.gl/92Yk9e, la presidencia del CARICOM por primera vez en el periodo enero-junio de 2013. Mencionase la presencia del presidente Martelly en la asunción de Dilma Roussef en 2013 y de Mauricio Macri en diciembre de 2015.

[21] Ver informes Secretaria General Iberoamericana (2006-2015). Disponible en http://goo.gl/n5elYM.

estuvo integrada por representantes de los Ministerios de Relaciones Exteriores y de los Ministerios de Defensa de Argentina, Bolivia, Brasil, Chile, Ecuador, Guatemala, Paraguay, Perú y Uruguay. La agenda de trabajo del grupo era conducida por una unidad de coordinación centralizada por los países ABC a través de sus embajadas en Puerto Príncipe. Al mismo tiempo que estas acciones revelaron una fuerte motivación política, indicaron también fragmentación. La etapa más activa fue el periodo 2005-2010, cuando, por primera vez, estos países ocuparon un lugar en la agenda de las reuniones multilaterales. También fueron diversas las reuniones convocadas por organismos regionales donde se trató la realidad haitiana con sentido de urgencia, después del terremoto de 2010.[22]

La MINUSTAH y su faceta regional

Como se mencionó, la presencia de los países sudamericanos en Haití se inscribe en la tendencia actual de búsqueda de soluciones regionales para situaciones de crisis terminal del Estado, que enfrentan una escalada de violencia y un quiebre de la gobernabilidad. De hecho, la presencia latinoamericana en la MINUSTAH corresponde a la primera intervención militar y política coordinada regionalmente bajo el mandato del CS de la ONU. Esta presencia está estrechamente asociada a un momento político en el cual la agenda regional ganó nuevo énfasis en las políticas exteriores sudamericanas. La acción concertada en Haití formaba parte de un

---

22 Entre las múltiples reuniones regionales en 2010 se destacan: Los Cardales en Argentina en mayo, de San Juan en agosto, la cumbre Unión Europea-América Latina en mayo y la Cumbre Iberoamericana en República Dominicana en junio y la Cumbre Iberoamericana en Mar del Plata en diciembre.

nuevo impulso político, en el cual se pretendía ampliar el margen de autonomía regional y de articulación entre las políticas exteriores y de defensa.[23] En términos individuales, varios países pasaron a contar con sus Centros de Formación en Operaciones de Paz, responsables de la preparación para las misiones específicas, como la MINUSTAH.[24]

En términos operativos, la llegada de la MINUSTAH a Haití dio continuidad a un periodo de transición en el cual una fuerza interina (Multilateral Interina Force-MIF) se había responsabilizado por el control del orden después de la salida del presidente Aristide. Además de recibir el bastón en el terreno, algunos militares latinoamericanos planearon con el Comando Sur en Miami la misión a ser ejecutada en territorio haitiano. Se constata por lo tanto que la preocupación de actuar de forma de diferenciarse de fuerzas de ocupación con historias previas en Haití no significaba poder prescindir de la orientación y de la información de las autoridades militares norteamericanas.

Durante el periodo 2004-2015, la presencia de la MINUSTAH ha sido renovada anualmente por el CS de la ONU. Además de la participación en la definición de los contenidos del mandato (cuatro de carácter especial sobre la evolución de la realidad haitiana) y de los avances logrados por la misión,[25] la actuación de Argentina,

---

[23] Un ejemplo relevante fue la creación del Consejo de Defensa Sudamericano en 2008, como órgano de información y de coordinación de políticas de defensa en el UNASUR.

[24] Argentina, por ejemplo creó el Centro Argentino de Entrenamiento Conjunto para Operaciones de Paz (CAECOPAZ), primer centro regional, el 27 de junio de 1995. El trabajo de preparación para el contigente argentino desplegado en Gonaives realizado por el CAECOPAZ de Argentina fue parte de la investigación relatada en el capítulo primero de la segunda parte de este libro.

[25] Las resoluciones del Consejo de Seguridad referidas al mandato de la MINUSTAH son: 1542 (2004), 1608 (2005), 1702 (2006), 1743 (2007), 1780 (2007), 1840 (2008), 1892 (2009), 1927 (2010), 2012 (2011), 2070

de Brasil y de Chile (ABC) junto a otros países se destacó en imprimirle un sello regional a la MINUSTAH. Para estos tres países, los procesos de consolidación democrática fueron acompañados por políticas exteriores con mayor compromiso con el multilateralismo efectivo de la pos-Guerra Fría. Por esto mismo, los tres buscaron una mayor cercanía a los espacios dedicados a los temas de paz y seguridad internacional, especialmente en el CS de la ONU, donde el sistema rotativo de representación abría espacio para posicionamientos regionales coordinados.[26] Desde 2004, año en el que la MINUSTAH entró en la agenda del CS, hasta la actualidad, fueron ocho los años en que alguno de los países del ABC se sentó en las reuniones del CS como miembro no permanente, y tres años en que dos del grupo ABC estuvieron en forma simultánea. Este hecho por sí mismo ha permitido que Argentina, Brasil y Chile mantuviesen un seguimiento sistemático de los cambios, las tensiones y la construcción de consensos alrededor de este mandato. Las destacadas presencias chilena y brasileña en la conducción militar y política de la MINUSTAH reforzaron el monitoreo en el terreno.[27]

(2012), 2119 (2013) y 2180 (2015). Los cuatro informes especiales son del: 29 de enero de 2015, 11 de julio de 2012, del 3 de abril de 2009 y del 6 de mayo de 2005. Véase http://goo.gl/8WJp0I.

26 Desde su creación, el CS reserva dos asientos no permanentes a cada región del sistema internacional, lo que ha permitido al grupo latinoamericano (GRULA) rotar anualmente su representación en este órgano. En la pos-Guerra Fría, Brasil fue electo como representante latinoamericano y miembro no permanente del CS en cinco ocasiones: 1989-1990, 1993-1994, 1998-1999, 2003-2004 y 2010-2011. Argentina cumplió esa misma tarea en cuatro periodos: 1994-1995, 1999-2000, 2005- 2006 y 2013-2014. Chile lo hizo en tres oportunidades: 1996-1997, 2003-2004 y 2014-2015.

27 Chile asumió la representación del secretario general de la ONU en la MINUSTAH en dos oportunidades con: Juan Gabriel Valdés (junio 2004-mayo 2006) y Mariano Fernandes (junio 2011-junio 2014); en tanto que Brasil asumió la jefatura del Comando Militar en nueve oportunidades con Augusto Heleno Ribeiro Pereira (agosto 2004-agosto 2005), Urano Teixeira da Matta Bacellar (septiembre de

Es igualmente importante mencionar la actuación de otros países latinoamericanos en Haití, ya sea de Sudamérica o de otras regiones.[28] Como puede apreciarse en la Tabla 1, la destacada presencia de tropas uruguayas, que cultivan una tradición importante en organizaciones de paz, y los contingentes peruanos, paraguayos, ecuatorianos y bolivianos reforzaron aún más el peso de la participación sudamericana en la misión. De Centroamérica, el país con actuación más destacada en Haití ha sido Guatemala, que, además del envío de tropas, estuvo presente en la conducción de la MINUSTAH.[29]

2005-enero de 2006), Eduardo Aldunate Hermann, Chile, (enero de 2006-interino), Divisional General José Elito Carvalho Siqueira, Brasil (enero de 2006-enero de 2007), Brigadier General Carlos Alberto dos Santos Cruz, Brasil (enero 2007-abril 2009), General Floriano Peixoto Vieira Neto, Brasil, (abril 2009-marzo 2010), Brigadier General Luiz Guilherme Paul Cruz, Brasil (marzo 2010-marzo 2011), Brigadier Eduardo Ramos Baptista Pereira, Brasil, (marzo 2011-marzo 2012), Brigadier General Luiz Eduardo Ramos Baptista Pereira, Brasil, (marzo 2011-marzo 2012), Brigadier General Fernando Rodrigues Goulart, Brasil (marzo 2012-marzo 2013), Brigadier General Edson Leal Pujol, (marzo 2013-marzo 2014), Brigadier General Jose Luiz Jaborandi Jr. (marzo 2014-agosto 2015).

[28] Los países que han participado de la MINUSTAH con contingentes militares y policiales son: Argentina, Brasil, Canadá, Chile, Estados Unidos, Filipinas, Francia, Jordania, Nepal, Pakistán, y Uruguay; con contingentes militares apenas: Bolivia, Croacia, Ecuador, Guatemala, Malasia, Nepal, Paraguay, Perú y Sri Lanka; y con contingentes policiales: Benín, Burkina Faso, Camerún, Chad, China, Colombia, Egipto, El Salvador, España, Federación de Rusia, Guinea, Madagascar, Malí, Mauricio, Niger, Nigeria, Ruanda, Rumania, Senegal, Togo, Turquía, Vanuatu y Yemen.

[29] El guatemalteco Edmond Mulet fue jefe de la misión en dos períodos: desde mayo de 2006 a septiembre de 2007 y desde enero de 2010 hasta mayo de 2011.

Tabla 1. Militares de países latinoamericanos en MINUSTAH 2004-2015

	Brasil	Uruguay	Argentina	Chile	Perú	Bolivia	Guatemala	Ecuador	Paraguay	El Salvador	Honduras	México	Total x año
nov. 04	1209	576	559	489	207		71	12					*3123*
oct. 05	1219	778	557	543	207		83	67					*3454*
dic. 06	1211	1136	557	503	210	217	105	74	3				*4016*
ago. 07	1211	1134	562	502	210	218	119	67	31				*4054*
ago. 08	1213	1034	561	499	210	218	119	67	31				*3952*
sept. 09	1282	1133	560	500	208	208	118	67	31				*4107*
ago. 10	2165	1130	697	502	372	208	147	67					*5288*
ago. 11	2185	1102	722	510	372	208	148	67	130				*5444*
ago. 12	1896	934	723	500	372	209	138	67	160				*4999*
jul. 13	1403	953	572	464	374	208	137	67	163				*4341*
ago. 14	1361	611	566	411	373	209	138	57	116	35	38		*3915*
jun. 15	981	254	72	338	163	1	54	1	83	34	37	2	*2020*

Fuente: Elaboración propia en base a Informes del Secretario general

Como ya fue mencionado, la actuación del grupo ABC en la reconstrucción haitiana se realiza a partir de una vinculación entre políticas de defensa y política exterior, lo que se relaciona con el propósito de ampliar sus respectivas participaciones en el debate mundial sobre gobernanza global y multilateralismo efectivo. Esta motivación compartida, mientras tanto, no significa una plena convergencia en cuanto a las posiciones asumidas sobre temas de paz y seguridad internacional en los ámbitos de gobernanza global. Chile ha revelado una mayor sintonía con los nuevos parámetros del intervencionismo liberal defendidos por las potencias occidentales, como se dio con el principio de Responsabilidad de Proteger (Feldmann y Montes, 2013). Brasil busca defender visiones alternativas que ponderen los riesgos y las consecuencias de este tipo de orientación, siempre insistiendo que la agenda del desarrollo no sea postergada (Hirst, 2015; Rodrigues, 2015). Por su parte, Argentina mantuvo un bajo perfil en el debate normativo global y concentró sus preocupaciones en la construcción de un nuevo institucionalismo sudamericano, especialmente a partir de la creación de la UNASUR (Merke, 2013; Sotomayor, 2007).

El énfasis de cada país es visible en las posiciones asumidas en Naciones Unidas en los debates acerca de las misiones de paz y del proceso de reconstrucción posconflicto. En 2012, por ejemplo, fueron ilustrativas las participaciones de Brasil y de Argentina en las reuniones de CS. En el primer caso, se señalaba la centralidad del puente entre seguridad y desarrollo para la superación de las causas del conflicto, y en el segundo, la importancia de la protección local de la agenda de derechos y de la participación de las organizaciones regionales, amparada en el capítulo VIII de la carta de la ONU. Las posiciones asumidas por estos países respondieron a una combinación de las prioridades de sus respectivas políticas internas y externas y de los desafíos enfrentados en cada momento por la MINUSTAH. Estos posicionamientos pueden ser observados en las afirmaciones realizadas en el CS, en las sesiones dedicadas a la aprobación de los mandatos de la misión. Aun cuando no se ocupaba un asiento rotativo, diversos países de la región, y principalmente el grupo ABC, marcaron su presencia de forma sistemática como invitados y parte del grupo firmante de las propuestas de resoluciones.

Las diferencias mencionadas también se hicieron notar en el terreno, en el ámbito de las actuaciones de los militares sudamericanos. El nexo de la política exterior y la política de defensa se revelaba en las percepciones de cada contingente sobre el sentido de su presencia y su significado para la proyección internacional de su país. En este caso, la performance de los militares brasileños se destacó por la visible conexión que establecían entre sus responsabilidades en la MINUSTAH y las ambiciones de una política internacional con mayor reconocimiento en los espacios de la gobernanza global (Hirst y Nasser, 2014).

En este período, se puede observar algunos cambios de énfasis por parte de los países más involucrados en el proceso de estabilización y reconstrucción haitiano. En el caso de Brasil, por ejemplo, la valorización del sentido regional de la presencia en Haití –tan presente en la etapa inicial de la MINUSTAH– perdió relevancia en los años posterremoto, cuando el foco del discurso diplomático estuvo puesto en las responsabilidades que la comunidad internacional debía asumir para asegurar asistencia a Haití. Por su parte, Chile mostró continuidad desde un prisma más afinado con las percepciones expresadas por países como Canadá y Estados Unidos en cuanto a las insuficiencias del proceso político haitiano. En el caso de Argentina, la apuesta a la necesidad de fortalecimiento institucional en Haití se mantuvo a lo largo de todo el periodo.[30]

---

[30] Los posicionamientos del grupo ABC pueden ser observados en los Informes del CS S/PV.6842 (2012) y S/PV 6936 (2013).

El fortalecimiento del vínculo de Haití con la comunidad latinoamericana fue para los gobiernos de la región una motivación central desde 2004. No obstante, se debe subrayar que, en el terreno, la marca regional de la MINUSTAH no significó para los contingentes militares sudamericanos una familiaridad inmediata con la realidad haitiana.

El contacto con las carencias materiales, con las instituciones y con los contrastes culturales y étnicos representó un desafío constante, atenuado por el sentido de solidaridad que acompañó las tareas realizadas por los militares en contacto con la población local. Al mismo tiempo que las particularidades del drama haitiano fueron parte de un aprendizaje, se buscó transmitir una diferenciación con respecto a ocupaciones previas, un elemento considerado esencial para conquistar confianza junto a la sociedad humana.[31]

Al mismo tiempo, la faceta regional de la MINUSTAH fue considerada instrumental para colocar la cooperación militar sudamericana en un nuevo nivel de confianza recíproca. Cabe indicar que los dos niveles de aproximación intrarregional se dieron: primero, en el comando de la misión, en el cual la dirección estaba en manos de Brasil –siempre acompañado por una autoridad chilena o argentina–; segundo, en el terreno donde los contingentes de la región operaban. Pero estos avances, mientras tanto, no vencieron la barrera de la interoperatividad, un problema constante en las operaciones de paz en diferentes partes del mundo. Lo que se observó fue que los contingentes nunca rompieron la lógica del sentido de pertenencia a su batallón de origen.

Se percibe todavía una interesante convivencia entre lógicas regionales y globales en la misión, ya que ésta implicó cierto grado de interculturalidad. En el caso del contingente argentino, la convivencia con fuerzas jordanas y paquistaníes permitió una comprensión del componente

---

[31] Ver capítulo tercero de la segunda parte.

religioso en el cotidiano de la vida militar.[32] Todavía en el terreno de las "nuevas convivencias" se debe mencionar la presencia de ONG, actores de primera línea del escenario global. La combinación de las tareas de seguridad con las de asistencia humanitaria, especialmente en los contextos de los desastres naturales –como el huracán Jeanne (2004) y el terremoto de 2010–, transformó esta convivencia en una parte del cotidiano de los contingentes de la MINUSTAH, como ocurre en cualquier operaciones de paz.[33]

A continuación, son identificados tres momentos que reflejan los cambios de la realidad haitiana, de las prioridades de la MINUSTAH y de la actuación latinoamericana.

2004-2009

Durante los años 2004-2009, el grupo ABC concentró sus atenciones en Haití en torno a la cuestión de las carencias locales en seguridad interna, en estabilidad y en fortalecimiento institucional para mejorar la oferta de bienes públicos. Este empeño procuraba diferenciarse de los enfoques condicionados practicados por poderes internacionales como Estados Unidos, Canadá y Francia.

En términos concretos, la actuación latinoamericana lidió simultánea y coordinadamente con tres realidades desafiantes, que permitieron poner a prueba la capacidad de acción en el terreno: i) la contención de la violencia practicada por grupos armados que amenazaban el orden público; ii) la estabilización política para el funcionamiento del estado de derecho y del sistema representativo de acuerdo con la normativa constitucional haitiana; y iii) la atención a las condiciones vulnerables de la población frente al recurrente impacto de desastres naturales. Los efectos

---

32 Ver capítulo segundo de la segunda parte.
33 Ídem.

del huracán Jeanne en 2004 representaron un bautismo de fuego, especialmente vivenciado por el contingente argentino en función de su localización.[34]

Como ya fue sugerido, la inserción de diversos países latinoamericanos en el grupo de donantes coincidió con la expansión de la cooperación Sur-Sur Regional (CSSR) como un campo instrumental de sus políticas exteriores (Hirst, 2011). Además, ganó visibilidad la presencia en Haití de países de la región que no aportaron contingentes militares y policiales a la MINUSTAH. Se destacan los programas de cooperación de Cuba –desde los años noventa, centrales en las áreas de salud y educación–, la cooperación energética y en infraestructura de Venezuela a partir de 2000 y las iniciativas mexicanas y colombianas en la etapa más reciente. El rol de la República Dominicana, a pesar de las persistentes dificultades causadas por históricas tensiones bilaterales, fue crucial para apoyar la asistencia humanitaria enviada a partir del terremoto de 2010.[35] Otro aspecto a ser tenido en cuenta fueron los proyectos triangulares a los cuales se sumaron las capacidades técnicas con recursos provenientes de terceros socios como España, Canadá y Japón. También ganaron presencia las acciones de algunas ONG latinoamericanas, cuyas actividades fueron coordinadas con las representaciones diplomáticas de sus países.[36] Sea por medio de la cooperación o de la actuación en la MINUSTAH, el empeño latinoamericano por reforzar

---

[34] Éste será un tema ampliamente abordado en la segunda parte de este libro.

[35] La Comisión Mixta Republica Dominicana-Haití fue reactivada por los presidentes Leonel Fernández y René Préval después del terremoto de 2010 (Hirst, 2011).

[36] Se mencionan las organizaciones Viva Rio de Brasil que está transfiriendo a los barrios de Bel Air y Cité Soleil de Porto Principe su experiencia de reinserción juvenil y reducción de la violencia; Un techo para mi país, originaria de Chile con experiencia en diferentes países latinoamericanos que desde el terremoto en Haití ha construido 826 casas contando con la colaboración de 2500 voluntarios; y Médicos del Mundo (Argentina) que ha realizado un programa de atención primaria intensificado a partir del brote de cólera en la zona de Leogane. Véase: http://goo.gl/C688N8.

el vínculo con Haití abrió el camino para que ese país se incorporase a los ámbitos multilaterales en formación o ya consolidados.

En diciembre de 2009, cuando se evaluaban los resultados obtenidos por la estabilización interna, la recuperación del carril democrático haitiano con el Gobierno de Préval (2006-2011) y la gradual puesta en marcha de un proyecto de desarrollo en Haití, permitían establecer una vinculación entre estos avances y la presencia latinoamericana en este país. El proceso político local se ordenaba obedeciendo a un marco de legalidad; estaba en marcha la organización de una policía haitiana (con la cooperación coordinada de Sudamérica) para asumir en pocos años el control del orden interno y había tímidas inversiones externas (dominicanas, brasileñas, mexicanas) que identificaban oportunidades y que ganaban impulso con la iniciativa Clinton. Se daba una inédita interacción entre el Gobierno haitiano y la comunidad latinoamericana y caribeña, coronada con la presidencia por Haití de la Comunidad de Países del Caribe (CARICOM). Avanzaba la cooperación cubana, argentina, venezolana, mexicana, brasileña y chilena en áreas de políticas sociales, desarrollo económico, derechos humanos y fortalecimiento institucional. En este contexto, Naciones Unidas daba señales de que una reducción o incluso la retirada de la MINUSTAH sería posible después de las elecciones presidenciales de 2010 con una ampliación del papel de la OEA en la etapa final de supervisión multilateral de la normalización política en Haití.

2010-2013

El terremoto de 2010 barrió consigo los años de liderazgo del grupo ABC en la MINUSTAH. Las conferencias internacionales dedicadas a la reconstrucción haitiana "apenas" tomaron en consideración el pasado reciente, una vez que el proyecto de fundación de una nueva Haití se convirtió en el objetivo principal de Estados Unidos y de la ONU. La acción coordinada sudamericana e iniciativas como el 9×2 perdieron relevancia política. Los esfuerzos previos en el área de la capacitación policial y del apoyo político a la recuperación de un estado de derecho haitiano fueron sustituidos, en gran medida, por evaluaciones técnicas sobre la funcionalidad de los acuerdos políticos domésticos más ajustables a un *de facto* sistema de tutela en construcción. El protagonismo de grandes donantes, como Estados Unidos, Francia, Canadá y el Banco Mundial, llevó a que los países de la región se convirtiesen en modestos actores, siempre presentes y solidarios pero con una capacidad limitada para proyectar su influencia en la reconstrucción haitiana.

El primer paso de la acción combinada de Estados Unidos con la ONU fue robustecer la intervención militar y policial que sumó la presencia del Comando Sur con el envío de nuevos contingentes militares y policiales para la MINUSTAH. Argentina, Brasil, Chile y Uruguay fueron los países que más se comprometieron en este sentido. Como consecuencia, los años 2010 y 2011 fueron los de mayor aporte de efectivos militares de la región.

También se buscó reforzar la presencia regional sudamericana por medio de la UNASUR para coordinar acciones de cooperación en Haití. Con este propósito, esta organización aprobó la creación de un fondo de trescientos millones de dólares para financiar proyectos de desarrollo que atendían a la demanda del Gobierno de Préval. Mientras tanto, países con menor presencia en etapas anteriores, como México y Colombia, pusieron en marcha acciones de asistencia humanitaria y de cooperación policial. Este empeño convivía con una realidad radicalmente reconfigurada en materia de carencias locales y de iniciativas de la ayuda internacional. La crisis humanitaria ascendió nuevos escalones a partir del brote de cólera en 2011, cuyo origen estuvo asociado con la presencia de tropas extranjeras en el país.[37] Las diferencias en lo que atañe a la marca regional de la intervención en Haití incidieron en la articulación entre factores externos y domésticos. En el plano interno, tras una postergada elección presidencial, asumió el Gobierno de Michel Martelly en mayo de 2011. De salida, el nuevo mandatario se mostró menos comprometido con un proyecto asociado a las democracias sudamericanas, adoptando una línea de conducta pragmática que atendiera a una receta propia de intereses políticos, que mantuviese abierto un canal de comunicación con Estados Unidos y que asegurara la continuidad de la MINUSTAH.[38]

En América del Sur, el empuje regional en la segunda década del siglo XXI ya no sigue el ritmo de los años anteriores, lo cual repercutió en la coordinación en Haití. Hay que subrayar que este hecho de ninguna forma afectó el compromiso de presencia militar en la misión. Como puede apreciarse en el gráfico 4, la región mantuvo sus compromisos, al tiempo que Brasil los incrementó considerablemente.

---

[37] Según datos de la ONU, hasta el 31 de diciembre de 2014, se reportaron en Haití 725.608 casos de infección por la bacteria Vibrio Cholerae. De acuerdo con investigaciones realizadas por organizaciones de la sociedad civil, existen pruebas de que la inserción de la epidemia fue generada por una cepa importada y de que se extendió desde la base nepalí de la MINUSTAH. El origen de la enfermedad se encuentra en el pequeño pueblo de Mirebalais, en el centro del país, donde los soldados nepalíes asentaron su campamento, y apareció pocos días después de su llegada.

[38] Un ejemplo fue la decisión del Gobierno de Martelly de abrir las puertas del país para el retorno simultáneo del ex dictador Jean-Claude Duvalier y del ex presidente Jean B. Aristide sin tomar en consideración las restricciones de las organizaciones de derechos humanos y las reservas de la UNASUR y de los Gobiernos sudamericanos. Sobre el impacto local de la posición de UNASUR. Disponible en: http://goo.gl/Mh2yrJ.

Gráfico 4. Presencia regional en MINUSTAH por país (2004-2015)

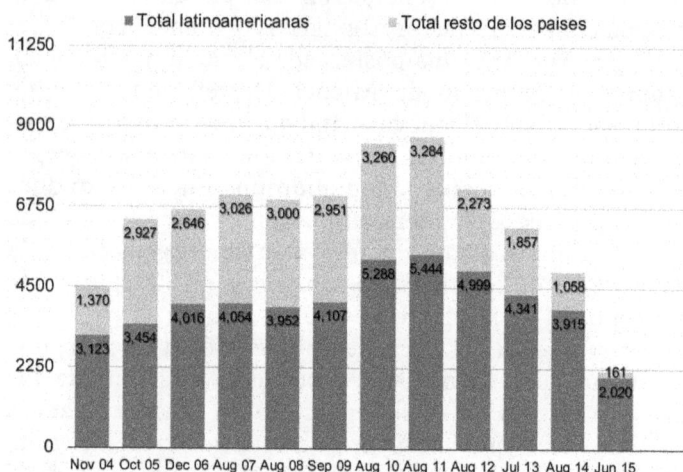

Fuente: Elaboración propia en base a Informes del Secretario General de ONU (2004-2015)

Los cambios de Gobierno en Brasil (2011), en Chile (2011) y en Uruguay (2010) tuvieron su repercusión en este cuadro. En el caso brasileño, dos tendencias simultáneas contribuyeron para redefinir la importancia de la acción regional coordinada en Haití. Por un lado, los temas regionales redujeron su relevancia en la política exterior del país. Por otro, una robustecida agenda internacional del Ministerio de Defensa llevó a que fuese fortalecida todavía más la carta de participación del país en organizaciones de paz con una articulación más estrecha con la burocracia de las Naciones Unidas (Hirst y Nasser, 2014). Chile, por su parte, retrajo su presencia en función del cambio de orientación política de su Gobierno, que, en los años 2010-2014, estuvo bajo el comando de un partido poco identificado con la política regional. En el caso de Uruguay, si bien los Gobiernos del Frente Amplio siempre valoraron la agenda regional, su presencia en Haití nunca despertó el mismo nivel de compromiso político que se observó en sus vecinos. Además, durante el Gobierno de Pepe Mujica, éste manifestó reservas de que sus Fuerzas Armadas siguiesen en Haití. Para la Argentina, a la presencia militar en MINUSTAH, se sumó, como carta política de su actuación en Haití, el fuerte apoyo a la Secretaría Técnica de UNASUR acompañado por la actuación de sus Cascos Blancos.

A partir de 2014 vuelve a ganar impulso en Naciones Unidas la idea de la retirada de la MINUSTAH, con el aval norteamericano, canadiense y francés. Además de motivaciones presupuestarias, se imponía un proceso de fatiga revelado en las frecuentes manifestaciones anti-MINUSTAH en Haití. Sin embargo, como ya fue mencionado, la idea de repliegue fue archivada en 2011 frente a la desoladora realidad haitiana que emergió a partir del terremoto.

A partir de 2014

Esta fase está marcada por la reducción de tropas y la retirada progresiva de la MINUSTAH de Haití. Éste también es un periodo de expectativas de cambio político en el país como consecuencia del calendario electoral de 2015. En realidad, se crearía un escenario binario, en el cual un tema estaría estrechamente vinculado con otro.

Antes de abordar este proceso conviene una breve digresión sobre el tema de la retirada de las operaciones de paz, ya que éste puede ser tan desafiante como el diseño y la llegada de una misión. La etapa de retirada es considerada una fase de transición, en la cual deben estar aseguradas algunas de las condiciones esenciales relacionadas con el futuro del país que está por recuperar plenamente su soberanía. Se torna crucial el diseño de una estrategia de salida acordada entre la ONU y el país anfitrión.

La discusión sobre esta transición es todavía acotada en los debates en Naciones Unidas, aún después de la creación de la Comisión de Construcción de la Paz en

2005. Llama la atención que en el informe final del panel independiente preparado en 2015 apenas se dedique una página a esta cuestión. Sin embargo, se trata de una etapa compleja y crucial, cuya conducción debe merecer especial atención y cuidado por parte de los comandos civiles y militares. Se destacan como aspectos claves:

- La definición del momento propicio para poner en marcha el repliegue
- El grado de certeza –y cómo se lo mide– sobre la efectividad de la misión
- La metodología de traspaso entre autoridades externas e internas para asegurar que el monopolio de la fuerza no se disipe
- Las percepciones y la memoria de la población y de las elites locales de los años de intervención (la comprensión local de la intervención externa como una ocupación)
- El balance sobre lo que se lleva y se aprende de la experiencia de la misión

Si bien todas las operaciones de paz permiten comparaciones en el momento de su evaluación final, cada caso presenta su especificidad en función de los contextos locales e internacionales en que ocurren. Además, este proceso será colectivo-institucional para la ONU e individual para cada país participante. En el caso de la MINUSTAH, esta especificidad está aún más acentuada por el impacto de dos desastres naturales, con un profundo impacto sobre ella. En el caso del terremoto de 2010, se trató de una situación especial, donde se impuso una inmediata reconfiguración de las responsabilidades y de la presencia militar y policial externa. Este hecho terminó afectando la posibilidad de una evaluación que obedezca a criterios estandarizados que midan resultados apenas en función del grado de cumplimento de los objetivos iniciales de la misión (Koko y Essis, 2012).

Previo al presente repliegue de la MINUSTAH, la disminución de los contingentes militares y policiales fue contemplada en dos momentos: en 2009 y en 2012. En el primer momento, como ya fue indicado, esta posibilidad estuvo relacionada con un balance relativamente positivo del impacto y de los logros obtenidos por la misión, y se destacó el papel de las iniciativas regionales que acompañaban e incidían favorablemente en la situación haitiana.[39] En 2012, en cambio, la misión se achicó debido a la superación de la situación de emergencia creada con el terremoto en 2010, y se retrocedió a los números previos al sismo. Además de la necesidad de ajustar la presencia militar externa a los números de 2010, eran visibles las señales de que la MINUSTAH ingresaba en un periodo de fatiga y de cuestionamiento local. Se acusaba a la misión de prácticas violatorias de derechos humanos, se le atribuía la responsabilidad por la propagación del virus de la cólera, a la vez que se criticaba el prolongado periodo de intervención. En este contexto, una gradual retirada coordinada por las autoridades militares sudamericanas parecía el escenario más deseable.[40]

El gráfico 5 indica la semejanza entre los números totales de contingentes militares de 2009 y 2012.

---

[39] Véase: Report of the Security Council mission to Haiti, del 14 de marzo de 2009 al 3 de abril de 2009. Disponible en: http://goo.gl/nMUH-V2.

[40] Vease: Weisbrot, "Is this Minustah's 'Abu Ghraib moment' in Haiti?", 2011. Disponible en: http://goo.gl/2xQoyl.

Gráfico 5. Militares de la MINUSTAH autorizados por la ONU (2004-2015)

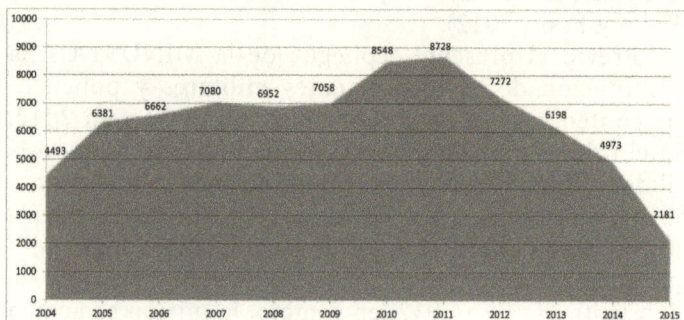

Fuente: Elaboración propia en base a Informes del Secretario General de ONU (2004-2015)

La transición iniciada en 2014 generó una situación particular en lo que refiere a la composición de los contingentes de la MINUSTAH. Al mismo tiempo que los números totales de la misión se reducían de forma significativa, la proporción relativa de la participación regional crecía. Como se observa en el siguiente gráfico, en 2015, aún con la retirada casi completa de los militares argentinos y bolivianos, el porcentaje de tropas de la región alcanzó el histórico pico del 92,6% sobre el total de la misión.

Gráfico 6. Porcentaje de participación de militares latinoamericanos y no latinoamericanos en la MINUSTAH 2004-2015

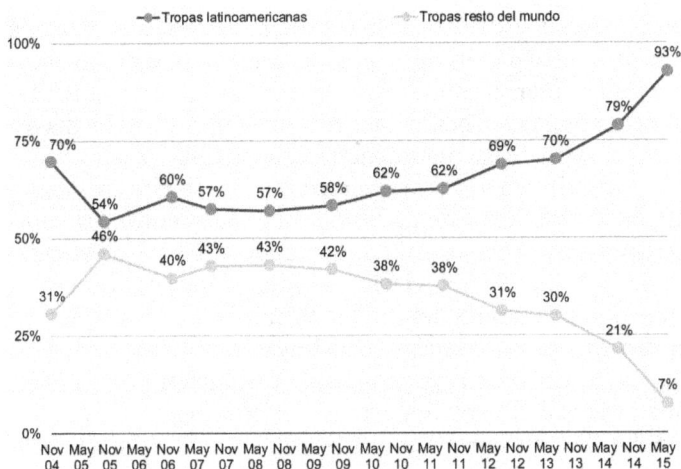

Fuente: Elaboración propia en base a Informes del Secretario General de ONU

Sin embargo, el peso de la participación de América Latina en la MINUSTAH ya no puede ser interpretado como indicador de una acción regional concertada. Luego de esfuerzos de impacto reducido para que fuera reactivada en UNASUR una posición común con respecto al repliegue de la MINUSTAH, el tema se mantuvo bajo la autoridad exclusiva de Naciones Unidas.

Un informe del año 2015 preparado para el CS con la intención de redefinir el mandato de MINUSTAH puso sobre la mesa un conjunto de visiones sobre la realidad haitiana y el futuro de la misión. En el debate en el CS, fueron abordados con especial atención los desafíos políticos haitianos respecto de los compromisos de gobierno y de grupos locales en relación con una institucionalidad democrática sustentable.[41] También fue tratado el tema de la seguridad interna, y en este caso prevaleció cierto consenso respecto de la superación de focos de violencia y de inestabilidad y de los avances obtenidos en la formación y profesionalización de la policía haitiana. Como en otras ocasiones, fueron numerosas las referencias a las dificultades económicas y sociales del país y a la necesidad de mayor compromiso de la comunidad internacional.

Ocurrió un cambio importante en el CS en cuanto al comportamiento de la región, que hasta entonces había actuado de forma coordinada cuando discutía el mandato de la MINUSTAH. Hacia 2014, la propuesta de resolución que procuraba definir los términos de la retirada de la misión, ya no contaba con el aval del mismo grupo de países. El texto de la propuesta de resolución S/2014/732, que reduce de forma importante los contingentes militares y policiales, fue aprobado por Brasil, Canadá, Francia, Estados Unidos y Uruguay. Ese mismo año, los miembros no permanentes del GRULAC en el CS fueron Chile y Argentina –este último también a cargo de la presidencia del CS en el momento de la deliberación sobre la propuesta–.[42] A pesar de mantener el espíritu de consenso en torno de la votación de esta resolución, ambos países –y también Ecuador y Guatemala– explicitaron su preocupación con la decisión de reducción drástica de los contingentes militares de la MINUSTAH. También fue cuestionada por estos países la posibilidad de utilización de nuevos procedimientos operacionales en caso de situaciones de riesgo. Las discordancias de las representaciones de Argentina, Chile, Ecuador,

---

41 La principal preocupación se refiere a la crisis política generada por el vacío de poder cuando el Parlamento haitiano se tornaría inoperante durante todo el año 2015. Finalmente, las elecciones parlamentarias y presidenciales fueron agendadas para los meses de agosto, octubre y diciembre de 2015.

42 El Grupo de América Latina y el Caribe ante las Naciones Unidas (GRULAC) es un grupo de diálogo no vinculante que reúne a treinta y tres países miembros de la ONU ubicados en esta región con el fin de coordinarse y crear consenso en temas debatidos en la organización.

Colombia, Perú y Guatemala respecto al calendario adoptado para la reducción "apresurada y abrupta" de las tropas y los métodos a ser empleados fueron expuestas en la reunión del CS que analizó la relatoría preparada para el CS sobre la situación haitiana.[43] Para los países mencionados, una reconfiguración de la MINUSTAH debería darse gradualmente, después de la realización de las elecciones haitianas (legislativa y presidencial) previstas para fines de 2015. Mientras tanto, la posición brasileña se mostró convergente con el proyecto de reconfiguración de la misión propuesto por el Secretario General de la ONU apoyado por los Estados Unidos, Canadá, Francia y la propia representante especial del Secretario General en la MINUSTAH.

En esta ocasión, las críticas de Argentina fueron contundentes. El país cuestionó la hipótesis de empleo de brigadas de intervención por violar los contenidos de los mandatos previamente aprobados en el CS. La posición argentina era expresada por su representante en Naciones Unidas de la siguiente manera:

> Junto con otros países en nuestra región, acreditamos que el mandato de la Misión deba mantenerse inalterado y que debamos explorar opciones para su modificación a partir del inicio de 2015. En este sentido, consideramos que cualquier decisión sobre el futuro de la MINUSTAH deba estar estrechamente vinculada con una mejoría efectiva de sus capacidades y al aumento de los recursos de la Policía Nacional Haitiana, que al final de cuentas, es la fuerza que deberá estar a cargo de la seguridad después que las comunidad internacional se retire.[44]

---

43 Véase: 11 de septiembre de 2014 S / PV.7262 Éste fue un debate el 22 de informe del Secretario General de 2014, la MINUSTAH (S / 2014/617) con una exposición del Representante Especial del Secretario General. Disponible en: http://goo.gl/QNRC31.

44 Ídem.

El debate en el CS pone en evidencia que la transición para la retirada de la MINUSTAH no contó con el consenso regional que respaldó la llegada de la misión en 2004. De hecho, se observa un mosaico de posicionamientos en 2014 que revela la ausencia de una concertación, tan valorada en etapas anteriores. Como voz mediadora, el Grupo de Amigos de Haití de la OEA, representado por Uruguay, buscó contemporizar las dos posturas con un lenguaje particularmente prudente.

Los énfasis de los países que participan del debate en el CS reflejan sus propias prioridades y sus diferencias en cuanto a la subordinación de la realidad haitiana a la MINUSTAH. Estas diferencias se tornan problemáticas cuando se tiene en cuenta la falta de una instancia multilateral regional capaz de absorber las responsabilidades de administrar una transición para la retirada de la misión de la ONU. Posiblemente el papel a ser desempeñado por una organización regional, como se viene dando con la Unión Africana en África, podría evitar este tipo de fragmentación. Además, la primacía del CS, en este caso, termina estimulando que algunos países de la región prefieran privilegiar los entendimientos con los poderes extrarregionales con fuerte incidencia sobre los temas de gobernanza global.

La reconfiguración y la previsión de repliegue de la MINUSTAH produjeron dos tipos de desacuerdos entre los países de la región: el primero referente al ritmo de la retirada; y el segundo, a la metodología y los instrumentos de acción previstos. Se cuestionó que la disminución fuese abrupta y significativa y que estuviese compensada con la introducción de nuevos procedimientos militares, como la creación preventiva de brigadas de desplazamiento rápido. Argentina fue el país que manifestó mayor desacuerdo en los debates del CS.

Conclusiones

No es posible disociar la presencia de la MINUSTAH en Haití de la historia de ocupaciones externas sufridas por este país. No es casual que en 2015 haya sido destacado en diversos contextos políticos e intelectuales el hecho de que la nación haitiana completaba un siglo de vivencias de repetidas intervenciones, iniciado con la llegada de los marines norteamericanos en 1915.[45] ¿Cómo comprender –y explicar– la presencia regional como parte de esta misma historia?

Siguen algunos puntos de reflexión que podrán ser útiles para abrir el debate sobre el significado de la MINUSTAH para la región.

1. Para las Fuerzas Armadas sudamericanas esta presencia representó un punto de inflexión en sus respectivos procesos de profesionalización en los años recientes. No es menor la importancia de la articulación entre estos procesos y la dimensión regional de la MINUSTAH. Reconocida como la "misión más crítica de los últimos quince años" por autoridades militares argentinas, la actuación por más de diez años en Haití fue crucial para sellar un nuevo padrón de convivencia entre las fuerzas armadas sudamericanas. Se podría afirmar que aquello que el Consejo de Defensa Sudamericano avanzó en términos de intercambio de información y doctrina, la MINUSTAH proporcionó en convivencia en el terreno. En ambos casos, la base estuvo constituida por la confianza intermilitar generada entre las Fuerzas Armadas de los países. Las percepciones argentinas sobre esta conquista, que serán descriptas en la segunda parte del libro, son especialmente ilustrativas en este sentido.

---

45 Véase: Coloquio Internacional por el fin de la ocupación de Haití. Disponible en: http://goo.gl/skUHhQ.

2. El impacto de la presencia latinoamericana en Haití, sea a través de la participación en la MINUSTAH o por medio de acciones de cooperación y asistencia humanitaria, generó un nuevo vínculo entre la sociedad local y nuestros países. Un indicador en este sentido ha sido que la expansión del flujo de inmigrantes haitianos para la América del Sur se concentró en los países del ABC. En Argentina, gran parte de esta inmigración se dirige a la ciudad de Rosario; en Brasil, a la ciudad de San Pablo. Se sobreponen aquí los efectos de las articulaciones producidas por la Cooperación Sur-Sur con la intervención militar. ¿Hasta qué punto se estaría reproduciendo aquí una típica dinámica poscolonial, principalmente cuando se conocen las notables asimetrías económicas y sociales entre Haití y estos países? ¿Hasta qué punto la presencia militar trae consigo un factor de poder, incluso cuando el uso de la fuerza se da en el marco de una operación multilateral?

3. Llama la atención el contraste entre la etapa inicial y final de actuación de la MINUSTAH, en el que atañe a su narrativa como una misión ejemplar en materia de coordinación regional. El empeño del grupo ABC observado en los años 2004-2009 dio lugar a una actuación fragmentada y dispersa por parte de los países que participan de la MINUSTAH. Sin duda, el caso más notable ha sido Brasil, que percibe su presencia en Haití más como una manifestación de una nueva articulación interna entre política externa y defensa que un ejemplo coordinación regional.

4. Es difícil no preguntarse por el impacto que dejará la MINUSTAH en Haití en el largo plazo. Una segunda indagación que se impone se refiere al momento y la manera en que la retirada de tropas ocurren. ¿Podría haberse procedido en otra cadencia y de otra forma? Finalmente, y no menos importante, vale un cuestionamiento en cuanto al rol que jugó o podría jugar la región Latinoamericana en el proceso de repliegue.

¿Una efectiva coordinación regional en el ámbito de la ONU y en el terreno, como la que se dio en 2004, contribuiría para consolidar los éxitos de la misión?

5. Las dificultades enfrentadas en Haití para asegurar un sistema político democrático plenamente representativo fueron especialmente expresivas durante las elecciones presidenciales que no pudieron concluirse en 2015. Esta realidad puede ser interpretada como una entre tantas formas de resistencia local a los postulados liberales que acompañan la reconstrucción del país administrada por la MINUSTAH desde 2004. Problemas de fraude, enorme ausentismo y diversos episodios de violencia fueron las manifestaciones concretas de esta reacción. Son visibles los esfuerzos por parte de un segmento de la élite local para que se encuentre una solución política disociada de la voluntad del CS de la ONU, de Estados Unidos, de Canadá y de Francia. ¿Serán éstos una evidencia de que el proceso de normalización en Haití es todavía un extenso camino a ser recorrido?

6. Lo que sí parece cierto es que el proceso electoral en Haití durante los años 2015-2016 reveló una gran incertidumbre sobre el futuro político del país y el vínculo a ser mantenido con la comunidad internacional a partir de la finalización de MINUSTAH. La expectativa compartida adentro y afuera de este país es que la asunción de un nuevo Gobierno representará la conclusión de un ciclo de intervención iniciado en 2004. Entre las indefiniciones por aclararse, se subraya el tejido de relaciones con América Latina en la etapa pos-MINUSTAH. Para Argentina, la continuidad de su presencia a través de sus proyectos de cooperación implica un nuevo tipo de desafío a partir de la ausencia de sus contingentes militares, más aún en el marco de la asunción de un nuevo Gobierno en diciembre de 2015.

7. A partir de la retirada de gran parte del contingente argentino, además de otros países de la región, se abre una etapa de balance para este país sobre su participación en la MINUSTAH. Éste será un ejercicio de extrema utilidad interna, regional y global. Como se verá en los textos a continuación, la experiencia argentina en la Haití ilustra con riqueza los que son, en los días actuales, los desafíos de las misiones multidimensionales conducidas por la ONU.

Ayuda internacional y cooperación Sur-Sur regional en Haití[1]

Lecciones desde la experiencia argentina

BERNABÉ MALACALZA

Introducción

Haití es uno de los países con más alta tasa de dependencia de la ayuda internacional en el mundo. La relación entre el tamaño de su economía y la proporción de ayuda internacional recibida ha sido marcadamente despareja. En 2010, año del terremoto que arrasó a Puerto Príncipe y alrededores, Haití ocupó el tercer lugar en la lista de países con índice más alto de la ayuda como porcentaje del ingreso bruto nacional, que alcanzó el 34,66% (sólo fue superado por Liberia con 62,8% y por Islas Salomón con 59,6%) y relegó al tercer puesto nada menos que a Afganistán (34,63%). En 2014, cuatro años después de la tragedia, ese porcentaje bajó al 6,4%, aunque ello no bastó para que los haitianos salieran del *ranking* de los diez principales más dependientes detrás de Liberia, Afganistán, Sudán del Sur, República Centroafricana, Malawi, Sierra Leona, Cabo Verde, Mozambique y Burundi, lista en la que no están contadas las pequeñas islas de Oceanía (OCDE, 2016).

Si bien el terremoto significó un impulso para ampliar el compromiso de las agencias internacionales, el despliegue masivo de la "ayuda internacional" y su protagonismo en la política, la economía y la sociedad haitiana no es

---

[1] El autor agradece los comentarios y las observaciones de Mónica Hirst.

reciente. La historia de dependencia de los flujos de asistencia se remonta a tiempos anteriores al año 2010, cuando se desató el sismo. Esta carrera por "asistir" y "ayudar" a los haitianos se ha prolongado por al menos seis décadas y se ha ampliado de modo tal que resulta útil interrogarse sobre las características y los resultados de estos compromisos.

Según las múltiples y variadas estadísticas disponibles, la relación entre ayuda y desarrollo en Haití ha sido problemática. Mientras la ayuda fracasa sistemáticamente en sus objetivos de reducir la pobreza y promover el desarrollo económico, una red de agencias bilaterales y multilaterales, consultores, activistas de organizaciones no gubernamentales (ONG) continua expandiéndose en todo el territorio. En proporción a su superficie, Haití ha llegado a ser considerado el país con mayor cantidad de ONG por metro cuadrado en el mundo (Klarreich y Polman, 2012). Este extenso despliegue con resultados nimios no ha hecho sino propagar la idea de Haití como un "cementerio de proyectos".

Esta presencia constante de las potencias occidentales, y en especial de Estados Unidos, a través de la intervención o de la asistencia, contrasta con la desconexión y el desinterés que ha predominado históricamente en la relación entre Haití y sus países vecinos de la región caribeña y latinoamericana. No deja de sorprender la tenue e intermitente relación histórica entre Haití y Latinoamérica, pese a que el país caribeño significó un caso ejemplar al romper las cadenas con la metrópoli francesa en 1804 y fue pionero en alumbrar los procesos independentistas al otro lado del Atlántico. En este derrotero de distancia política, económica y hasta cultural (la barrera lingüística es uno de los escollos), resulta aún más extraordinario el despertar de la cooperación Sur-Sur (CSS) regional en Haití como una nueva forma de cooperar en los años recientes.

Con idas y venidas, la experiencia de CSS de los países latinoamericanos en Haití de la última década, tanto por la contribución militar a la MINUSTAH como por la más amplia participación en proyectos de cooperación de los países de la región (incluidos también aquellos países no contribuyentes con tropas a la misión multilateral), constituye una excepción en la historia, cuya real significación requiere todavía ser ponderada. Es aquí que debe encuadrarse también el análisis del aporte argentino en materia de cooperación internacional con Haití a partir de 2005. ¿Contribuyó la presencia masiva de América Latina a dar lugar a un cambio radical en la naturaleza de las relaciones internacionales con Haití? ¿Cuál fue la real magnitud y cuáles los resultados obtenidos por la cooperación latinoamericana?

El propósito central de este capítulo es reflexionar sobre los aspectos más problemáticos de la relación de Haití con la cooperación internacional, poniendo especial énfasis en los logros y en las contradicciones de la más reciente incursión de la CSS regional y, en dentro de ese marco, de la cooperación argentina específicamente. Ciertamente la etapa inaugurada en 2004 con la llegada de la MINUSTAH facilita el examen exploratorio y descriptivo del desempeño de la CSS como un fenómeno revalorizado por los países latinoamericanos, al tiempo que contribuye a exponer los claroscuros del proceso así como los desafíos pendientes como instrumento de desarrollo. A tal efecto, el caso de estudio elegido por nuestra investigación –el proyecto argentino ProHuerta Haití– pone de relieve los matices de un proceso aún en curso, en el que se materializan narrativas (el perfil político) en prácticas de cooperación (las interacciones entre actores) que reproducen dinámicas competitivas y complementarias en el terreno.

Este capítulo se nutre, además, de una perspectiva de la cooperación internacional que busca problematizar conceptos. La interpelación de la ayuda internacional así como de la CSS regional requiere ponderar más sobre las prácticas realmente existentes. Las implicancias teóricas de "abrir" y ampliar la comprensión de la política exterior y de la cooperación internacional más allá de la actuación formal de las cancillerías, los ministerios y las embajadas son varias. Internarse en la perspectiva de los actores nativos implica analizar el discurso oficial, las evaluaciones, los informes y los reportes de las agencias y de los organismos internacionales, pero –más importante– profundizar sobre el sentido y el contenido de las prácticas informales en las comunidades locales, que no siempre se dan a la luz. De acuerdo con Wedel *et al.* (2005), la pregunta clave no es "¿qué es o qué significa una determinada política?, sino "¿qué hacen los actores en nombre de una determinada política?".[2]

Algunas cuestiones relevantes circulan a lo largo de las argumentaciones de este capítulo y van de lo general a lo particular: ¿por qué la ayuda internacional ha fracasado sistemáticamente en Haití? ¿Qué formas adoptó la CSS regional y cómo se articuló *in situ*? ¿Cuáles han sido los aportes y las limitaciones de la CSS regional que el análisis del caso ProHuerta pone de relieve? ¿Qué enseñanzas y qué desafíos pendientes pone de relieve la experiencia de CSS regional en cuanto instrumento de desarrollo?

En base a estos interrogantes principales, el análisis se estructura en tres partes que se corresponden con tres miradas: la global, la regional y la local. La primera parte se inicia con una perspectiva crítica sobre el papel histórico de la ayuda internacional en Haití. La segunda parte apunta a analizar el despliegue de la CSS regional, tomando nota de la diversidad de iniciativas de carácter regional, bilateral y triangular que desplegaron los países latinoamericanos. La tercera parte recolecta algunas lecciones que se desprenden del desempeño del proyecto argentino ProHuerta como caso de estudio. Finalmente, se retoman las ideas centrales abordadas en el texto para obtener conclusiones o lecciones preliminares.

---

2 La traducción es del autor.

La ayuda internacional en Haití

En la última década, Haití se convirtió en la "niña bonita" de la Ayuda Oficial al Desarrollo (AOD) destinada a América Latina por los donantes miembros del Comité de Asistencia al Desarrollo (CAD) de la OCDE.[3] En números absolutos, pasó de ocupar el séptimo lugar en 2003 (con un total de doscientos doce millones de dólares recibidos) al segundo puesto en 2008 (con un total novecientos doce millones de dólares recibidos).

Además, este volumen creció exponencialmente a partir del terremoto de 2010, cuando alcanzó el primer lugar con la cifra récord de 3064 millones de dólares, lo que significó un volumen casi cuatro veces superior respecto del 2008. En 2013, el país caribeño continuó siendo el primer receptor con 1155 millones de dólares y recién en 2014 fue desplazado al segundo lugar (el primero resultó Colombia) con 1083 millones de dólares.

En términos relativos, la porción de ayuda recibida por Haití como porcentaje del total recibido por la región aumentó del 4,7% en 2005 al 21,7% en 2010. En 2013, la ayuda retomó los niveles previos al terremoto y alcanzó una porción de 9,8% y de 9,2% en 2014 del total recibido por la región. En suma, durante el periodo 2005-2014, Haití recibió un promedio del 9,8% de los flujos de AOD destinados por los países del CAD/OCDE a la región, lo que representó un volumen nada despreciable para un país pequeño (OCDE 2016).

---

3 Los actuales miembros del CAD son: Alemania, Australia, Austria, Bélgica, Canadá, Corea, Dinamarca, Eslovenia, España, Estados Unidos, Finlandia, Francia, Grecia, Irlanda, Islandia, Italia, Japón, Luxemburgo, Noruega, Nueva Zelanda, Países Bajos, Polonia, Portugal, el Reino Unido, República Checa, República Eslovaca, Suecia, Suiza y la Unión Europea. Todos los demás miembros de la OCDE participan en el CAD como observadores, así como también el Banco Mundial, el FMI, el PNUD, el Banco Africano de Desarrollo, el Banco Asiático de Desarrollo y el Banco Interamericano de Desarrollo.

Si bien estos datos dan cuenta de que Haití ha sido el principal receptor de AOD de América Latina en la última década, debe tenerse en cuenta que la región no ha tenido un lugar relevante en la captación de recursos a nivel mundial. Ésta recibió en 2005 sólo el 7,11% del total de los flujos mundiales de AOD; con el terremoto de 2010 esa porción llegó al 10,11% y hacia 2014 al 7,56%. Ello indica que, en términos relativos, la ayuda recibida por Haití respecto del total mundial ha sido pequeña: representó en 2005 un 0,38% de los flujos mundiales; alcanzó en 2010, año del terremoto, un 2,5% del total mundial; para cerrar en 2014 con un 0,48% del total (OCDE 2016). El dato significativo entonces es que el incremento de la ayuda hacia Haití en términos absolutos no coincide con un lugar de mayor relevancia de la región latinoamericana y de este país como receptores de ayuda a nivel global.

Ni la presencia de una misión de paz multilateral en su territorio ni las sucesivas emergencias humanitarias desatadas por violencia, terremoto, huracanes, cólera, tormentas tropicales, inundaciones, etc., han colocado a Haití dentro de las principales prioridades de ayuda mundial. Sin embargo, si se mide la ayuda en relación con el tamaño de la economía y con la población, Haití tiene una de las tasas de dependencia de la AOD más altas del mundo en desarrollo. De una ayuda del 6,5% del Ingreso Bruto Nacional en 2005 pasó al 34,66% en 2010 y regresó al promedio de 6,4% en 2014, una cifra que está muy por encima del promedio regional (0,11%) y del de África Sub-sahariana (1,5%). Además, la ayuda per cápita es una de las más altas de la región (el promedio regional es de U$S 10,5) y del mundo en desarrollo (el promedio es de U$S 15,9), pasando de U$S 30,6 en 2005 a U$S 230,6 en 2010 y llegando a los U$S 52,6 per cápita en 2014, un promedio similar al de los países africanos más dependientes de la ayuda (OCDE 2016).

Las altas tasas de dependencia ponen en claro que la ayuda internacional ocupa un lugar crucial para la economía haitiana. Sin embargo, si se observa su desempeño a lo largo del tiempo, ésta ha fracasado sistemáticamente en sus objetivos de "reducir la pobreza" y de promover el desarrollo económico y social. Según afirma Terry Buss (2015) en un reciente estudio, los grandes donantes aportaron más de treinta y ocho mil millones de dólares a Haití en los últimos sesenta años –una cifra que equivale a tres veces el producto bruto interno actual del país–, mientras que el 60% de la población (seis millones de personas) todavía se encuentra viviendo bajo la línea de pobreza con un ingreso promedio U$S 2,44 por día y un 25% (2,5 millones) no supera el umbral de U$S 1,24 por día. Mientras tanto, en 2013, el índice de desarrollo humano del Programa de Naciones Unidas para el Desarrollo (PNUD) ubicó a Haití en el puesto 168 y en 2015 en el puesto 163 de un total de 187 países; es el único país latinoamericano en ingresar en la categoría de bajo grado de desarrollo (PNUD, 2013; 2015).

Para el caso haitiano, Buss (2015) enumera una serie de causas externas, como el daño provocado por la política exterior intervencionista de Estados Unidos, las malas políticas de los donantes, el compromiso de fondos finalmente no desembolsados y el rechazo a proveer ayuda directa al estado haitiano; y otras internas, como la inestabilidad política, los desastres naturales frecuentes, la existencia de una pequeña elite económica sostenida por un "estado depredador" que destruye el capital social y la corrupción. No obstante, a ello hay que sumarle las propias dinámicas que crea el sistema de ayuda. Sesenta años de ayuda han montado un universo paralelo y fragmentado de trabajadores de la ayuda (*aid workers*), funcionarios de agencias bilaterales y multilaterales, activistas de ONG, misioneros religiosos y sociales, expertos y consultores que actúan en un "no-lugar" (una ficción) fuera de la realidad haitiana. Esta figura podría asemejarse a lo que el antropólogo Raymond Atrope (2011) llama "*Aidland*".

En este escenario, la idea que se ha reproducido con facilidad es la que relaciona la obligación moral de la ayuda con los pobres y no con el gobierno.[4] Esta narrativa pareciera haber contribuido a un proceso de dispersión de intervenciones y de creación de instituciones *ad hoc,* cuyo efecto fue deteriorar aún más las instituciones haitianas de gobierno. En este caso, se propagó una verdadera "Ley de la Selva", resultante del mosaico de proyectos aislados (en numerosas ocasiones, superpuestos), ejecutados por las ONG, los brazos pequeños y territorialmente dispersos de los donantes.[5] Éstas vienen creciendo en número, rango e influencia desde 1954.[6] En ese sentido, no deja de sorprender que algunos autores se refieran a Haití como la "República de las ONG", ya que se estima extraoficialmente que su número se acerca a los diez mil, una cifra que convierte al país caribeño en el segundo con más alto número de ONG per cápita del mundo (India es el primero) y el primero con mayor cantidad por metro cuadrado (Klarreich y Polman, 2012).

También la difusión de la filantropía entre las celebridades y famosos –aquello que Cooper (2008) denomina "diplomacia de las celebridades"– se acrecentó significativamente a partir la emergencia del terremoto de 2010. Las celebridades donaron grandes sumas de su propia facturación y aportaron su poder de marca, sus habilidades para la comunicación de masas y su capacidad de acceso a los altos

---

[4] Como consecuencia de ello, los programas de ayuda en Haití han sido canalizados por medio de organizaciones privadas y organizaciones no gubernamentales (ONG) para cumplir más eficazmente el objetivo de tratar directamente con población local, excluyendo al estado (Ramachandran y Walz, 2012).

[5] Como bien destacan Ramachandran y Walz (2012: 9), en el caso de la agencia estadounidense de ayuda, USAID, más del 80% de los fondos destinados a la reconstrucción posterremoto fueron capturados por ONG mientras que el Gobierno haitiano recibió solo el 1% de los fondos.

[6] La presencia de las ONG no es nueva en Haití; data de 1954, cuando CARE International, Catholic Relief y Cruz Roja Internacional llegaron por primera vez para brindar asistencia humanitaria a las víctimas del huracán Hazel.

niveles para la captación de fondos.[7] Todos estos agentes de la ayuda (donantes, activistas, celebridades, misioneros, etc.) operaron de forma segmentada y sin rendir cuentas, lo que incrementó el riesgo de duplicidad de las actividades; a la vez que se constituyeron como grandes reclutadores de mano de obra calificada local, operando en favor de la fuga de cerebros y del desguace de recursos humanos provenientes del estado (Ramachandran y Walz, 2012).

¿De qué forma podría contrarrestarse este círculo vicioso y problemático de la ayuda? Sogge (2002: 135) sostiene que algunas innovaciones fuera de la corriente principal permitirían sortear la inevitabilidad de los efectos de las desigualdades de poder y podrían empujar al sistema de ayuda hacia normas de corresponsabilidad y de democracia. Los programas edificados por las agencias ayuda internacional, sostiene Sogge (2002: 135), "se echan a perder por problemas de distancia socioeconómica, lagunas culturales, altos costes y mediocres resultados". Si bien estas dificultades no desaparecen en la CSS, "las cadenas de la ayuda suelen ser más cortas y menos costosas". La cooperación triangular, en ese sentido, podría ser un puente entre la Cooperación Norte-Sur y los procesos de cooperación horizontal.

La Cooperación Sur-Sur regional en Haití

La presencia de América Latina en Haití adquirió unos contornos y compromisos distintos y mayores que en el pasado. El desembarco de cascos azules de la región en

[7] En Estados Unidos, las celebridades lograron recaudar 35 millones de dólares en sólo dos horas durante el telemaratón "Esperanza para Haití Ahora", organizado el 22 de enero por George Clooney en Los Ángeles con la colaboración de cuarenta famosos, entre los que se encontraban Alicia Keys, Bono, Beyoncé, Bruce Springsteen, Cristina Aguilera, Justin Timberlake, Madonna y Sting (Domínguez, 2010).

2004 conllevó también un despliegue masivo de funcionarios civiles y cooperantes sin precedentes. De acuerdo
con datos publicados por órganos ejecutores de CSS de la
región, se estima que durante el periodo 2005-2015 un total
de 360 proyectos fueron impulsados por nueve países latinoamericanos: Brasil, Argentina, Chile, Colombia, Ecuador,
Perú, Venezuela, Cuba y México (Malacalza, 2016).[8]

Esta CSS regional se insertó en el terreno haitiano y
se nutrió de una narrativa común asociada a la horizontalidad. Ello procuraba diferenciarse del paradigma verti-
calista/asistencialista Norte-Sur, adoptando como propios
a su filosofía los principios de no intervención en asuntos
internos, no condicionalidad, beneficios mutuos y apropiación nacional. Este enfoque se asentó en el plano retórico
y se materializó en diversos documentos y declaraciones
compartidas en foros multilaterales y regionales en los que
participaron los países de la región. Se destacan los consensos conceptuales y metodológicos alcanzados por estos
países en el marco del Programa Iberoamericano de Fortalecimiento de la CSS (PIFCSS) de la Secretaría General
Iberoamericana (SEGIB).[9]

La adopción de esta narrativa tuvo, además, implicancias prácticas. A diferencia de la cooperación de los grandes donantes, los países latinoamericanos priorizaron una
cooperación técnica, "más pequeña" en cuanto a volumen

---

8   En el período 2004-2010, los países latinoamericanos iniciaron 112 proyectos, un promedio de 22 al año, en una tendencia en franco aumento. Después del terremoto, se produjo un salto exponencial con 165 nuevos proyectos en un solo año, 88 de ellos abocados a la recuperación de infraestructura
(Malacalza, 2016).

9   Desde 2011, el PIFCSS de la SEGIB, en trabajo conjunto con las agencias y
direcciones generales de cooperación de los países latinoamericanos, se
encuentra discutiendo sobre cómo avanzar en "identificar, medir, caracterizar y evaluar" la CSS (PIFCSS 2013). En esos talleres, se han acordado indicadores basados en los principios de la horizontalidad, el consenso y la equidad. Desde el punto de vista metodológico, el Acuerdo de Quito (2011)
plantea que, además de aspectos como la eficiencia, la eficacia y la sostenibi-
lidad, la CSS requiere "constatar si se cumplen criterios como la horizontalidad, la equidad, la reciprocidad y la responsabilidad compartida".

financiero y costes, y concentrada en los "temas blandos" de la agenda como el desarrollo productivo y social, con la excepción de algunos intercambios para el entrenamiento de la policía haitiana.[10]

Al mismo tiempo, la triangulación de la CSS dio lugar a la incursión en terreno de instituciones regionales como la Alianza Bolivariana para los Pueblos de Nuestra América-Tratado de Comercio de los Pueblos (ALBA-TCP) y la Secretaría Técnica de UNASUR. Ambas experiencias representaron estrategias de regionalización selectiva de la CSS. La regionalización vía ALBA-TCP se fundamentó en el despliegue de la capacidad de financiamiento venezolana en tres sectores: el suministro de petróleo; la CSS en proyectos de infraestructura, salud, educación y desarrollo social; y la articulación de un esquema de asociación económica basado en los proyectos de Grannacionales del ALBA. En este caso, el ingreso de Haití al Fondo PetroCaribe en 2007 institucionalizó por la vía regional el suministro petrolero y el fondo destinado a la CSS, al que después se incorporó Cuba, brindando asistencia técnica en salud y en educación.[11]

Por su parte, la creación de una Secretaría Técnica de UNASUR en Haití (2010), aprobada por las declaraciones presidenciales de Quito y Los Cardales, conllevó la puesta en práctica de un fondo destinado a proyectos de cooperación técnica. Inicialmente, este fondo estaba basado en un compromiso de los países de UNASUR de cien millones

---

[10] Brasil, Colombia, Chile, México y Venezuela promovieron cursos y acciones de asistencia técnica para la Policía Nacional Haitiana (PNH) (Malacalza, 2016).

[11] La articulación de un esquema de suministro de 6500 barriles de petróleo diarios financiados en un 25% la factura restante, y la creación de un fondo especial de veinte millones de dólares para la promoción de actividades de cooperación técnica y humanitaria (Ojeda Medina 2013). Cuba se incorporó a este esquema a través de la firma de un Convenio Tripartito ALBA-Haití "Bolívar–Petión–Martí" para la puesta en marcha del proyecto conjunto "Fortalecimiento del Programa de Salud en Haití", que consistió en el despliegue de la Misión Barrio Adentro y la construcción de diez Centros de Diagnóstico Integral (CDI).

de dólares y un crédito a solicitar al BID de doscientos millones de dólares; sin embargo, Argentina resultó finalmente el único contribuyente financiero y fue responsable del aporte de casi diecisiete millones de dólares. A su vez, la gestión de la oficina quedó a cargo del embajador especial de Argentina ante UNASUR y representante especial de esa organización en Haití,[12] quién fue auxiliado logísticamente por el área política de la cancillería argentina.

La Secretaría Técnica actuó durante 39 meses –entre octubre de 2010 y diciembre de 2014– con un rango de representación multilateral, lo que le permitió participar de reuniones de gobierno y diplomáticas. Además de gestionar once proyectos de cooperación técnica, estableció vínculos con intelectuales, apoyó a expresiones artísticas, del cine y la literatura haitiana y sensibilizó a la comunidad en materia de derechos humanos y crímenes de lesa humanidad durante la dictadura duvalierista.

Más allá de las actuaciones de ALBA-TCP y UNASUR, existieron otros intentos por coordinar y armonizar las estrategias de CSS de los países latinoamericanos en Haití. En la fase previa al terremoto, se señala que el diálogo informal entre los embajadores de Argentina, Brasil y Chile (ABC) fue fundamental para establecer una agenda de acción política en materia electoral y sobre temas de cooperación técnica. Asimismo, estos países lograron adoptar una posición conjunta que se concretó en el acceso a un asiento en la mesa de los grandes donantes del Comité Conjunto de Coordinación Estratégica del G10 (Grupo de los Diez) en 2008.[13]

---

[12] El secretario técnico designado a propuesta de Argentina fue Rodolfo Mattarollo, un especialista argentino en derechos humanos que fue director ejecutivo adjunto de la Misión Civil Internacional OEA-ONU en Haití (MICIVIH) entre 1996 y 2000. En UNASUR, tuvo a su cargo la comisión que esclareció la llamada Masacre de Pando, en Bolivia.

[13] La primera ocasión en que el ABC hizo uso de su asiento en la mesa de grandes donantes fue en la Conferencia de Washington de 2009.

Sin embargo, a partir de 2010, la marca regional en la mesa de los donantes se redujo a las expresiones bilaterales de Brasil y Venezuela que, por sus volúmenes de aporte, contaron con sus respectivos asientos en la Comisión Interina para la Reconstrucción de Haití (CIRH). Mientras tanto, la creación del Grupo de Trabajo sobre Cooperación Internacional de la CELAC, en 2013, donde Haití asumió el carácter de miembro pleno y recibió un trato diferenciado a partir de la adopción de una resolución especial –la única para una estado miembro–, buscó constituirse como un espacio de diálogo y de discusión de proyectos entre el Gobierno haitiano y los países de la CELAC para abordar la problemática haitiana.[14]

Además de las actuaciones en el ámbito político-diplomático, cabe destacar otras instancias de colaboración y de trabajo conjunto que tuvieron lugar en el terreno. Algunas líneas de complementación existieron en los sectores agroalimentario, salud, educación y fortalecimiento institucional, donde se concretaron proyectos conjuntos de cooperación triangular en la modalidad llamada "Sur-Sur-Sur". En este caso, fueron puestos en marcha cinco iniciativas conjuntas: un proyecto argentino-brasileño para la construcción de cisternas, almacenamiento y gestión del agua de lluvia en zonas rurales iniciado y culminado en 2006 (que será analizado más adelante);[15] otro entre Argentina, Venezuela y Cuba para la construcción, la refacción

---

14 La resolución plantea un esquema de cooperación que destaca como temas prioritarios los señalados por el Gobierno haitiano: la energía, el empleo, el estado de derecho y el fortalecimiento de las instituciones, la educación, el medio ambiente, la erradicación del hambre y la extrema pobreza, la salud, la agricultura y la infraestructura. Vid. Resolución Especial de la CELAC sobre Haití. Disponible en http://goo.gl/32pv8y. Consultado el 10/9/2015.

15 En 2006, técnicos de EMBRAPA Hortalizas (Brasília-DF), EMBRAPA Semiárido (Petrolina-PE) y el Instituto Regional da Pequena Agropecuária Apropriada – IRPAA (Juazeiro-BA) capacitaron junto a técnicos del INTA Argentina a haitianos en el marco del programa de construcción de cisternas, almacenamiento y gestión del agua de lluvia para consumo humano y la producción de alimentos en comunidades rurales cercanas a Puerto Príncipe (Santos *et al.*, 2007).

y el equipamiento de un hospital en Corail, de un centro de salud de atención primaria y de tres centros de salud comunitaria en el marco del Plan de Acción UNASUR-Haití de 2010;[16] una colaboración entre Brasil y Cuba para la construcción de hospitales; dos programas de colaboración entre México y Chile, uno para escuelas modulares y otro de fortalecimiento del Ministerio de Economía en comercio exterior.

Se señalan también algunos matices respecto a la impronta particular de cada estrategia de triangulación de la cooperación. Algunos países latinoamericanos, como México y Colombia, fueron más proclives a la triangulación en la modalidad Norte-Sur-Sur; otros, como Venezuela y Cuba, optaron por la modalidad Sur-Sur-Sur y el anclaje de sus iniciativas a través del ALBA-TCP. Brasil, por su parte, privilegió la triangulación con organismos multilaterales del sistema de Naciones Unidas. Argentina llevó adelante, en una primera instancia, un cooperación triangular con grandes donantes (Canadá y España) y organismos multilaterales; mientras que, tras el terremoto, priorizó la articulación con la UNASUR. En todos los casos, salvo las excepciones de Cuba, Venezuela y México que no contaron con contingentes militares, buena parte de los proyectos se ubicaron en las respectivas zonas de influencia de los batallones, intentando mostrar "otra cara" de la presencia de sus países.

También los matices pueden observarse en relación con los diferentes sectores y temas en los que actuaron los países latinoamericanos. Ello tiene que ver con las

---

16 El presupuesto de 16.782.312 dólares se distribuyó de la siguiente manera: un 45% (5.604.800 dólares) para el eje de la seguridad alimentaria y la extensión del Pro-Huerta a todo el territorio haitiano, un 20% al área de salud para la construcción de un hospital conjunto con Cuba y Venezuela y el 35% restante para actividades de reconstrucción y refuerzo institucional para la ayuda a las víctimas del terremoto con participación de la ONG argentina Médicos del Mundo y la ONG chilena Un Techo para mi País (UNASUR, 2012).

improntas de los diferentes modelos de desarrollo (neo-desarrollistas, centrados en la abundancia petrolera y de economías abiertas, etc.) y las estrategias de especialización de los países. Por ejemplo, resulta ilustrativo que la cooperación venezolana haya estado orientada a los sectores de infraestructura y de provisión de energía; que la brasileña y la argentina hayan priorizado los ejes de desarrollo agroalimentario, dadas las ventajas comparativas que poseen en este sector; o que la cubana haya motorizado sus históricas intervenciones en educación y en salud, ejes también de su modelo interno. Por su parte, Chile, México y Colombia, economías abiertas que ganaron cierta musculatura en la negociación de acuerdos de libre comercio, encontraron un "nicho" en la capacitación en comercio exterior (Malacalza, 2016).

La Cooperación de Argentina

Hacia marzo de 2004, Argentina se había comprometido con Haití, pero sólo a nivel de ayuda humanitaria. La cancillería había remitido a la presidencia un decreto que autorizaba el envío de voluntarios de la Comisión Cascos Blancos (CCB) de la cancillería a Haití como fuerza para situaciones de emergencia, catástrofes naturales y conflictos. A su vez, el Ministerio de Defensa había puesto en marcha un plan que consistía en enviar un avión de la Fuerza Aérea con voluntarios de CCB, más 10 toneladas de ayuda en medicamentos y alimentos.

La participación de CCB y otros organismos nacionales en actividades de asistencia humanitaria en Haití tuvo lugar durante cuatro momentos de emergencia social y ambiental: i) tras la escalada de violencia en los inicios de la crisis política, las inundaciones de Jimaní y Gonaïves y el huracán Jeanne en 2004; ii) tras la tormenta tropical Noel en 2007, los huracanes Gustav, Hanna e Ike; iii) durante la crisis alimentaria de 2008; y iv) a partir de 2010, con la catástrofe generada por el terremoto y la emergencia producto de la epidemia de cólera. En estas sucesivas crisis humanitarias, la actuación se abocó a la defensa y protección civil, gestión de riesgos y desastres naturales, socorro de víctimas y resguardo en carpas y viviendas transitorias, provisión de alimentos, insumos médicos, medicamentos, pastillas potabilizadoras, agua potable y atención médica en el Hospital Militar Reubicable.

A partir de 2005, Argentina complementó sus acciones de asistencia humanitaria con proyectos de cooperación técnica en los sectores de agricultura y desarrollo alimentario, salud, fortalecimiento institucional, desarrollo social, derechos humanos y recuperación de infraestructura. En la fase previa al terremoto, el trabajo principal se centró en el desarrollo del Programa de Promoción de la Autoproducción de Alimentos Frescos (ProHuerta),[17] ubicado en la zona de influencia del batallón argentino en Gonaïves. Tras las elecciones de 2006, se extendieron dos asistencias técnicas: una al sector de Planificación, Economía y Finanzas, y otra a la Dirección de Estudios Económicos. Además, se puso en marcha un banco de proyectos de inversión y de cooperación internacional y otro de cuantificación del gasto público asociado a la niñez, apoyado por UNICEF.

Luego del terremoto de 2010, la cooperación argentina creció en compromiso financiero y en número de proyectos, articulando sus esfuerzos a través de la Secretaría Técnica de UNASUR en los sectores de salud, infraestructura y derechos humanos. La firma de un acuerdo de cooperación entre Argentina, Venezuela y Cuba posibilitó la construcción de un hospital en Corail, un centro de salud de atención primaria y tres centros de salud comunitaria. Además, con la colaboración de la ONG argentina Médicos del Mundo, se fortalecieron las redes y los sistemas comunitarios con 450 agentes de salud locales, y se trabajó junto a la

---

17 Este programa será analizado en detalle más adelante.

OPS/OMS en la erradicación del cólera y en la promoción de salud sexual y reproductiva en un Centro de la Mujer Rural en la frontera Haití-Dominicana (UNASUR 2012). Al trabajo en la extensión del ProHuerta, se sumó un proyecto de apicultura en la frontera con República Dominicana.[18]

En el área de seguridad alimentaria, se entregó una contribución de un millón de dólares al Programa Mundial de Alimentos de las Naciones Unidas (PMA) en apoyo al Programa Nacional de Cantinas o Comedores Escolares (PNCS) del programa haitiano Aba Grangou ("Terminar con el hambre"). Asimismo, se promovió, la compra de alimentos locales y se estableció una colaboración con la Comisión Cascos Blancos de la Cancillería Argentina, que aportó diez voluntarios especializados en alimentos, bromatología y logística para capacitar al personal haitiano del PNCS en técnicas de laboratorio, manejo de bodegas, manipulación de alimentos y nutrición (UNASUR, 2012).

El análisis del ProHuerta Haití

No constituye nuestro objetivo aquí desandar la trayectoria del programa ProHuerta ni analizar detalladamente los pormenores derivados de su proceso de implementación, así como tampoco realizar una evaluación de sus resultados. La referencia de caso en este capítulo tiene sentido por su relevancia como programa de CSS de Argentina y por el acceso disponible a la información en interacción con actores participantes, de quienes se han obtenido representaciones y percepciones acerca de la experiencia. No menos importante es que los datos y las interpretaciones recolectadas a

---

[18] El proyecto de Apicultura, con un presupuesto de 210.000 dólares, mantiene un doble objetivo: reforzar la cadena de valor del sector apícola haitiano a través del apoyo a las cooperativas de productores, y combatir la pobreza a partir del fomento de dicha actividad.

partir de este caso pueden resultar útiles para la discusión sobre el análisis de la CSS y de la metodología de abordaje como instrumento de desarrollo.

La recolección de información de la que se valen nuestras argumentaciones en este capítulo comprenden el trabajo de campo en el terreno –visitas realizadas a ProHuerta Gonaïves y Puerto Príncipe en 2009–, entrevistas y conversaciones informales con funcionarios y agentes de la Cancillería Argentina y del Instituto Nacional de Tecnología Agropecuaria (INTA), con coordinadores nacionales y con promotores haitianos; el acceso a evidencias resultantes del informe de evaluación trinacional realizado por Argentina, Canadá y Haití (Boisvert, Lorda y Racine, 2011); conversaciones con evaluadores externos y diálogos en *off* con agentes directa o indirectamente relacionados con el programa. La combinación de estas fuentes nos provee de información suficiente para el conocimiento de la relación entre los actores involucrados y de las percepciones de los haitianos participantes del proceso.[19]

A partir de la instalación del contingente militar argentino en Gonaïves en 2005, el ProHuerta fue poco a poco convirtiéndose de un pequeño componente localizado en la cercanía de los cascos azules argentinos a un proyecto de gran escala, ocupando casi la totalidad de los departamentos en que se subdivide el territorio haitiano. ¿Qué "datos duros" aportan pistas sobre sus fortalezas y debilidades? ¿Qué calidad de relaciones comunitarias y con el Gobierno haitiano tomaron forma en el marco de sus acciones? ¿Cómo se dieron las relaciones con donantes bilaterales y multilaterales participantes del programa? ¿Cuáles fueron los logros y las dificultades de la coordinación intraestatal en Argentina que revela la experiencia? Desde las

---

[19] Por decisión del autor se mantienen en su carácter anónimo y reservado las entrevistas con los actores implicados tanto en Haití como en Argentina. La apertura de comillas en cada cita sugiere un dicho textual de alguno de los actores. La principal argumentación que se realiza es en tercera persona y se basa en la interpretación de los relatos.

percepciones de los haitianos, ¿se ve al ProHuerta como una cooperación que se corresponde y se adapta a la idiosincrasia local?

De acuerdo con lo que revela la evidencia empírica, la implementación del programa involucró la coordinación interministerial de organismos públicos argentinos, con otros socios donantes bilaterales y multilaterales, con el Ministerio de Agricultura haitiano y con los promotores haitianos y las poblacionales locales.

La articulación intraestatal entre organismos públicos argentinos comprendió a cuatro instituciones: el Instituto Nacional de Tecnología Agropecuaria (INTA), ideólogo del proyecto y proveedor de los expertos que iniciaron la cadena de capacitaciones; el Ministerio de Desarrollo Social (MDS), que aportó de las semillas y agente de capacitación del componente de educación alimentaria y nutrición; el Ministerio de Defensa, que colaboró con el transporte internacional de las semillas y en logística de los técnicos argentinos; y, finalmente, el FOAR (Fondo Argentino para la Cooperación Sur-Sur y Triangular) de la Cancillería, que proveyó de pasajes, viáticos y seguro médico a los expertos argentinos del INTA, así como el flete internacional de ciertos insumos y los honorarios del coordinador nacional haitiano;[20] además de la embajada argentina en Haití, que ofreció apoyo administrativo, legal y logístico para el desarrollo del programa.

Este complejo entramado de instituciones hizo de por sí problemática la coordinación intrainstitucional, lo que dio lugar muchas veces a dinámicas competitivas y de disputa por la representación, la interpretación y la propiedad del proyecto, en el que cada actor potenció diferentes atributos del programa en función de intereses institucionales y políticas nacionales de cada parte. Como se escuchara decir en *off* a uno de los actores de la cooperación argentina, "todos querían colgarse del ProHuerta".

---

[20] Véase Cooperación Argentina (2015).

Aún cuando la Cancillería a través de su Dirección General de Cooperación Internacional (DGCIN) buscó constituirse como *primus inter pares*, no tuvo un papel efectivo en convencer a los actores ni a los técnicos, quienes en la práctica fueron los encargados de darle identidad al proyecto. Tampoco el MDS, pese a aportar el 60% del total de los fondos argentinos para la exportación de semillas a los haitianos, pudo convertir su capacidad de financiamiento en influencia efectiva en la definición de acciones. La tarea del INTA resultó entonces central en la implementación, actuando con relativa autonomía, pese a la falta de apoyo dentro del Ministerio de Agricultura argentino.

La segunda articulación tuvo lugar con grandes donantes, como España y Canadá, con cooperantes latinoamericanos, como Brasil, y con organismos multilaterales, como el Instituto Interamericano de Cooperación para la Agricultura (IICA). Estas triangulaciones no estuvieron exentas de tensiones derivadas de los diferentes enfoques sobre agricultura, el conflicto de roles, la superposición en la toma de decisiones y la falta de comunicación entre los actores.

Se señala una experiencia traumática en la relación con el IICA, en función de lo que los actores consideraron como "diferencias narrativas-conceptuales sustantivas y prácticas" en lo que respecta a la concepción de la cooperación agrícola. Desde el punto de vista normativo, el IICA privilegió un enfoque de agricultura industrial, siguiendo las políticas de los grandes donantes, que, en la visión de los técnicos argentinos, tenía que ver con un desconocimiento del terreno ("era como si vivieran en Suiza") y una "concepción en la que el campesino era invisibilizado". En lo práctico, la situación conflictiva se relaciona también con el modelo adoptado, en el que el IICA operaba sobre el terreno como ejecutor de proyectos y "hacía las veces de maestro de ceremonias". Esta figura de agencia de ejecución o subcontratante reemplazaba a la articulación con el Estado haitiano y lo volvía también invisible frente a la cooperación argentina. Si bien el IICA proveía de un apoyo técnico, administrativo y logístico funcional, se distanciaba de la identidad que procuraba imprimir al proyecto el INTA.

La triangulación resultó entonces compleja en función de las disputas por identidades narrativas y la puja por la ejecución práctica. A partir de 2006, las articulaciones con la Agencia Española de Cooperación Internacional y Desarrollo (AECID), la Agencia Brasileña de Cooperación (ABC) y la ONG estadounidense Nacional Democratic Institute (NDI) también presentaron dificultades[21] Se señala que, en algunos casos, no hubo seguimiento ni evaluación, que hubo incumplimiento de aportes o que resultó dificultoso el involucramiento de técnicos locales o pertenecientes a los otros proyectos.

En igual sentido, los acuerdos alcanzados con el Gobierno de Canadá en septiembre de 2008 por un monto de 5,2 millones dólares fueron cruciales para la extensión del programa a todo el territorio, aunque terminaron por no ser prorrogados. Se vincula esta situación con decisiones políticas (cambio de Gobierno en Canadá), pero también con la existencia de un "doble comando", ya que, como sostuvo un técnico argentino, "los roles no estuvieron claros desde el principio" y el coordinador nacional pasó a depender del IICA (designado por Canadá como órgano ejecutor), y así Argentina perdió la autoridad que conservaba sobre aquel.

---

[21] En 2006, con el apoyo del NDI se desarrolló un componente de ProHuerta en el marco de los Comités de Iniciativa y escuelas "Democracia para Todos" en la zona de Cul de Sac. Ese mismo año, se acordó la incorporación de otro componente en Belle Anse (Departamento Sudeste) en el marco del proyecto español Araucaria XXI, contando con un aporte de la AECID de 250.000 dólares. Al año siguiente, tras un acuerdo con el FIDA, se añadió un tercer componente en el marco del Proyecto de Intensificación de Cultivos de Alimentos del Ministerio de Agricultura de Haití. Finalmente, a esos acuerdos le siguió un cuarto a partir del apoyo de la ABC para desarrollar un componente en el proyecto Cisternas rurales que Brasil realizaba en la zona semiárida de (FOAR 2010).

Además, como se mencionó, tampoco la coordinación con países latinoamericanos había logrado ejecutar proyectos conjuntos. El proyecto que pretendió instalarse entre ProHuerta y Brasil en la construcción de cisternas para abastecimiento del agua fue concluido abruptamente. La articulación Sur-Sur-Sur, desde la perspectiva de los actores, falló en dos sentidos: los técnicos de EMBRAPA no conocían las actividades previas del ProHuerta y la forma de relacionarse con las comunidades y el trato principal de la cooperación argentina tuvo que hacerse con una red de ONG (*Articulação Semiárido Brasileiro*) y no con el Gobierno brasileño.

La presencia argentina en Haití sufrió también las consecuencias de los recortes presupuestarios de donantes tradicionales fruto de la crisis financiera internacional o de cambios políticos que produjeron la paulatina retirada de las agencias de cooperación. Un rasgo sintomático de ello fue la no renovación de los acuerdos con España y con Canadá, que ya habían caducados en 2012 y en octubre de 2013, respectivamente; la nueva Secretaría Técnica de UNASUR quedó a cargo del apoyo a las unidades de ProHuerta ya instaladas. Sin embargo, como se mencionó, la ausencia de una coordinación y de un seguimiento institucional dentro de la UNASUR y la falta de financiamiento adicional al aporte argentino para el funcionamiento la Secretaría Técnica –entre otros factores– motivaron la conclusión abrupta de la misión a partir de diciembre de 2013.

En función de las dificultades experimentadas en la articulación con el IICA (órgano ejecutor en el convenio con Canadá) se decidió delegar la ejecución de los fondos hasta el 31 de diciembre de 2015 a un "organismo multilateral que no perteneciera al mundo agrícola", para lo cual se estableció una triangulación con el PNUD Haití. En este caso, pese a lo esperado, PNUD burocratizó aún más los procedimientos y terminó en la práctica por desconectar definitivamente el proyecto de la identidad narrativa de proyecto agroecológico que había intentado imprimirle del INTA. "Quedó muy poco de la identidad ProHuerta en Haití", según sostuvo uno de los actores de la cooperación argentina.

La tercera articulación refiere a la relación del programa con el Gobierno haitiano. La evaluación externa realizada por canadienses, argentinos y haitianos reconoció el desinterés de las sucesivas administraciones haitianas y una notoria inestabilidad en el vínculo (Boisvert, Lorda y Racine, 2011). Buena parte de ese distanciamiento fue causado por la fragilidad del estado haitiano y el desguarnecimiento material y humano producido por el terremoto, así como por las urgencias impuestas por las sucesivas crisis humanitarias. En esas circunstancias, el ProHuerta tuvo que lidiar con los vaivenes provocados por la intermitencia de los interlocutores y la ausencia de un anclaje institucional consolidado para el programa dentro de la estructura burocrática haitiana.

Sin embargo, el mayor obstáculo para el entendimiento fue la falta de convencimiento del Ministerio de Agricultura, Recursos Naturales y Desarrollo Rural (MARNDR) en el proyecto. De acuerdo con actores argentinos, el trato con funcionarios haitianos con trayectorias curriculares ligadas a las ONG y la cooperación de los grandes donantes resultó conflictivo en función de la defensa que hacían de sus fuertes lazos con las concepciones canónicas de agricultura industrial, cuestionando abiertamente las posibilidades de la agroecología.[22] Además, si bien la idea del INTA era promover la capacitación de técnicos haitianos como coordinadores nacionales del programa, nunca pudo cumplirse ese objetivo por falta de voluntad del estado haitiano para incorporarlos a la planta permanente y también por la tentación obvia que despertaba en los técnicos el reclutamiento

---

[22] Tal como relata Daniel Díaz (2015: 52), ex Gerente de la Dirección Asistente de Relaciones Internacionales del INTA, en un libro de reciente publicación, uno de los funcionarios del ministerio cuestionó la eficacia del modelo agroecológico aludiendo sobre los riesgos de no utilizar agroquímicos: "¿cuántos insectos por cm2 tiene una hoja de las que cultivan?".

de agencias internacionales con salarios mucho más altos. Finalmente, el ProHuerta no logró ser "apropiado" ni adoptó un nombre haitiano que le permitiera integrarse a las políticas de protección social del programa *Aba Grangou* orientado a reducir el hambre y la malnutrición.[23]

El programa debió enfrentar otros problemas para asegurar mejores niveles de apropiación y de autosustentación. Están los referidos a ajustar las zonas de intervención de los promotores para asegurar la calidad del trabajo, elaborar técnicas que optimicen y mejoren el acceso al agua y desarrollar estrategias para que el Gobierno haitiano se involucre de una manera más profunda (Lorda, 2012). Además, la producción de las huertas continuó dependiendo de la importación de semillas argentinas y no fue realizada la capacitación para reemplazarlas por una producción local que favorezca la autonomía del proyecto en los años próximos.

De la misma manera, se mantiene como desafío fortalecer el programa en sus otros componentes: la avicultura, el agua y la fabricación de instrumentos; y proyectar en el mediano plazo la salida del esquema de autoproducción para generar excedentes de comercialización que permitan tener impacto en la inversión productiva local. En términos estructurales, el más grave problema continúa siendo la desigual distribución de la propiedad de la tierra en Haití. Además, de un millón de unidades productivas, sólo una porción pequeña de la población (el 5%) posee títulos de tenencia. Entretanto, el Estado haitiano necesita apostar más fuertemente al apoyo de la agricultura, ya que sólo el 14% del presupuesto estatal está dirigido a esa actividad (Díaz, 2015).

---

23 Hacia 2014-2015, el ProHuerta ejecutado por PNUD trabaja con un presupuesto de US$ 3,197,956 en la capacitación de 38.000 familias, 130 escuelas y más de 100 organizaciones comunitarias, procurando alcanzar a beneficiar a 225.000 personas.

Ante estas dificultades experimentadas en las articulaciones entre organismos públicos argentinos, con donantes socios y con el Gobierno haitiano, el interrogante que asoma es: ¿por qué y cómo el programa logró posicionarse como "exitoso" en el ámbito de la cooperación internacional y conquistar el apoyo de una buena cantidad de donantes? La estrategia de posicionamiento internacional del INTA consistió en "probar" su éxito en función de la capacidad de trabajo alcanzada con las poblaciones, las organizaciones locales (grupos, mujeres, pequeños productores, campesinos, iglesias y escuelas) y los promotores voluntarios surgidos de tales organizaciones. Algo que se corresponde con el enfoque dado por el INTA al programa como un "mecanismo de gestión social basado la capacitación progresiva, la participación solidaria y el acompañamiento sistemático de las acciones en terreno" (INTA, 2015).

De acuerdo con actores de la cooperación argentina, dos variables cualitativas permitirían ponderar la recepción y la adaptación del programa en Haití: una, su capacidad de adaptación a las propias circunstancias culturales y sociales de los haitianos; otra, la percepción de los haitianos respecto del impacto en sus dietas alimentarias y en la recreación de su entorno próximo.

La primera de las cuestiones tiene que ver con las respuestas elaboradas desde el programa a los obstáculos culturales y lingüísticos presentes en la relación entre cooperantes y haitianos. Los actores argentinos consideran como ejemplo de adaptación la elaboración de un manual didáctico en creole compuesto por dibujos acordes a las características fisonómicas de raza. Este manual, sostienen, fue crucial para sortear las dificultades del analfabetismo y lograr un convencimiento local sobre las "bondades" del proyecto. También como parte de la preparación, el programa no intentó replicarse sino adecuarse a las características del ecosistema. Resulta ilustrativo que el equipo promotor haitiano recibió capacitación en Tucumán y en Santiago del Estero, sitios de similares características naturales a Haití.

La segunda se relaciona con el trabajo que el programa realizó en las poblaciones locales y el reconocimiento obtenido por los propios beneficiarios. En este punto se cita una encuesta realizada por el Consejo Nacional de Seguridad Alimentaria (CNSA) de Haití que demuestra que "el 93% de las familias involucradas en el ProHuerta mejoró su situación alimentaria". Este mismo informe indica que "el 86% de las familias dispuso de mayor variedad y cantidad de alimentos, por lo que disminuyeron las compras en los mercados y aumentó su autonomía". En consecuencia, "el gasto se redujo y pasó de dos tercios del ingreso mensual promedio a uno" (INTA, 2015). Los cambios en la dieta alimentaria fueron posibles por la introducción de nuevos productos no autóctonos (acelga, rabanito, brócoli, coliflor, etc.) así como por la recuperación de otros (como huevos), lo que permitió reemplazar a las importaciones masivas de fideos y arroz, haciendo en algún grado posible la defensa de la producción local.

Por otra parte, de acuerdo a lo expresado en *off* por un evaluador externo del programa, los beneficiarios reconocieron que "el programa los había ayudado en la recuperación de la autoestima y que ese convencimiento había sido clave para animar a otros a acercarse a la experiencia de las huertas". Además, la idea de "huerto" tiene un fuerte legado en la historia haitiana. Los antiguos esclavos se guarecían en los *jaden* –como se denominaba a los huertos–, por lo que se convirtieron en lugares simbólicos de la identidad y en refugios de la esclavitud puestos al servicio del ideal revolucionario de "devolver la tierra a los que la trabajaban" (Theodat, 2002 citado en Díaz, 2015: 124). Históricamente, tanto las mujeres como los líderes políticos fortalecieron su papel en la sociedad a partir del trabajo en los huertos. Un ejemplo ilustrativo del fuerte valor simbólico de los huertos y su relación con el ProHuerta es que algunos de los coordinadores comunitarios resultaron electos en cargos políticos (Díaz, 2015: 93).

Redémarrage

A lo largo de seis décadas, Haití ha acelerado su dependencia de los flujos de ayuda Norte-Sur, mientras se mantienen y se profundizan antiguos problemas estructurales como la pobreza y la desigualdad. La propagación de esta cultura asistencialista contrasta con la narrativa de "aprendizajes mutuos" propuesta por la CSS regional. Ésta, como se ha demostrado, alcanzó unos contornos y unos compromisos distintos y mayores a los del pasado; aunque han sido señalados también su entramado heterogéneo y su desempeño dispar.

La CSS prosperó en un marco regional de revalorización de estrategias de regionalización selectiva como ALBA-TCP y UNASUR. Algunas iniciativas de países latinoamericanos dieron lugar a proyectos conjuntos; otras no pasaron de intentos por coordinar o armonizar los esfuerzos en terreno. Se señalan también diferentes matices en cuanto a las formas de triangular la cooperación, con países más proclives a la articulación con el Norte y otros más centrados en la coordinación intrarregional. En este caso, la CSS se alinea a los diferentes diseños de política exterior y modelos de desarrollo que también se manifiestan en la diversidad de campos temáticos y espacios de actuación de los actores.

Lejos del pesimismo extremista que pondera la fractura o la disgregación latinoamericana, no debería subestimarse el aporte de la CSS en la inserción de Haití en América Latina y el Caribe. Quizá con una mezcla de improvisación, convencimiento y reacción, tanto el regionalismo selectivo como la cooperación se afianzaron en el país sobre la base del contacto entre personas, sean funcionarios o ciudadanos. Resulta ilustrativo, por ejemplo, el mayor grado de colaboración existente entre organismos públicos, el mayor flujo migratorio desde Haití hacia países latinoamericanos

y el mayor interés por el intercambio académico y educati-
vo con instituciones latinoamericanas que se percibe en la
sociedad civil haitiana respecto a épocas anteriores.

No obstante, se encuentra también pendiente la necesidad de fortalecer las instancias regionales existentes de
coordinación y de articulación de la CSS. Una posibilidad
sería la consolidación de la CELAC, de la que Haití es
miembro pleno, como instancia permanente de coordinación de las políticas de CSS regional. En este sentido, el
grupo *ad hoc* creado dentro de esta organización está llamado a adquirir una mayor institucionalización y establecerse
como factor de continuidad de la CSS en Haití.

Por otra parte, el caso del ProHuerta pone de relieve
el desafío pendiente de establecer políticas de evaluación
de las acciones de CSS en terreno. ¿Tiene éxito la CSS?
¿Contribuye a la creación de capacidades en los haitianos?
¿En qué medida los procesos apuntalados son viables desde
la percepción de los haitianos y cuán sostenibles son los
proyectos más allá del límite de duración? En definitiva,
¿cuáles son las ventajas de la CSS y cuáles sus limitaciones? Ello implica la interpretación y la explicación de la
naturaleza del proceso de desarrollo a que puede dar lugar
la CSS. En este caso, la gestación de la CSS por parte de
los países latinoamericanos requerirá cada vez más hacia el
futuro del insumo de trabajos de campo estilo etnográfico que permitan conocer las percepciones, representaciones e interacciones resultantes de los proyectos y obtener
una mirada equilibrada de los "debes" y "haberes" de cada
involucramiento.

Atentos a la evaluación que se realiza en este capítulo
del ProHuerta Haití a partir del contacto personal con
actores participantes, podría decirse que la cooperación
argentina ha cosechado resultados interesantes y también
ambiguos. Resulta una contradicción que las fortalezas del
ProHuerta como instrumento de desarrollo devengan de
una efectiva cooperación entre técnicos argentinos y pro-
motores/familias haitianas, antes que de una tradicional

articulación intergubernamental entre el Gobierno argentino y el haitiano. Esta peculiaridad se suele invocar como parte de la esencia de la CSS y de la cooperación técnica, sin embargo, en este caso, no prosperó, ya que el proyecto en la práctica podría asemejarse más a la labor que realiza una ONG que a un articulación intergubernamental clásica.

Lo cierto es que la CSS regional, al igual que la ayuda internacional, también puede incluir grandes proyectos de infraestructura y fomentar una cultura asistencialista (existe una abundante literatura sobre estos casos, en especial sobre proyectos desplegados en África). El caso elegido, así como buena parte de la CSS latinoamericana, representa una cooperación técnica de índole horizontal. En la experiencia argentina, resulta un asunto problemático la falta de apropiación del proyecto por parte del Gobierno haitiano. Además, las diferentes concepciones y narrativas de cooperación, los conflictos de roles y la competencia por la propiedad del proyecto desalentaron la coordinación. Sin embargo, no debe subestimarse el hecho de que el proyecto haya podido ser catalogado como culturalmente viable entre quienes participaron, en función de su enfoque agroecológico sostenible, del respeto y adaptación a la idiosincrasia local y del convencimiento obtenido sobre su funcionalidad por parte de promotores y familias haitianas.

La CSS regional, con sus logros y sus peculiaridades, se afianzó en Haití. Revertir las prácticas desplegadas sería costoso, individual y colectivamente, para Haití y para los países de América Latina; mantener su compromiso en momentos de retirada de los contingentes militares constituye un desafío a afrontar por todos los actores y también una prueba de supervivencia para el devenir futuro de la CSS.

Etnografía de las experiencias de militares argentinos en la MINUSTAH

Presentación

SABRINA CALANDRÓN, EMANUEL FARIÑA, SABINA FREDERIC,
GUADALUPE GALLO, GUILLERMO DE MARTINELLI, MARINA MARTÍNEZ
ACOSTA Y MARIANO MELOTTO

Las Fuerzas Armadas Argentinas, entre julio de 2004 y mayo de 2015, desplegaron en Haití más de 12.000 efectivos en veinte contingentes sucesivos para cumplir con el mandato de la comunidad internacional de contribuir con los esfuerzos haitianos en la reconstrucción del Estado en un ambiente seguro y estable. A partir del repliegue del Batallón Conjunto Argentino y de la Unidad Aérea Argentina a fines de abril de 2015 y dado el significado central que dicha presencia adquiere en la historia de la defensa argentina y del propósito de analizar multidimensionalmente la perspectiva de los militares en la MINUSTAH, el Ministerio de Defensa de la Nación juntamente con la asistencia técnica de la Universidad Nacional de Quilmes ha desarrollado el proyecto "La experiencia de las Fuerzas Armadas Argentinas en la operación de paz en Haití (2004-2015)". En este horizonte de intención es que fueron trazados y enmarcados los objetivos de la segunda parte de nuestro libro donde nos proponemos abordar la experiencia de las Fuerzas Armadas en la MINUSTAH desde un enfoque etnográfico que privilegia teórica y metodológicamente la perspectiva de los actores. Su producción resultó de un trabajo de campo antropológico que incluyó la elaboración de un cuestionario, y el análisis y la interpretación de los datos cuantitativos ofrecidos al final de esta segunda parte.

Cabe destacar que este estudio constituye la primera de las investigaciones científicas realizadas sobre la experiencia concreta de los militares argentinos en la MINUSTAH.[1] Asimismo, resulta la primera en Latinoamérica que, al margen de cualquier especulación, produjo resultados fundados en datos construidos sobre un pormenorizado registro empírico, de la única misión de paz liderada numérica y orgánicamente por militares de los países de la región. Por consiguiente, los resultados ofrecidos aquí permitirán enriquecer el debate sobre las actuaciones pasadas e ir en apoyo de las investigaciones futuras sobre la cuestión, frente al incremento de este tipo de operaciones militares en el mundo occidental.

En esta presentación, además de introducir información relevante para el lector relativa a la composición, a la distribución y a las tareas desempeñadas que caracterizaron el contingente argentino durante los años de duración de la MINUSTAH, nos proponemos exponer las precisiones metodológicas y condiciones de realización a través de las cuales fue posible desarrollar dicho estudio.

Composición, distribución y características generales del contingente argentino

Es importante mencionar que, en el marco de la Ley 25.906,[2] el primer contingente argentino desplegó en el mes de julio siguiente a la aprobación de dicha normativa,

---

[1] El abordaje de la experiencia como vivencia humana, estructurada a partir de sus expresiones, entre ellas las narrativas, ha sido extensamente desarrollado en la compilación de Turner y E. M. Bruner (1986). En un sentido semejante, en su libro *Experiencia de Halcón*, Rosana Guber (2016) da cuenta de las dimensiones de la experiencia como vivencia y como forma de acumulación de conocimientos y habilidades de los pilotos militares de aviones A-4B en la Guerra de Malvinas.

[2] Ley sancionada por el Congreso de la Nación Argentina el 16 de junio de 2004. Disponible en: http://goo.gl/6O9NTz.

es decir, durante la segunda etapa de despliegue de la MINUSTAH. Aquella autorizó la primera salida del territorio nacional de los medios y del personal militar que participaron en la misión. A su vez, cada contingente desplegado entre julio de 2004 y mayo de 2015 estuvo integrado por personal militar de las tres fuerzas (Ejército Argentino, Fuerza Aérea Argentina y Armada Argentina); y sus composiciones contaron con tres elementos: el Batallón Conjunto Argentino (BCA) que estuvo emplazado en la ciudad haitiana de Gonaïves, el Hospital Militar Reubicable Argentino de Nivel II (HMR) y la Unidad Aérea Argentina (UAA). Estos últimos elementos tuvieron asiento en la capital haitiana de Puerto Príncipe.

También cabe destacar que el BCA fue el elemento más numeroso dentro de la misión, con un promedio de quinientos efectivos que rotaban semestralmente. Cada batallón estaba compuesto por dos tercios de personal militar del Ejército Argentino, la mayoría de los cuales componían la Compañía de Infantería, y un tercio de la Armada Argentina, integrantes de la Compañía de Infantería de Marina. Asimismo, los dos primeros BCA desplegados en Haití estaban integrados por militares de diferentes unidades, situación que cambió a partir del BCA 3, cuando los batallones fueron conformados en su mayoría por unidades orgánicas constituidas con anterioridad.

De la misma manera, cada contingente desplegado contó con un jefe de contingente con mando sobre sus distintos componentes (pero sólo en aspectos logísticos y de personal, nunca operativos) y una reducida Plana Mayor. Los jefes del contingente argentino han alternado entre la Armada Argentina y el Ejército Argentino a razón de dos jefes de la Armada por un jefe del Ejército.

Por otro lado, aunque desde el primer momento la misión contó con trece mujeres pertenecientes a la Fuerza Aérea en Haití 1, la cantidad de hombres desplegados en cada contingente superó ampliamente el número de participaciones de las mujeres. Los hombres llegaron a representar el 96% del total del personal trasladado a la isla (10.621 efectivos) en contraste con las 432 mujeres desplegadas, las cuales sólo llegan a representar el 4% del total referido. En cuanto a su distribución por rangos, mientras el 68% eran suboficiales, el 29% fueron participaciones de oficiales femeninas y únicamente el 3% correspondía a soldados mujeres.

Asimismo, desde el inicio de la misión hasta el repliegue de Argentina en 2015, los suboficiales fueron el elemento más numeroso en cada uno de los contingentes, al representar a más del 60% del total de los efectivos. Igualmente, la participación de los soldados representó en cada contingente un poco más del 20%, mientras que los oficiales fueron minoría y alcanzaron sólo un máximo de participación del 16% en cada contingente desplegado.

Paralelamente, y luego del terremoto de 2010, se produjo un incremento en la cantidad del personal destinado a la misión a partir del contingente Haití 12. Dicho aumento se debió a la incorporación de una compañía de aproximadamente cien efectivos, los cuales fueron desplegados en la ciudad haitiana de Saint-Marc. Por este motivo, el total de personal se vio acrecentado de manera continua –durante cinco contingentes consecutivos– y alcanzó la cantidad máxima de setecientos efectivos en Haití 16. Finalmente, el envío de hombres y de mujeres a la misión se normalizó y disminuyó de setecientos a quinientos cuarenta y seis efectivos, número –aproximado– que se mantuvo hasta el repliegue del Batallón Conjunto y de la Unidad Aérea.

Por último, en relación con la distribución de todo el personal militar desplegado en la misión, el 84% formó parte del Batallón Conjunto Argentino (BCA); al mismo tiempo, tan sólo el 8% participó en la Unidad Aérea y, en igual proporción, en el plantel del Hospital Reubicable de la Fuerza Aérea en Puerto Príncipe.

Así, de los 11.664 hombres y mujeres que participaron de la MINUSTAH, el 56% del personal formaba parte del Ejército Argentino, el 28% de la Armada Argentina y el 16%

de la Fuerza Aérea Argentina; el 71% –7813– fueron suboficiales; el 16% –1749–, soldados; y por último tan sólo el
13% –1491–, oficiales.

El contingente argentino: cumplimiento de tareas diarias y responsabilidades

En el desarrollo de este apartado pretendemos dar cuenta
no sólo de las cuestiones operativas vinculadas a la misión
sino también de los aspectos de la vida diaria, de las responsabilidades asumidas por los efectivos en la base junto a los
acontecimientos cotidianos más significativos que tuvieron
lugar en el transcurso del despliegue de cada grupo humano
y que configuraron la vida de los hombres y de las mujeres
–en su mayoría pertenecientes al Ejército Argentino– que
participaron de la MINUSTAH a lo largo de diez años.

De acuerdo con la información relevada, pudimos dar
cuenta de la organización de las tareas cotidianas necesarias
para lograr los objetivos propuestos para la misión. Para
tales fines, la compañía estaba dividida en cuatro secciones,
grupos rotativos, a los que se les asignaban diferentes labores. Es decir que mientras un grupo se encontraba haciendo instrucción, otro grupo desempeñaba tareas operativas
como patrullas, vigilancia de objetivos u otra actividad que
les hubiera sido ordenada. Luego, en el mismo momento también, estaban quienes se encargaban de tareas en el
cuartel como limpiar, cocinar y demás labores domésticas.
Por último, un grupo se encontraba siempre en descanso
o en recreación dentro del mismo cuartel (estos efectivos
eran del último grupo que había estado realizando las tareas
operativas). Brevemente entonces el desempeño realizado
por el BCA para la MINUSTAH incluyó desempeñar tanto
tareas de seguridad y de ayuda humanitaria, como tareas
vinculadas con las políticas institucionales y de desarrollo.

Sin embargo, cabe destacar que dichas tareas, en muchas ocasiones, fueron afectadas de acuerdo con el contexto social que acontecía en la isla. Por esta razón, si bien la seguridad ha sido la principal función –y por tanto cotidiana– que había que afrontar y que cumplir, circunstancias críticas han modificado en varias ocasiones su prioridad (ya sea porque la asistencia humanitaria se impuso al BCA frente a las inundaciones, la hambruna y el terremoto sufridos, como también por la reducción notable de la conflictividad social hacia el final de la MINUSTAH). En otras palabras: si bien la dinámica entre el Batallón Argentino y la población de Gonaïves versó principalmente sobre el desempeño de tareas de seguridad, paralela y progresivamente aumentaron las imbricaciones en tareas denominadas de asistencia humanitaria.

Específicamente en cuanto a las tareas de mantenimiento de un entorno seguro,[3] su desempeño fue evaluado de gran importancia y reiterado en las consideraciones de los militares entrevistados. El cumplimiento de estas funciones, según señalaron quienes debieron conducir unidades operativas, les exigía un conocimiento práctico y el mismo tipo de comprensión de las Reglas de Empeñamiento (ROE) para un uso gradual y proporcional de la fuerza, junto a la reducción de todo riesgo colateral. La responsabilidad de este conocimiento práctico en las opiniones de los jefes entrevistados residió en el comandante del Batallón. Entre dichas actividades se puede nombrar principalmente: la vigilancia de puntos estratégicos y puestos de control, las patrullas y el apoyo en allanamientos realizados por la policía (Policía Nacional de Haití o Policía de Naciones Unidas) –entre otras menos frecuentes–. De acuerdo con las reglas de empeñamiento suscriptas por Argentina para la MINUSTAH, las acciones de sus tropas que involucraron

---

[3] Tal como son definidas por Naciones Unidas.

acciones policiales –como la detención de personas– no fueron realizadas por el BCA aislado sino como apoyo a las fuerzas policiales antes mencionadas.

El peso de las actividades de seguridad varió a lo largo de los diez años de la misión. Si bien algunas tareas rutinarias se continuaron hasta el final, como la seguridad al Batallón y los patrullajes con grupos formados por aproximadamente diez hombres (de corto y largo alcance, diurnos y nocturnos, a pie y en vehículos), otras asociadas a las amenazas iniciales fueron disipándose con el correr del tiempo. Así, los incidentes que los integrantes registraron al comienzo fueron disminuyendo con el transcurso de la misión o bien fueron previniéndose para evitar cualquier utilización de la fuerza. Por ejemplo, al inicio en 2004, las consideradas "bandas armadas" identificadas por la MINUSTAH protagonizaron episodios de violencia o amenazas en algunos barrios de la ciudad de Gonaïves o poblados del interior de la región, situaciones que fueron escasamente referidas a propósito de las últimas experiencias de misión. Igualmente, la inundación sufrida en 2004 y las situaciones producidas por escasez de alimentos y el hambre posterior fueron eventos que potenciaron la actividad de estas "bandas" en un escenario dramático y de desesperación. Sin embargo, en los relatos de integrantes del Batallón, hacia el despliegue del BCA 3 en julio de 2005, se entendía que gran parte de estos problemas habían sido controlados y se habían reducido a hechos esporádicos.

Con respecto a la conformación de estas "bandas", los militares con quienes desarrollamos el trabajo de campo evaluaron que se trataba de una situación variable: algunas estaban integradas por ex miembros de las disueltas Fuerzas Armadas Haitianas, mientras otras sólo por "bandidos", es decir, grupos de criminales que amenazaban el control territorial y desafiaban la función asignada al Batallón Argentino de "garantizar un ambiente estable y seguro y apoyar a las autoridades locales". De acuerdo con la visión de estos oficiales, en determinados barrios de la ciudad de

Gonaïves, las situaciones de violencia eran provocadas por enfrentamientos entre esas "bandas", ya sea por acceso a recursos como, por ejemplo, una canilla de agua, o por venganzas como consecuencia de homicidios producidos por los mismos enfrentamientos.

Para lograr desarticular estas "bandas armadas", el Batallón orientó sus esfuerzos hacia la intensificación de las patrullas en los momentos más críticos, realizando patrullajes con ayuda de la policía haitiana, quienes a veces contaban con información del paradero de los "bandidos", pero no tenían la autoridad ni el respeto de la población para actuar. El control, las patrullas regulares de corto y largo alcance, así como el recurso también contemplado en la doctrina de Naciones Unidas de realizar grandes demostraciones de carácter simbólico del potencial de fuerza (como movilizar por ciertas zonas de la ciudad a gran parte del Batallón) desalentaron muchas de las acciones violentas en la región.

Más allá del patrullaje regular y de aquel ligado a episodios de violencia o a amenazas más comunes sobre el comienzo del despliegue, algunas tareas de seguridad específica también formaron parte del desempeño de los militares desplegados, sobre todo como apoyo a las fuerzas policiales de Haití y por orden explícita de Naciones Unidas. Cortes de ruta y de calles han sido –con variada intensidad– fenómenos en los cuales intervinieron las tropas argentinas y que persistieron hasta la retirada de Argentina de la MINUSTAH. La mayoría de estas manifestaciones se produjeron a lo largo de la década como consecuencia de demandas de la población por falta de agua, electricidad e infraestructura de distinto tipo. Sobre este punto, la función desempeñada por los militares del Batallón asignados a las patrullas intervinientes fue, en muchas ocasiones, oficiar como negociadores con los líderes locales para comprender las demandas y tramitar las respuestas, ya sea con medios propios de la MINUSTAH o de los gobernantes locales que, con el correr de los años, fueron reforzando su capacidad de dar respuesta mejorando las condiciones de vida de la población.

Como se mencionó anteriormente, las tareas de seguridad fueron progresivamente combinándose con las tareas denominadas de asistencia humanitaria.[4] Éstas fueron funciones subsidiarias y frecuentes de asistencia en zonas aisladas, de difícil acceso o bloqueadas por inclemencias climáticas. Es muy probable que la irrupción de la inundación de septiembre de 2004 producida por el huracán Jeanne y que afectó exclusivamente a la ciudad de Gonaïves donde dejó más de 2000 muertos, haya instalado una relación particular entre este Batallón de la MINUSTAH y la población. Este episodio, que dejó a los 450 efectivos sin mucha de sus pertenencias y ropas, puso al Batallón Argentino al servicio de todo tipo de problemas producidos directa o indirectamente por la catástrofe. De hecho, de las entrevistas realizadas a ex integrantes del BCA 1 se desprende que el personal del Batallón debió cumplir con tareas de ayuda humanitaria que no estaban previstas dentro de las responsabilidades asignadas. En articulación con esto también se nos ha señalado que entre los pobladores locales destacaron y reconocieron que el personal militar, aun habiendo perdido gran parte de sus pertenencias, dio respuesta a la catástrofe inmediatamente, sin esperar el apoyo del Comando de la MINUSTAH.

Es importante tener en cuenta que el desarrollo de este tipo de tareas no fue constante ni prioritario en todo momento; incluso para el BCA 1 que comenzó el objetivo de ganar el reconocimiento de la población de Gonaïves hasta la irrupción del huracán, la actividad central fue mantener un entorno seguro y estable. En verdad, la propia doctrina de la MINUSTAH definió las tareas de ayuda humanitaria como complementarias aunque en principio el rol de los militares se orientó a dar seguridad al personal que se

---

4   Referidas por el Ejército Argentino como "apoyo a la comunidad".

ocupaba de ello y a los recursos que se necesitaban (ya sea alimentos, agua potable debido a que el BCA contaba con una planta potabilizadora), más que realizar distribución de estos insumos. Ese episodio también puso al Batallón Argentino en la necesidad de ofrecer atención sanitaria a la población, algo que no estaba previsto ya que su personal médico estaba destinado a la atención del personal militar.

Asimismo, la necesidad de sostener y de ampliar el reconocimiento obtenido de parte de la población haitiana y de mantener la presencia aún con el recambio semestral de la totalidad del Batallón Argentino generó que algunos batallones, además de sostener las actividades cotidianas, realizaran actividades especiales de vinculación con los locales. Así, por ejemplo el BCA 2 unas semanas antes de irse de la ciudad de Gonaïves realizó un festival de música local y argentina que contó con la participación de autoridades políticas y religiosas haitianas y autoridades civiles de Naciones Unidas.

Por otro lado, en cuanto a las funciones desempeñadas por las tropas argentinas se destacan las tareas vinculadas a las elecciones locales. En este sentido, el Batallón Argentino, como parte de su función general de hacer de su área de responsabilidad un entorno seguro y estable, participó de las actividades previas al llamado a elecciones haitianas. Éstas, al menos para los primeros tres batallones, significaron implicarse en la sensibilización de estas cuestiones en la población local como explicar la importancia de votar y elegir representantes, de apostar a un régimen democrático de gobierno. Para ello, el Batallón Argentino distribuyó volantes donde se explicaba en lengua creole el valor de la elección y se llamaba a la población haitiana a la tramitación de su documento. También se ocupó de convocar y de registrar a la población haitiana para que tuviera la documentación regularizada al momento de votar y por disposición del Force Commander, se instruyó a los guardias electorales civiles en la Base Argentina en la ciudad de Gonaïves sobre la protección del acto electoral y del escrutinio. Buena parte del conocimiento transmitido a la nueva guardia electoral procedió de la responsabilidad en la seguridad electoral de orden nacional que las Fuerzas Armadas tienen en Argentina.

Por último, es importante destacar las tareas logísticas realizadas por los jefes del contingente, los cuales permitieron dar curso y acelerar, en muchos casos, los trámites para la recepción de insumos de todo orden para el funcionamiento de las unidades, el cumplimiento de las tareas diarias y el bienestar del conjunto del personal del Contingente.

Sobre el estudio etnográfico

La producción de los análisis surge a partir de un estudio etnográfico (complementado con la aplicación de una encuesta) realizado durante 2015 y de manera conjunta por todos los autores de los diferentes capítulos en las unidades del Ejército Argentino, la Armada Argentina y la Unidad Aérea. El equipo de profesionales formados de la Universidad Nacional de Quilmes fue dirigido por Sabina Frederic y Mónica Hirst, y contó con la valiosa colaboración de la Jefatura de Operaciones del Estado Mayor Conjunto de las Fuerzas Armadas. La perspectiva de investigación escogida y desarrollada permitió mantener la fidelidad de los puntos de vista de los distintos militares con quienes se trabajó, y presentar sus consideraciones y sus visiones en la pluralidad y la extensión con la que fueron recogidos durante el trabajo de campo. Las narrativas, las descripciones y los relatos de los distintos militares entrevistados fueron consideradas como documentos de sus experiencias personales y profesionales durante las participaciones en las misiones.

Asimismo, la metodología de trabajo aplicada permitió escuchar y ponderar equitativamente todas las voces de los militares desplegados (inclusive la del personal subalterno que, por el carácter que asumen las Fuerzas Armadas, habitualmente son rectificadas, ordenadas o reabsorbidas por personal de mayor jerarquía) en un total de más de setenta entrevistas, lo que evitó una homogeneidad ajena del universo estudiado y descubierto. Sumado a esto, el diseño y la implementación de la encuesta permitió dar voz a un número más amplio de militares desplegados y complementar los análisis vinculados a la formación, las motivaciones y la experiencia profesional en las participaciones a la MINUSTAH.

Por este motivo, para dar cuenta de la experiencia de los militares argentinos en Haití durante los diez años de la misión y hacer factible el trabajo de campo, hemos periodizado la década de duración de la MINUSTAH en cinco grandes eventos, seleccionando las situaciones de mayor tensión o aquellas que han sido relevantes desde el punto de vista de sus protagonistas. Esas situaciones mencionadas fueron: el despliegue, las inundaciones y las primeras elecciones (2004-2005), el terremoto (2010) y el repliegue (2015). Asimismo, con la intención de relevar las percepciones de militares que integraron un batallón posterior al terremoto –en un periodo de relativa normalidad– nos propusimos entrevistar a personal que desplegó a comienzos de 2014. Igualmente, nuestra investigación se nutrió fundamentalmente de datos obtenidos a partir del Batallón Conjunto Argentino (BCA) localizado en la ciudad de Gonaïves. Esta decisión metodológica se debió a que el mayor número de efectivos desplegados y el anclaje del despliegue militar se concentraron en aquella parte del contingente militar. Así, teniendo en cuenta que durante la participación de Argentina en la MINUSTAH fueron desplegados un total de 20 BCA y respetando su denominación correlativa y los eventos que seleccionamos, enfocamos el estudio a los ex integrantes del BCA 1, BCA 2, BCA 3 (desplegados durante los años 2004-2005); del BCA 11 (año 2010); del BCA 18 (año 2014) y del BCA 20 (año 2015). De la misma manera, nos fue significativo contar con la mirada de los oficiales argentinos que no sólo integraron las unidades operativas (Batallón, Unidad Aérea y Hospital Reubicable) sino también el *staff* de la MINUSTAH en la ciudad de Puerto Príncipe.

Específicamente, el trabajo de campo se desarrolló entre mayo y agosto de 2015 y consistió en la realización de setenta y cinco entrevistas (a oficiales, suboficiales y soldados en actividad o retirados) y 349 encuestas (a personal militar en actividad). La mayoría de las actividades de relevamiento de datos se concentraron en las unidades militares donde prestaba servicio el personal militar que fuera desplegado. Concretamente, realizamos trabajo de campo en: CAECOPAZ, Buenos Aires (asistiendo al Curso de Plana Mayor y Líderes); Puerto Belgrano, Punta Alta; BIM 2 "CFIM Pedro Edgardo Giachino"; Pigüé, Regimiento de Infantería Mecanizado 3 "General Belgrano" (BCA 11); Córdoba, IV Brigada Paracaidista (BCA 1); Covunco, Regimiento de Infantería de Montaña 10 "Teniente General Racedo" (BCA 20); Campo de Mayo, Regimiento de Asalto Aéreo (BCA 18); y en Moreno, VII Brigada Aérea (Unidad Aérea). En los sitios distantes de la Ciudad de Buenos Aires permanecimos entre dos y tres días, lo cual nos permitió también registrar otro tipo de información de contexto no siempre presente en el espacio social de la entrevista. A excepción de CAECOPAZ las unidades mencionadas fueron núcleo del Batallón, de la Compañía de Infantería de Marina y/o de la Unidad Aérea.

Sumado a lo anterior, el trabajo de campo tuvo en cuenta la elaboración de los documentos institucionales denominados "Lecciones Aprendidas o Experiencias Adquiridas" que permitieron enriquecer los análisis presentados en algunos capítulos.[5] Sobre estos documentos quisiéramos señalar que consisten en informes técnicos exigidos

---

[5] Los documentos referidos son trece (BCA 5, 6, 7, 8, 9, 10, 11, 12, 13, 14, 15, 16, 17) de los 20 batallones conjuntos y fueron realizados por efectivos del Ejército Argentino.

que, a modo de evaluación o diagnóstico sobre aspectos relevantes ocurridos durante el conjunto de la misión, los jefes de batallones elaboraron a pedido de sus superiores a fin de ofrecer herramientas que faciliten el desempeño para las comisiones que los sucedieron. En este sentido, fueron considerados e interrogados en su carácter de discursos institucionales racionalizados sobre diferentes aspectos técnicos y profesionales vinculados al conjunto de la misión. Es decir que fueron aprehendidos y analizados en tanto representaciones situadas en relación con puntos de vista jerárquicos sobre experiencias de los desplegados, advertencias a contemplar, aprendizajes relevantes adquiridos, desafíos a sortear y necesidades que requieren anticipación, entre otras dimensiones relevadas. En pocas palabras, se trata de documentos que fueron requisitos técnicos (pero sin un protocolo formal para su realización) que debieron confeccionar los jefes de cada batallón sobre aspectos que entendieron relevantes del conjunto de sus respectivas misiones, significativos a consignar para los despliegues que los siguieron y disponibles como una suerte de manual de referencia.

Agregamos también que, en cada una de las unidades donde realizamos el trabajo de campo, aplicamos un cuestionario que administramos –con nuestra presencia– a todos aquellos militares en actividad (oficiales, suboficiales y soldados) que habían participado al menos una vez a la MINUSTAH, su diseño fue el resultado del trabajo de campo realizado previamente. La encuesta realizada recogió las valoraciones y las opiniones de 349 militares (de distinto cargo y función) en Haití sobre aspectos vinculados a la familia, la formación, la participación y la recepción por otras fuerzas y la sociedad civil. Así se pudo dar cuenta de los niveles de acuerdo y de desacuerdo en torno a dichas

percepciones y de las tensiones de las prácticas de subjetivación que la institución militar impone sobre su personal
y las autopercepciones de los militares.[6]

Por último, sobre las precisiones metodológicas, resulta
importante aclarar que, en los análisis presentados, los
nombres propios y cualquier otro rasgo que permita la
identificación del personal con el que se trabajó durante esta investigación fueron cambiados para garantizar su
anonimato. De modo que lo relevante y aquello a partir
de lo cual se construyeron los datos que se muestran a
continuación radica en el contenido de las percepciones y
las experiencias compartidas en las distintas situaciones de
entrevista y recogidas en las observaciones de campo (qué
dicen, sobre qué hablan, cómo lo refieren y cuál es el contexto de esa enunciación), y no en la individualización o la
personalización de las representaciones de los militares.

Contingentes militares argentinos en la MINUSTAH[7]

Con el objetivo de obtener mayor precisión analítica frente
a la aparente heterogeneidad del componente humano que
operó en Haití, y a partir de información contenida en
las resoluciones que autorizaron el despliegue (suministra-
da por el Estado Mayor Conjunto de las Fuerzas Armadas y el Ministerio de Defensa), se logró confeccionar el
siguiente cuadro al que hemos llamado "Contingentes Militares Argentinos en la MINUSTAH", y que presenta datos

---

6   El total de casos realizados no permitió completar la muestra inicial debido
a que en las Unidades Núcleo desplegadas o bien muchos se habían retirado
o pedido la baja, o bien ya no estaban destinados en esa unidad militar que le
dio base al batallón argentino en Gonaïves. Asimismo, el resultado nos ofrece un panorama que amplía los temas y el número de personas involucradas
y por ello será ofrecido como información complementaria a las entrevistas
etnográficas.

7   Cabe destacar que los siguientes cuadros sobre los Contingentes Militares
Argentinos fueron elaborados por Emanuel Fariña.

del personal militar desplegado en veinte contingentes que rotaron semestralmente entre 2004 y 2015 y de los efectivos del Hospital Militar Reubicable Argentino que permanecieron en la isla luego del repliegue de 2015. El cuadro está organizado en cuatro cuadros segmentados cronológicamente que reflejan la totalidad del personal desplegado en Haití durante la participación de Argentina en la MINUSTAH.

En cada uno de los contingentes se detalla el destino –BCA, Unidad Aérea y Hospital Reubicable– de los efectivos en la misión. Asimismo, la información sobre el personal está desagregada en función de su pertenencia a la Fuerza –Ejército Argentino, Armada Argentina y Fuerza Aérea Argentina– con el objetivo de obtener mayor precisión analítica frente a la relativa diversidad del personal militar que operó en Haití. Por este motivo, cada una de las Fuerzas está discriminada por jerarquía –oficiales, suboficiales y soldados– y por sexo, lo que nos permite obtener un mapa de la distribución del poder dentro de cada contingente desplegado.

Capacitación militar para misiones de paz de Naciones Unidas

Sabrina Calandrón y Guadalupe Gallo

Introducción

En este capítulo describimos la capacitación ofrecida por el Ejército Argentino, por la Infantería de Marina y por el Estado Mayor Conjunto de las Fuerzas Armadas a través del Centro Argentino de Entrenamiento Conjunto para Operaciones de Paz (CAECOPAZ) a los contingentes militares desplegados en Haití entre 2004 y 2015. Los datos presentados a continuación se produjeron como resultado del trabajo de campo etnográfico realizado en el CAECOPAZ y en el Hospital Militar de Campo de Mayo. Asimismo, surgen –como el resto de los capítulos de este libro– de las entrevistas realizadas a personal civil y militar comprometido en el despliegue en misiones de paz.

Entre julio de 2004 y octubre de 2014 desplegaron veinte contingentes argentinos en la MINUSTAH integrados por personal militar de las tres fuerzas: Ejército Argentino, Fuerza Aérea Argentina y Armada Argentina. Un promedio de quinientos veinte efectivos –que rotaron semestralmente– integraron el batallón argentino con jurisdicción en Gonaïves. Este batallón estuvo formado por dos tercios de personal militar del Ejército Argentino (en su mayoría integrantes de la Compañía de Infantería) y un tercio de la Armada Argentina, perteneciente a la Compañía de Infantería de Marina. El contingente contaba, además, con una Unidad Aérea y un Hospital Reubicable –con asiento en Puerto Príncipe– conformado por aproximadamente ochenta efectivos en su inmensa mayoría personal militar de la Fuerza Aérea.[1] Actualmente y, en principio, hasta el 2016, sólo el Hospital Reubicable permanecerá en territorio de la República de Haití.

La formación básica que atraviesa cada uno de estos militares durante su ingreso y carrera profesional se complementa con una capacitación específica que es ineludible para acceder a una misión de paz de Naciones Unidas. Esta estrategia formativa está en el centro de una interesante discusión abordada por las ciencias sociales acerca de la preparación de los cascos azules. El debate se concentra en la adaptabilidad o no de tropas conformadas por "guerreros" a misiones de mantenimiento o de imposición de la paz, es decir, misiones que implican el menor uso de la fuerza letal posible. De contar únicamente con la formación del soldado profesional (cuyos objetivos son el combate, la eliminación del enemigo y las condiciones de la guerra), los militares tendrían serias dificultades para adecuarse a este tipo de misiones (Tripodi, 2002). Las misiones de paz, así como la conjuración del narcotráfico o la asistencia humanitaria, no son consideradas como parte del núcleo de actividades militares tradicionales (Avant y Lebovic, 2000). En este marco, la capacitación específica toma importancia y es el CAECOPAZ el encargado de ofrecerla y supervisarla en el caso argentino. Su objetivo apunta a la adaptación de los militares para ser "soldados de la paz" a través de la puesta en práctica del dispositivo pedagógico principal: el curso predespliegue.

A continuación, realizaremos una descripción de los principales lineamientos que definen este curso, el cual está dirigido a contingentes destinados a las misiones de paz en Chipre y en Haití. En primera instancia, nos detendremos en la historia y en la misión del CAECOPAZ. Luego, reponemos una descripción pormenorizada de las etapas que componen el curso y de la forma de ponerlo en práctica. Se

---

[1] Véase en este apartado Tabla Contingentes Argentinos desplegados en la MINUSTAH.

incluyen consideraciones sobre los contenidos en función de los requerimientos de Naciones Unidas, que se complementan con desarrollos propios realizados por instructores del CAECOPAZ. Finalmente, incluimos las evaluaciones de militares que participaron de la experiencia en Haití sobre la adecuación de la capacitación a las necesidades con las que se encontraron en el terreno.

Características generales del curso predespliegue

Marco institucional del curso

Las capacitaciones y los adiestramientos específicos para todos los contingentes argentinos desplegados en MINUSTAH estuvieron principalmente supervisados, como adelantamos, por el CAECOPAZ. A través de dicho centro de entrenamiento, se espera poder capacitar y adiestrar al personal militar y civil, nacional o internacional, para desempeñar roles en operaciones de paz o en organismos relacionados con aquellas en cumplimiento con los estándares de formación establecidos por Naciones Unidas. Sumado a esto, el CAECOPAZ es el centro de instrucción y de capacitación encargado de la evaluación del personal desplegado por el Estado Mayor Conjunto de las Fuerzas Armadas Argentinas (tanto en los despliegues individuales como en los contingentes), como de brindar apoyo al alistamiento de contingentes antes de los despliegues y en sus regresos a Argentina.

Es importante refrescar sintéticamente la misión y la historia del CAECOPAZ. El Centro Argentino de Entrenamiento Conjunto para Operaciones de Paz fue fundado el 27 de junio de 1995 como producto de la sistematización de la experiencia en operaciones multinacionales en las que Argentina participa desde el año 1958. Su creación se realizó en el marco de un profundo compromiso del país en tal sentido y, especialmente, desde el año 1992 cuando se incrementó el despliegue de tropas argentinas. CAECOPAZ se encuentra emplazado en Campo de Mayo, Provincia de Buenos Aires, donde cuenta con instalaciones áulicas y habitacionales, y espacios a cielo abierto útiles para montar escenarios diversos a fin de desarrollar los entrenamientos requeridos.

Los años noventa significaron un proceso significativo de ampliación y de multiplicación de misiones de paz a nivel mundial. Argentina no fue una excepción en este aspecto y contribuyó con contingentes de mil quinientos efectivos militares que partieron a distintas operaciones en Yugoslavia, en Kuwait y en Eslovenia Oriental; brindó apoyo humanitario en Mozambique, en la Guerra del Golfo y en Kosovo, así como también apoyo de transporte aéreo en la ex Yugoslavia y en Chipre. En 2016, contingentes argentinos se encuentran desplegados en UNFICYP (República de Chipre).

Ese escenario de ampliación de las misiones de mantenimiento e imposición de la paz de la década de 1990 también trajo aparejados problemas y nuevos desafíos. El caso de la misión en Somalía, suspendida a los tres años con un saldo de más de ciento cincuenta soldados de Naciones Unidas muertos, impulsó revisiones para identificar errores y prevenirlos en el futuro. Uno de los principales hallazgos estuvo vinculado con los estándares de capacitación de los militares para la intervención en este tipo de experiencias. En ese contexto, se impuso la idea de que la adaptación de las fuerzas armadas en operaciones que no sean de guerra requiere destrezas militares, métodos de entrenamiento específicos y una predisposición distinta a aquella necesaria para operaciones de combate (Tripodi, 2002). De esta forma, el CAECOPAZ floreció como una institución para las misiones de paz en una coyuntura de demandas internacionales por la estandarización y la escolarización del entrenamiento de cascos azules. Del mismo modo que lo fueron otros centros de entrenamiento similares, como la Escuela Nacional de Operaciones de Paz del Uruguay (creada en 1995), el CECOPAZ de Perú (fundado también en el año 1995) o el Canada's Pearson Peacekeeping Center (del mismo año).

CAECOPAZ cuenta con instructores, oficiales y suboficiales, integrantes especializados de las Fuerzas Armadas que –en la mayoría de los casos– poseen alguna experiencia en operaciones de paz. A ellos se han sumado instructores expertos en controles antidisturbios como también instructores idóneos de otras nacionalidades. Igualmente, como parte del principio de cooperación internacional en materia de operaciones de paz, Argentina colabora con el envío de instructores argentinos a centros de capacitación y adiestramiento para misiones de paz de Naciones Unidas ubicados en otros países, como en el caso de Brasil. El dictado de los distintos cursos está orientado tanto a militares como a personal civil (por ejemplo, periodistas), y la asistencia y la acreditación son de carácter gratuito.

Antes de dar paso a la descripción de este curso es importante aclarar que este centro también brinda el curso de observador militar, necesario para los militares que se despliegan individualmente desde Argentina a fin de integrarse a una misión de Naciones Unidas. En este trabajo nos concentraremos únicamente en el curso dispuesto para los contingentes denominado curso predespliegue.

Etapas y contenidos

El Integrated Trainning Service es la entidad dependiente de Naciones Unidas que se encarga de diagramar los cursos, de estandarizar los contenidos necesarios a impartir por cada país participante de los despliegues y de otorgar las certificaciones habilitantes. En este marco entonces, los contenidos y las competencias básicas exigidas por Naciones Unidas para llevar a cabo una misión de paz son impartidos por el CAECOPAZ para el personal tanto civil como militar.[2] La totalidad de competencias dictadas para tal fin se denomina "curso de predespliegue de contingentes de operaciones de paz" y, puntualmente, está integrado al bloque de contenidos referido como Core Pre-Deployment Training Materials, a la vez que incorpora exigencias sobre entrenamientos específicos llamados "Specialized Training Materials for Military Experts on Mission", ajustados a las particularidades, las demandas y las realidades locales de los países receptores, como por ejemplo la presencia o no de campos minados.

Específicamente, el curso de predespliegue se inicia ciento veinte días antes de la fecha prevista para el despliegue. Para los integrantes de la Plana Mayor de cada contingente, este curso consta de cuatro etapas de adiestramiento mientras que para el resto del batallón las etapas requeridas son sólo tres. De estas últimas etapas, las unidades del Ejército Argentino y la Armada Argentina son responsables de las dos primeras y cuentan con la supervisión de CAECOPAZ. Por su parte, la tercera y última etapa están enteramente a cargo de este centro de entrenamiento. Es decir que, de la totalidad de las distintas instancias de instrucción requeridas, sólo la etapa final es dictada en las instalaciones del CAECOPAZ y por sus instructores. Para comprender esto, resulta necesario tener en cuenta lo siguiente: cada contingente dispuesto para ser desplegado en MINUSTAH estaba formado a partir de una unidad de Infantería del Ejército Argentino denominada "Unidad Núcleo" que aportaba tanto una significativa proporción de la Plana Mayor como del personal operativo. De modo que una de las etapas fundamentales del adiestramiento recibido en el marco

---

[2] Frente a esta política de estandarización de los contenidos de los módulos de entrenamiento, los militares entrevistados destacaron la importancia de la transmisión de las experiencias de despliegues anteriores por parte de los instructores. Estas oportunidades de comunicar y de compartir lo vivido en otros despliegues con aquellos que estaban por desplegar fueron ponderadas positivamente como un plus significativo y beneficioso en la impartición de este tipo de contenidos.

de este curso se desarrolló en su propia sede. A esta Unidad Núcleo se integraba personal militar –siempre con carácter voluntario– perteneciente a otras fuerzas, armas y especialidades que se encontraba en otras unidades militares (además de la Unidad Núcleo) a fin de lograr completar un batallón con los roles de combate y las funciones exigidas. A su vez, cabe mencionar que la unidad núcleo era informada de su participación en el batallón correspondiente aproximadamente un año antes de su despliegue a modo de contar con un lapso de tiempo suficiente para su correcta preparación, organización e instrucción.

La primera etapa del curso predespliegue es denominada "etapa unidad" y, tal como adelantamos, comienza ciento veinte días antes del viaje hacia la misión y se desarrolla en las instalaciones del asiento de paz del regimiento designado como unidad núcleo. Durante este tiempo, dicha unidad designada se orienta a reforzar el entrenamiento habitual de su personal, a la vez que los intereses del trabajo son ajustados a las actividades operativas a realizar en Haití. Esta instancia requiere una tarea activa por parte del futuro jefe del contingente y su plana mayor en la selección del personal que lo acompañará. En relación con esto, los jefes de batallón entrevistados acordaron definir el momento de conformación del contingente como muy importante al ser una instancia clave gracias a la cual se evitaba el surgimiento de conflictos personales y profesionales durante la misión de paz. Estas evaluaciones partían de la consideración de que el conocimiento previo entre el personal que se iba a desplegar, sumado a un contacto fluido con la plana mayor del contingente, permitía expresar, despejar y anticipar inconvenientes y problemas vinculados a cuestiones administrativas, a los roles y a las funciones profesionales a desempeñar como también a los conflictos personales o familiares, como el extrañamiento y el manejo de la distancia antes de desplegar. Igualmente, para sortear posibles problemas o imprevistos surgidos en esta instancia del curso, al personal seleccionado se le sumaba personal de *back-up* (es decir, una suerte de personal de reserva) que realizaba –conjuntamente con el resto del contingente–, el entrenamiento necesario para el despliegue. De esta manera, quedaba disponible para realizar cualquier reemplazo de los militares escogidos para el despliegue en caso de que les surgieran inconvenientes.

Seguidamente, el "curso de plana mayor y líderes" conforma la segunda etapa del adiestramiento para el predespliegue y, al estar orientado hacia la conducción del contingente, sólo es realizado por una parte menor del batallón, mientras que la gran mayoría pasa a cumplir directamente con la tercera instancia de instrucción descrita a continuación. Al curso de plana mayor y líderes se le da inicio noventa días antes del despliegue y cuenta con el objetivo de ser un "entrenamiento de entrenadores", tal como fue referido durante el trabajo de campo. Desarrollado en las instalaciones de CAECOPAZ, esta instancia del entrenamiento se basa en los contenidos referidos al Core Pre-Deployment Trainning Materials y al Specialized Trainning Materials for Military Experts on Mission antes mencionados, y se propone otorgarles distintas herramientas de trabajo a los líderes para que puedan retransmitir estos conocimientos en sus respectivas unidades. Puntualmente, el entrenamiento se enfoca en los diferentes roles a desempeñar durante el despliegue tratando de abarcar las necesidades que se les puedan presentar durante la misión.

Esta segunda etapa del curso cuenta con una pista de instrucción de ocho puestos de situación simulada y, de acuerdo con lo señalado, todos los instructores de CAECOPAZ se encuentran en condiciones de rotar en la capacitación de cada una de ellas. La dinámica de trabajo consiste en el recorrido de los cursantes por las distintas pistas que ficcionalizan incidentes reales tipificados por Naciones Unidas, para aprender y ejercitar las respuestas y las soluciones esperadas ante cada una de las simulaciones. Las ocho pistas de simulación que conforman el circuito completo son: puesto de situación de minas;[3] puesto de control; evacuación/transporte de víctimas (de un accidente vial); embarque y desembarque aéreo de heridos; impartición de órdenes; comunicaciones y reportes de situación; puesto de observación; dilaciones de acuerdos (en circunstancias de negociación); patrullaje.

Como resultado de la observación etnográfica de cuatro de los ejercicios de simulación realizados en esta etapa del curso, ofrecemos la siguiente descripción. Nuestro recorrido por las distintas actividades de adiestramiento de esta etapa fue iniciado en la pista de reconocimiento y de desactivación de minas a pesar de no estar contemplada como un contenido específico para el despliegue a Haití. [4] Esta pista fue referida por el instructor especialista a cargo como un "aula a cielo abierto" donde los contenidos teóricos se combinan con ejercicios prácticos para comprender cómo proceder ante eventuales situaciones de riesgo con explosivos. Aquí, las indicaciones fueron dirigidas a saber señalizar, reconocer y distinguir diferentes tipos de minas (trampas cazabobos, minas antipersonales, minas antitanques, munición no detonada, entre otras) en escenarios alternativos para concientizar en medidas de prevención y de seguridad.

A ese ejercicio lo sucedió el puesto de control sobre vehículos y sobre peatones. Su instructor, un oficial perteneciente a la Policía Federal Argentina, nos explicó las diferencias de los tipos de puestos de control (fijos y móviles) establecidos protocolarmente por Naciones Unidas ya que los procedimientos a seguir ante estas situaciones varían

---

3 Debido a que el curso predespliegue ya no se realiza para contingentes de la MINUSTAH, la descripción corresponde al adiestramiento realizado para contingentes a ser desplegados en Chipre. Según nos mencionaron, para la MINUSTAH el curso era muy similar con la diferencia que no se practicaba "el puesto de simulación de mina" y se introducía un seminario sobre la "cultura haitiana".

4 A diferencia de los contenidos exigidos para la misión en Haití, la detección de minas y campos minados sí conforma un adiestramiento necesario para el despliegue en Chipre donde esta problemática se presenta.

según particularidades de las misiones de paz. Por lo tanto, el instructor enfatizó el valor que adquiere que el personal militar conozca profundamente estos procedimientos en los puestos de control. Este punto destacado fue ejemplificado tras comparar la misión en Chipre (donde hace ya unos años que los despliegues se realizan sin armamento) con la de Haití (donde el personal militar sí desplegó con fusiles y con pistolas). Asimismo, el instructor explicó la importancia de la aplicación del concepto de "conciencia cultural" en estas instancias y lo relacionó con los contenidos socioculturales que también se brindaron durante el curso. En este ejercicio de simulación se escenificó una situación en un puesto de control mientras seis militares ocupando puntos estratégicos y portando fusiles abordaban un vehículo con el cual un civil pretendía llevar de urgencia a un hospital a una mujer embarazada sentada en el asiento del acompañante. El problema a resolver lo presentaba el hecho de que el conductor no portaba la documentación correspondiente del automóvil, lo cual impedía su paso por el puesto. Para obstruir la marcha de la camioneta, los militares en situación demostraron de qué modo se colocan las barreras frente al vehículo y se aborda al conductor solicitándole la documentación necesaria. Simultáneamente, la mujer continuaba con su actuación de fuertes dolores que tensionaron aún más la situación a resolver y un grupo de efectivos procedió a revisar el vehículo desde todos sus ángulos. Durante el procedimiento se dio "parte" por radio de la situación ocurrida y se requirió apoyo para acompañar a la embarazada hasta el hospital. Finalmente, una vez realizados todos los controles necesarios, se dio paso al vehículo y se concluyó este ejercicio.

La siguiente pista de simulación denominada *"car crash"* estuvo a cargo de un instructor de nacionalidad brasilera[5] quien dirigió la instrucción sobre los pasos a seguir ante una escena de heridos por un accidente vehicular. Para ello, se simularon cuatro pasos a desarrollarse consecutivamente: la llegada al accidente y la determinación de lo sucedido dando seguridad a los médicos que intervendrían; el tratamiento de los heridos y la evaluación de los daños; la ejecución de la evacuación de los heridos del área de riesgo, la comunicación a las autoridades y el pedido de los traslados en caso de ser necesarios.

La ronda de instrucción continuó con el ejercicio de embarque y desembarque de heridos de una aeronave (también referido como *"casualty evacuation"*) con otro instructor del Ejército Brasilero como su responsable, quien profundizó sobre cuestiones técnicas del traslado apropiado de heridos y la señalización correcta para el aterrizaje y el despegue del helicóptero sanitario. Además, instruyó acerca de las posibilidades de construir y de señalizar una pista de emergencia con elementos ordinarios.

Otro de los ejercicios observados durante nuestro recorrido etnográfico fue realizado en las aulas de las instalaciones del CAECOPAZ y consistió en el trabajo de identificación, de comunicación y de resolución de incidentes. Para ello, se utilizó el recurso de las fotografías para mostrar escenarios posibles de algunas de las principales incidencias identificadas por Naciones Unidas. A partir de las

---

5   Debido al reconocimiento y a las certificaciones otorgadas por Naciones Unidas a este curso y de forma habitual, personal extranjero especializado solicita la admisión para su realización. Al respecto, cuando consultamos si este curso tenía límites de cupo para instructores extranjeros, los integrantes de CAECOPAZ explicaron que, por lo general, no se establecen límites de cupos dadas las complejidades logísticas y organizativas requeridas para movilizarse desde otros países. Es por eso que, teniendo en cuenta las dificultades para los desplazamientos y los intereses de integrantes extranjeros en el curso, se tiende a favorecer y a facilitar este tipo de intercambios. Los intercambios más fluidos de extranjeros al curso se trazan con otros países latinoamericanos.

imágenes, cada grupo de militares debió evaluar la situación presentada y proponer un plan de acción. Este ejercicio requirió que los cursantes asumieran el rol de jefes de patrullas y de jefes de compañías: mientras los primeros, al tomar contacto con las imágenes, debían reportar por radio lo sucedido a los segundos, estos últimos tras elaborar un plan de acción debían retransmitirles las órdenes y los procedimientos a seguir.

Sesenta días antes del despliegue y con desarrollo en la Unidad Núcleo se inicia la tercera etapa de adiestramiento, denominada "zona de reunión intermedia", dirigida hacia todo el personal que se encuentra en condiciones de desplegar.[6] Ésta, a pesar de estar principalmente a cargo del Ejército Argentino, para su realización cuenta con el apoyo del equipo móvil de CAECOPAZ que, al trasladarse hacia la Unidad Núcleo, colabora con el dictado y la supervisión de contenidos específicos, como por ejemplo el referido a control antidisturbios.

En relación con esta etapa, vale la pena destacar la participación de una psicóloga de CAECOPAZ encargada de instruir sobre la temática "manejo del estrés" para ayudar con la preparación emocional de los militares que integrarán el batallón. Asimismo, sobre este punto y de acuerdo con lo mencionado por nuestros interlocutores, para Naciones Unidas fue relevante el aporte de Argentina con respecto al tratamiento del "manejo del estrés" a fin de motivar perspectivas de trabajo conjunto con las familias del personal desplegado. Y, aunque estos contenidos cuenten con el reconocimiento de Naciones Unidas, no pertenece al Core Pre-Deployment Trainning Materials porque, según la explicación de esta profesional: "para las Naciones Unidas lo que queda atrás no es importante, lo que importa es el elemento a desplegar". Es por esto entonces que la

---

6 Además, se considera esta etapa como el paso final de la selección del personal.

psicóloga orientaba su trabajo y su participación en esta instancia hacia el asesoramiento y el apoyo de los familiares de los militares.[7]

Finalmente, la cuarta etapa del adiestramiento, denominada "zona de reunión final", está enteramente a cargo de CAECOPAZ y por ende se realiza por completo en sus instalaciones. En esta instancia del curso, la propuesta consiste en comprobar y en evaluar los conocimientos aprendidos hasta ese momento, además de registrar y de acondicionar físicamente al personal y al equipamiento y de ultimar detalles administrativos y técnicos. Durante los veintiún días de extensión de esta etapa, se reúne por primera vez en ese centro de adiestramiento a todo el personal militar que formará el contingente. De modo que, en su inicial semana de desarrollo, el Comando Operacional del Estado Mayor Conjunto toma contacto por primera vez con el batallón completo y se responsabiliza por él. Esto significa que, a partir de ese momento, quienes viajen pasarán a depender del Comando Operacional del Estado Mayor Conjunto.

Específicamente, para la comprobación y la evaluación de los contenidos impartidos previamente, esta etapa incluye ejercicios integradores (de 24 a 48 horas de duración) a través de los cuales se recrean situaciones semejantes a las que posiblemente deberán enfrentarse en el terreno de la misión de paz. Para llevar esto adelante, cuentan con un escenario conocido como "Petit París" que pretende replicar una zona de barrios haitianos vulnerables. En esta actividad, gran parte del personal de CAECOPAZ colaboraba con la puesta en acto de las simulaciones a fin de ejercitar la resolución táctica de imprevistos y de situaciones críticas por parte de los militares a desplegar. Al respecto, una de nuestras entrevistadas señaló que, aunque los cursantes conociesen los elementos sorpresa con los que se arman estos ejercicios, ello no reduce la efectividad del ejercicio ya

---

[7] Este tema lo trabaja detenidamente Sabina Frederic en su capítulo dentro este mismo libro.

que cada persona reacciona y resuelve de manera diferente frente a los mismos estímulos o situaciones críticas y, justamente, lo relevante es poder evaluar y reflexionar sobre esas diferencias de comportamiento surgidas.

Concluida esta etapa, el contingente queda completo en su composición, su adiestramiento y sus tramitaciones administrativas. Es decir, se consideraba preparado en todos sus detalles para comenzar con la misión.

Uso racional de la fuerza y consideraciones sobre el género en el curso predespliegue

Como contenidos adicionales de este curso de adiestramiento, cabe hacer una mención especial sobre dos tipos de temáticas de importancia para el personal militar pronto a desplegar: uso racional y gradual de la fuerza, y cuestiones vinculadas con el género. Con respecto a la primera temática, el personal militar del Ejército Argentino recibía, a través del plan anual de adiestramiento de su unidad (haya sido o no designada como núcleo), instrucción en Técnicas Operativas de Naciones Unidas (TONU). En relación con esto, en CAECOPAZ, existía complementariamente una instrucción crítica y a conciencia sobre cómo, cuándo y por qué cada militar debe hacer uso de la fuerza. En palabras de un oficial con el que conversamos:

> Enseñan fundamentalmente lo que es uso de armamento no letal. El hecho de disponer de armas no letales dentro de los contingentes, de los elementos de misiones de paz que desplegamos nos permite a nosotros tener una mayor dosificación en el uso de la violencia en caso de generar la necesidad de usarla. Si no uno pasa de tratar de contener con la mano, o con el cuerpo al uso de armas letales, porque los militares no tenemos en nuestra estructura el uso de armamento no letal. Ahora, para Haití en particular se conforman fracciones... [con] casco y equipamiento especial que permite

contar entre la fuerza letal y la fuerza no letal con una mayor cantidad de elementos al momento de tener la necesidad del empleo de la fuerza.

En este fragmento de entrevista queda a la vista, a partir de la consideración de algunos instructores militares, la especificidad del entrenamiento para misiones de paz integrando un contenido que no es parte de la formación militar tradicional. Esta cuestión, el uso de armas no letales, hace una importante diferencia entre la preparación con "espíritu guerrero" (Avant y Lebovic, 2000) y la adaptación a un escenario de búsqueda de la paz.

Sumado a lo anterior, el segundo tipo de contenido significativo sobre el que eran capacitados los militares que se iba a desplegar estaba vinculado con cuestiones de género.[8] Las encargadas de impartir estos contenidos explicaron que la sensibilización sobre estas problemáticas como cuestiones importantes a atender se originó hacia el año 2012 y en línea con la Resolución 1325/2000 de Naciones Unidas como una forma de brindar conocimientos que se transformen en herramientas para la protección y el tratamiento tanto de la población local como del personal militar femenino hacia el interior de los contingentes. Para cumplir con este objetivo, instructoras de CAECOPAZ (una oficial a cargo de la Oficina de Género y una especialista en Relaciones Internacionales y Misiones de Paz) de amplia formación y experiencia específica sobre estos temas se encargaban de dictar una clase obligatoria para los cursantes en la que se discutían problemáticas vinculadas al género. A su vez, estos contenidos eran reforzados en el ejercicio final de integración, en el que se incluía la simulación de situaciones

---

8   Este tema se discute con mayor detalle y analiza en relación con las experiencias durante el despliegue en el capítulo de Sabrina Calandrón de este volumen.

de conflicto, vulneración o violencia de género e infantil sobre las que el personal que se estaba adiestrando debía intervenir.

Por último, sobre las cuestiones de género, resulta significativo señalar que, en el año 2014 y por orden del director de CAECOPAZ, la clase sobre género se brindó durante la etapa de "zona de reunión intermedia". Al respecto y según el parecer de la oficial a cargo, esa experiencia fue evaluada como muy positiva ya que –a diferencia de las etapas posteriores cuando normalmente se impartía esta clase–, "el soldado se encontraba más tranquilo y mejor predispuesto a aprender".

Adiestramiento en el Comando de Instrucción y Evaluación de la Infantería de Marina, Armada Argentina

De acuerdo con lo descrito anteriormente, cada contingente enviado a Haití estuvo conformado por integrantes de las tres Fuerzas Armadas Argentinas a partir del criterio de llevar a cabo una operación conjunta. Por parte de la Armada Argentina, participaron de la MINUSTAH elementos pertenecientes a la Infantería de Marina Argentina, representando la Base Naval de Infantería de Marina "Baterías" ubicada en Puerto Belgrano (ciudad de Punta Alta, provincia de Buenos Aires) la cual realizó el mayor aporte de personal de infantes marinos a esta misión de paz durante sus diez años de existencia. Aunque no contamos con trabajo de campo desarrollado en este lugar, nos parece importante –para completar la descripción del personal militar a desplegar en Haití– mencionar sucintamente su actividad a partir de referencias de quienes han pasado por allí.

En "Baterías" se encuentra el Comando de Instrucción y Evaluación (COIE) formado, principalmente, por las pistas de entrenamiento[9] construidas para los infantes, en

---

[9] Simulación de distintos espacios urbanos.

especial para las compañías que despliegan hacia Haití. Por parte de los militares allí instruidos, este entrenamiento recibido (de un año de duración) fue evaluado como "más que suficiente" en relación con el nivel de exigencia y peligrosidad que presentan las tareas operativas a desempeñar en Haití. Asimismo, en entrevistas a oficiales y a suboficiales de la Infantería de Marina, se destacaron las buenas condiciones del equipamiento y la calidad de la construcción de las pistas de instrucción, así como también la intensidad del entrenamiento impartido y demandado.

En términos generales, las referencias de estos militares enfatizaron que, dada su naturaleza, la Infantería de Marina es la "primera que desembarca en territorio enemigo", razón por la cual explicaban la pertinencia de la intensidad de estos entrenamientos para lograr resolver situaciones hostiles y una alta adaptabilidad a condiciones adversas. La pertinencia y la eficacia de este entrenamiento fueron a su vez vinculadas con su duración anual ya que se consideraba que operar una compañía con personal que venía desarrollando un trabajo conjunto por una extensión de doce meses antes del momento de desplegar favorecía el desempeño de las tareas y el entendimiento entre todos. Este rasgo del entrenamiento fue señalado como positivo porque les permitía comenzar la operación con un conocimiento tanto personal como profesional entre los compañeros: "uno ya sabe con quién va, cómo trabaja cada uno, más allá de la especialidad, qué tareas le quedan mejor a cada uno".

Finalmente, cabe mencionar que, si bien buena parte de la instrucción física y operacional se realizaba en este lugar, todos los integrantes de la Compañía de Infantería de Marina Argentina designados para la MINUSTAH asistieron a la cuarta etapa ("zona de reunión final") en CAECOPAZ. Allí, se sumaron tanto al trabajo e instrucción recibida por el resto del contingente como también a los exámenes médicos y psicológicos correspondientes. Es en este momento en que el Centro de Adiestramiento se dedica a la regularización administrativa de todo el batallón para su partida, lo que incluye desde documentos hasta vacunas.

Evaluaciones de militares sobre la instrucción para el despliegue

La descripción realizada en las páginas precedentes es un panorama general del adiestramiento ofrecido por el Ejército Argentino, la Armada y el Estado Mayor Conjunto de las Fuerzas Armadas Argentinas por medio del CAECOPAZ, a los contingentes que desplegaron en Haití entre 2004 y 2015. No obstante, interesa subrayar que hubo una dimensión de la instrucción de los integrantes de cada contingente nuevo a desplegar que no fue institucional, sino personal. En este sentido, tanto oficiales como suboficiales en las entrevistas coincidieron en indicar que, además de la información recibida en CAECOPAZ, ellos personalmente realizaron una indagación propia sobre el escenario haitiano. En sus relatos encontramos desde una búsqueda de materiales sobre la historia, la cultura, las creencias religiosas más representativos de Haití y datos sobre sus conflictos más recientes, como también de contactos personales movilizados a fin de obtener información de quienes ya habían atravesado esa experiencia en despliegues anteriores. Esta última información ha sido la que destacaron sobre todo quienes tuvieron autoridad en el batallón para prever la organización y las operaciones a desarrollar. Sin embargo, este tipo de comportamientos no debe tomarse como una constante en las operaciones de los sucesivos batallones,

sino fundamentalmente como contribuciones a la planificación realizada por cada jefe respecto a las operaciones y a la
búsqueda para introducir la propia impronta.[10]

Más específicamente, respecto de la evaluación realizada por los efectivos sobre las instrucciones, se registraron variaciones, algunas sujetas a la experiencia vivida y
otras, a la situación con la que el personal desplegado se
encontraba en Gonaïves. Por ejemplo, integrantes de los
últimos batallones dieron cuenta en sus evaluaciones de
la importancia que había cobrado la experiencia previa de
los integrantes del Regimiento que habían participado en
misiones de paz en Haití, aunque luego indicaron que las
condiciones que encontraron fueron muy diferentes de las
comentadas antes del viaje.

Así y todo, la experiencia acumulada por algunos militares no impidió la referencia a ciertos temas que, según
los entrevistados, deberían incluirse en el adiestramiento
previo. Sobre esto, algunos militares marcaron la necesidad de que el centro de entrenamiento le dedique mayor
importancia y atención a los contenidos referidos sobre la
situación sociocultural haitiana y, en especial, a la lengua
(al menos en sus cuestiones básicas). Reconocían a su vez,
la importancia de aprender el dialecto creole (que era el
utilizado por los sectores con los que más contactos tenían
los efectivos desplegados), para una mejor realización de
las tareas asignadas.

Por otro lado, algunos entrevistados señalaron como
un aspecto crítico vinculado al adiestramiento el hecho de
que parte del personal que constituyó el cuerpo de instructores en CAECOPAZ no estuvo desplegado en Haití.
El elemento experiencial fue valorado como un rasgo de
autoridad esencial que acompañó todo el proceso de instrucción. Al respecto, uno de los entrevistados mencionó

---

[10] Acerca de esta idea de imprimir una impronta propia es trabajada por
Mariano Melotto en este volumen en el nivel del desempeño argentino en su
conjunto.

que "no es lo mismo escuchar a una persona que estuvo en Haití que a una que no estuvo, y que habla sin conocimiento de causa".

Parte de los militares que participaron en la MINUSTAH indicaron que, durante sus diez años de desarrollo, hubo modificaciones en la instrucción, especialmente en relación con las precauciones en torno a los cuidados sanitarios y del cuerpo. De acuerdo con uno de ellos, este cambio se debió a la construcción de nuevos hospitales y a la presencia de un fuerte programa de vacunación entre los habitantes de Haití que logró disminuir la prevalencia de determinadas enfermedades.

Consideraciones finales

En este capítulo presentamos una descripción sobre la capacitación de las tropas argentinas que participan en misiones de paz, con especial énfasis en el caso de las que formaron parte de la MINUSTAH desde su inicio y hasta el repliegue en el año 2015. Mostramos como el CAECOPAZ fue creado a la luz de las demandas internacionales de un entrenamiento específico que combinara las aptitudes militares con contenidos especiales propios de las operaciones de paz. En este sentido, el texto analiza el particular lugar que ocupan en esta capacitación cuestiones como el uso racional y proporcional de la fuerza y las relaciones de género. Ambas temáticas fueron destacadas por instructores y miembros de las fuerzas armadas como novedosas en su formación, razones por las cuales recurren a instructores de otras fuerzas o a instructores propios formados en circuitos ajenos al puramente militar.

La descripción del curso predespliegue ofrecido por CAECOPAZ concentra el mayor desarrollo de este capítulo. Mostramos el modo en que los contenidos de ese curso responden tanto a los estándares definidos por Naciones

Unidas como a las evaluaciones locales entre las que se considera, por ejemplo, la preparación familiar un bloque de importancia en la puesta a punto de los contingentes. En esta misma descripción diferenciamos los temas y ejes orientados sólo a la formación de líderes del contingente de aquellos orientados a la totalidad de los desplegados.

Al considerar en detalle la preparación y el funcionamiento de cada una de las fuerzas militares (Armada, Ejército y Fuerza Aérea), notamos algunas distinciones entre las que se destaca el entrenamiento de la Infantería Marina en el COIE. La relevancia de este entrenamiento radica, al contrario de la formación específica para las misiones de paz, en la acentuación de una formación que compone el entrenamiento regular de los infantes militares. Ese entrenamiento también se considera necesario y adecuado para afrontar una operación de paz en un territorio que puede resultar, por diferentes razones, hostil. En términos tácticos y técnicos la preparación profesional militar fue considerada por la mayoría de los desplegados como suficiente para realizar exitosamente la misión de paz.

Finalmente relevamos las evaluaciones de soldados, de oficiales y de suboficiales acerca de la utilidad de la capacitación para concretar la misión de paz. El contenido experiencial de la capacitación fue resaltado por una buena parte de los militares a los que entrevistamos. El saber adicional que brindaban los instructores que estuvieron en Haití fue puesto de relieve como una fortaleza del CAECOPAZ. Por otra parte, también señalamos las críticas que encontramos al curso en función de su debilidad en temas culturales y sociales sobre Haití.

Mando, conducción y disciplina en una operación de paz

SABINA FREDERIC Y MARINA MARTÍNEZ ACOSTA

Introducción

A poco de indagar sobre la experiencia de los militares argentinos en Haití, los oficiales de mayor jerarquía que pasaron por allí referían la importancia de la MINUSTAH en el "ejercicio del mando" en una situación real crítica de riesgo y de incertidumbre. Muchos ubicaban esta operación como la única luego de la Guerra de Malvinas en la que pudo ser puesto realmente a prueba el aprendizaje del mando, la conducción y la disciplina en academias, escuelas y unidades militares, adquirido en contextos de simulación. Por consiguiente en este capítulo nos proponemos dar cuenta de cómo los militares de distinta jerarquía caracterizaron esa experiencia, qué condiciones particulares del "ambiente operacional" fueron particularmente señaladas por los desafíos implicados, cuáles de esas fueron superadas y cómo.

Dos grandes cuestiones subyacían a dicha caracterización. Por un lado, en qué medida una operación militar real sin ser una situación de guerra, tal como lo fue Malvinas, constituía un escenario donde poner a prueba las cualidades guerreras. Por el otro, de qué manera podía contribuir a su entrenamiento para operaciones militares en un sentido genérico. Como consecuencia de ello, muchos oficiales y suboficiales antiguos[1] prefirieron hablar de la operación de paz en Haití como un "gran laboratorio para el ejercicio del mando" que, sin ser la guerra por tratarse de un entorno complejo, se acercaba bastante a ella.

Tales cuestiones, subrayadas por los militares que participaron de la MINUSTAH, coloca el objeto de este capítulo en un debate analítico más amplio sobre las tensiones entre el *peacekeeper* y el guerrero. Se ha planteado en qué medida quienes han sido formados como guerreros pueden responder a demandas de intervención militar humanitaria (Miller y Moskos, 1995) o de orden diplomático (Hajjar, 2014), o de qué manera la intensidad de las operaciones de paz colocan a las fuerzas armadas involucradas en la dirección de prepararse específicamente para ellas (Nuciari, 2006). La literatura especializada también destacó cómo el escenario de los conflictos producidos por la Posguerra Fría marcó una tendencia a la flexibilidad de las Fuerzas Armadas en occidente, debido a un cambio de prioridades hacia misiones que contribuyen a la paz y la estabilidad, y no únicamente a la defensa de los intereses nacionales propios o de los aliados (Dandeker, 2006).

Como mostraremos, respecto al mando, la conducción y la disciplina, la perspectiva de los militares argentinos se condice parcialmente con esa idea de flexibilidad. Las Fuerzas Armadas tienen una función prioritaria que es prepararse para la guerra; esa capacidad fue aplicada a misiones de paz, mostrando su flexibilidad como capacidad de adaptación. Sin embargo, ésta parece sobre todo concebida como una puesta a prueba de la preparación como guerreros. Es decir que desde un punto de vista institucional y organizativo, son los guerreros los que se han desempeñado como *peacekeepers*, especialmente en el contexto del batallón en Gonaïves. Por ello, muchos de los que han sido parte

---

[1]   Antiguo y moderno son las categorías usadas por los militares para ubicarse en la jerarquía castrense de modo genérico. Cuanto mayor es la antigüedad mayor es el número de efectivos a cargo.

de estas misiones han ocupado en los últimos años puestos en el Estado Mayor Conjunto de las Fuerzas Armadas, reivindicando esa experiencia[2] y con la concepción de que las operaciones de paz abrevaban en la clase de operaciones militares donde intervienen elementos de las tres fuerzas.[3]

Tomaremos en este capítulo únicamente la experiencia de los militares en el BCA Gonaïves, región de Artibonite. Como ya mencionamos en la presentación de esta segunda parte del libro, se trató de la unidad operativa de mayor envergadura, encargada de sostener un ambiente seguro en esa jurisdicción territorial.

El ascendiente de los jefes en Gonaïves

En la vida del cuartel, cuando la base de la rutina es el adiestramiento en la unidad o en el terreno y el sostenimiento de los elementos materiales, el ascendiente del jefe no sólo depende de sus cualidades y de sus capacidades adquiridas, también de una base de apoyo construida por otros oficiales y suboficiales con mando. De manera que está indefectiblemente asociado a cómo lidiar con el conjunto de los problemas derivados de la infraestructura y el equipamiento limitado y antiguo, el "mantenimiento de la moral" y la "motivación" de personas que deben prepararse para la eventualidad de una operación real. El mantenimiento de la moral y la motivación son aspectos entrelazados y factores

---

[2] De las lecciones aprendidas en la Guerra de Malvinas la ausencia de articulación y de coordinación entre las tres fuerzas hizo de la conjuntes uno de los pilares de la renovación institucional y operacional de los últimos 10 años, con alcances dispares según la evaluación de los propios militares.

[3] Aunque no será tratado aquí existen otros aprendizajes que colocaron a muchos militares en la línea de una especialidad construida en el entorno de las regulaciones de Naciones Unidas y las relaciones diplomáticas, sin que ésta tenga un reconocimiento institucionalizado. Este grupo estaba conformado por quienes fueron parte del *staff* de la MINUSTAH con asiento en Puerto Príncipe y reiteraron su participación.

que permiten sostener la disciplina. En términos individuales la moral alta es sinónimo de interés en la actividad
cotidiana, disposición de trabajo, voluntad de colaboración,
tolerancia, solidaridad, camaradería. Así la factibilidad de
que haya pocos problemas disciplinarios está unida a la
rápida detección de quienes están "bajoneados" o desmo-
ralizados. Estos objetivos son también los de su segundo
jefe y del suboficial encargado de la unidad, del que depen-
den inmediatamente los suboficiales y soldados. Si bien la
tendencia es a subrayar la investidura del jefe, el peso que
adquiere la acción coordinada de otros agentes en el logro
de tales objetivos surge rápidamente en cualquier estudio
etnográfico sobre la vida militar.

De manera que ese ascendiente, como disposición a ser
obedecido, subraya una relación de autoridad que confie-
re el grado militar jerárquico de oficiales y suboficiales, o
mando, junto a una serie de otras cualidades propias y de
otras personas, que consiguen la obediencia y la disciplina entre los subordinados. Esta serie de rasgos percibidos
como atributos de la persona suelen denominarse como
capacidad de liderazgo. Sólo los oficiales están en condiciones de liderar o conducir una fracción de combate.

Ahora para diferenciar al conjunto de los militares que
tienen mando de aquellos que son investidos como jefes de
una unidad de combate, sea un regimiento, un buque o una
unidad área, el término usado es "comando". La demostración de esa capacidad se realiza en un proceso que incluye
el tramo de la Escuela Superior de Guerra y que finalmente,
de ser exitoso, se materializa en la asignación de la jefatura
de una unidad. A esta altura de la carrera, un oficial puede ejercer toda su capacidad para conducir, comandando
una unidad de combate. Del éxito en esta tarea depende su
ascenso como oficial superior (Coronel, Capitán de Navío o
Comodoro) que ronda los dos tercios de la promoción.

Dicho concepto es el que primó en la conformación
del batallón en Gonaïves. Respetando las unidades militares
definidas por Naciones Unidas, la Argentina ubicó al jefe

de un regimiento y a la mayoría de sus efectivos para conformar el BCA.[4] Con excepción del primer y segundo BCA cuyos jefes no eran comandantes de una unidad militar, la norma a partir del BCA 3 fue trasladar buena parte de la estructura de la unidad núcleo incluyendo a su teniente coronel a cargo y al suboficial mayor encargado de regimiento. También se buscó, en la medida de que fuera pertinente, respetar en Gonaïves el "rol de combate" que tenían en Argentina. Por esto se entiende la función específica asociada al puesto, por ejemplo, jefe de sección, oficial de operaciones o apuntador. De este modo, el conocimiento y la organización del personal permitiría una mayor cohesión y disposición.

Ahora bien, al tratarse de una unidad conjunta, con entre un 30% y un 40% del total de los efectivos de la Armada, principalmente, y de la Fuerza Aérea, el ejercicio del mando y el comando implicó también lograr ascendiente entre quienes no eran de la propia fuerza. En la plana mayor del BCA hubo personal de la Armada, como el segundo jefe;[5] además una de las dos compañías de infantería estaba íntegramente compuesta por personal de la Marina.

---

[4] En términos generales el Ejército argentino se organiza a partir de su despliegue en el territorio nacional argentino, yendo de mayor a menor tamaño, en Divisiones, Cuerpos y Brigadas. Estas últimas son grandes unidades de combate a cargo de Generales de Brigada, que se definen por la geografía y por el arma principal, infantería o caballería. Comprenden esa gran unidad de combate distintos elementos, de mayor a menor tamaño: regimientos, bases de apoyo logístico y grupos. Los regimientos están a cargo de un teniente coronel y se componen de una plana mayor de oficiales y compañías, normalmente, a cargo de un capitán. Éstas son integradas por secciones a cargo de un oficial e integradas por suboficiales y soldados.

[5] El segundo jefe del regimiento que operó como unidad núcleo se quedaría esos seis meses como jefe en Argentina.

Autonomía, mando artesanal y situaciones críticas

El escenario en el cual se desarrolló este "laboratorio para el ejercicio del mando" fue uno donde la máxima autoridad no recayó en un militar argentino. Es muy importante para comprender el contexto, tal como el relato de los militares lo expresa, que el comando de la operación de paz estuvo siempre a cargo de un general del Ejército de Brasil con asiento en Puerto Príncipe. Con pocas excepciones es fundamentalmente la omisión del *Force Commander* lo que llama la atención. Esta ausencia de referencia a las órdenes del comandante brasilero era consistente con la valoración y la satisfacción encontrada en la autonomía y la libertad de acción. Uno de los últimos jefes del BCA nos decía que la situación era muy distinta a la que se vivía como jefe de regimiento en Argentina, donde la proximidad burocrática es altísima y se encuentran bajo el control permanente de las autoridades de la brigada a la que pertenecían.

Al respecto nos decía un ex jefe de BCA:

> En Haití tenía autonomía total… el mandato era la estabilización y dar seguridad en la zona de responsabilidad, cómo se hacía eso no importaba, si se cumplía con las reglas de empeñamiento. Luego sí informaba de la decisión que tomaba o la organización de las tres secciones de cada compañía (75 efectivos en total). Una vez frente a una situación de corte de ruta quise llamar al *Force Commander*, la comunicación falló y terminé avisando por teléfono celular al segundo comandante 'voy a hacer esto' y el general me dio el ok.

Entonces dicha omisión en la referencia al *Force Commander* no debe ser considerada como un desvío sino como el modo en que se dirimieron aspectos tales como la distancia y la dificultad de acceso entre Gonaïves y Puerto Príncipe, las dificultades de los primeros BCA en la comunicaciones; la existencia de normas de acción de Naciones Unidas claras y precisas, y reportes de lo acontecido; y una confianza progresiva entre las autoridades de Brasil y Argentina. Finalmente, como cada país era plenamente responsable por lo acontecido en su jurisdicción, poseía una "libertad de acción" cuyo control estaba autoimpuesto.

En rigor, esa confianza entre las Fuerzas Armadas de ambos países fue potenciada durante la misión y reforzada por la serie de ejercicios combinados realizados entre los ejércitos, sobre todo en los últimos quince años. Así por ejemplo, con Brasil la Argentina viene realizando tres ejercicios en forma continuada entre ambos ejércitos: el Saci, el Duende y el Guaraní. El primero se realizó de 2000 a 2007 con excepción del año 2002 y se retomó en 2013. El segundo se realizó en 2000, en 2001, del 2003 al 2007 y en 2013. El Guaraní se inició en 2007 y se realizó en 2008, en 2009 y en 2011, y luego se reinició en 2014. Los objetivos estratégicos del Saci son "Estrechar lazos de unión, cooperación y confianza entre ambos ejércitos y contribuir a la integración regional entre ambas naciones" y el "adiestramiento combinado... en el marco del concepto de fuerzas armadas interoperativas".[6] Es interesante observar que se trata de un ejercicio de fuerzas aerotransportadas y que, en el caso de la Argentina, involucraba a la IV Brigada Aerotransportada, cuyos miembros en gran parte integraron el primer batallón de la MINUSTAH. Es decir que, para la tropa argentina desplegada en Haití, las tropas brasileras resultaban operacionalmente conocidas. Sin embargo la situación hipotética planteada en el ejercicio es la de un escenario bélico donde se habla de territorio hostil controlado por el enemigo. El Duende es un ejercicio complementario del Saci (nombre de un duende brasilero), ya que mientras en el primero las tropas argentinas se desplazan de Córdoba a Río de Janeiro, en éste son las tropas brasileras las que lo hacen de Río de Janeiro a Córdoba. En ambos casos la movilización es de aproximadamente cincuenta efectivos. En cuanto al

---

6   Las leyes aprobadas por el Congreso de la Nación de acuerdo con los proyectos enviados por el poder ejecutivo nacional que autorizan la salida de tropas establecen el conjunto de características de los ejercicios a realizar.

Guaraní, el más moderno de los tres, cuenta con los mismos objetivos estratégicos de los anteriores, moviliza un número mayor de personal de hasta 365, un estado mayor y una fuerza de tareas, y requiere del desplazamiento terrestre hasta el Estado de Rio Grande do Sul. La situación planteada requiere, según el texto de la ley que aprueba la salida de tropas, una "operación de desgaste" ejecutada por una fuerza combinada de estados mayores y fuerzas de tareas de ambos ejércitos.

Aún así, la Argentina, a diferencia de los demás países, incluyó la figura del Jefe de Contingente que para todos los demás coincidía con el jefe de batallón. El jefe de contingente estaba destinado en Puerto Príncipe y siempre fue asignado a un marino. Si bien inicialmente generó conflicto por tratarse de un puesto ajeno a la estructura de Naciones Unidas, que podía interferir en la cadena de mando entre el *Force Commander* y el jefe del BCA, con el tiempo y por la evaluación realizada por los primeros jefes de BCA, las cosas cambiaron. Concretamente fue funcionalmente eliminado de la cadena de mando para ocuparse de tareas relativas al personal militar y la logística de las tres unidades (unidad área, hospital reubicable y BCA).

Sólo en tres ocasiones hubo un general argentino como segundo comandante de la MINUSTAH. Cuando esto ocurrió el vínculo fue directo con el jefe del BCA. Pero aún así la forma en que se ejerció el comando del BCA fue de gran "autonomía" y "libertad de acción". Este criterio se transmitió a los jefes de compañía y éstos lo transmitieron a los jefes de sección y patrulla, tanto que era un parámetro de éxito en el ejercicio del mando por parte de los subalternos. Así por ejemplo, en reiteradas oportunidades los jefes de BCA o de alguna de las tres compañías que lo integraban, nos decían lo importante que había sido ver cómo en apenas un mes los jefes de patrulla que de él dependían habían ganado confianza y seguridad en sí mismos, pudiendo así tomar decisiones y actuar sin necesidad de llamarlo previamente como ocurría al comienzo de la misión. Uno de los ex jefes de los primeros BCA destacó la "madurez de los jefes de sección":

> Al comienzo cuando los mandaba por una semana a patrullar las ciudades de Grosmorni y Emmery que estaban a 6 horas de Gonaïves, me llamaban a cada rato para hacerme preguntas. Luego ya tomaban decisiones solos, establecieron una muy buena relación con la población y eso era muy bueno.

Este mismo concepto es expresado en el documento denominado "lecciones aprendidas" al cabo de cuatro años de misión el jefe del BCA señala:

> Las diversas actividades que tuvo que afrontar el personal del Batallón, tanto en tareas de mantenimiento dentro de la base como en procedimientos de patrullas y escoltas, en horarios diurnos como nocturnos, generaron una necesidad de contar con gran flexibilidad en la organización para poder satisfacer las misiones impuestas. Para el desarrollo de las tareas operativas, se organizó para el combate con fracciones de magnitud patrullas (veinte hombres aproximadamente), lo cual permitió en los mandos de nivel subunidad una descentralización del control, que recayó en la figura del jefe de patrulla y el encargado de patrulla (subteniente o teniente y suboficial superior respectivamente), lo cual a su vez incentivó al personal subalterno en la toma de decisiones y en la impartición de órdenes, lo que permitió desarrollar con total plenitud el desarrollo del mando.

Sin embargo, no siempre la libertad de acción en la conducción resultó factible, aun cuando parece haber sido la tendencia recomendada. Así en el documento sobre lecciones aprendidas producido por un BCA al segundo año de la MINUSTAH se señala:

> Libertad de acción: es un aspecto que se menciona y recomienda, pero no siempre se concreta. La simultaneidad y la variedad en misiones, tareas y actividades que realiza un batallón a lo largo de los seis meses hacen que el mando

absorbente complique tanto a la conducción como la ejecución del nivel que corresponda. Cada JC (jefe de compañía) debe saber que tendrá una enorme responsabilidad y que si recibe la mencionada libertad de acción de su JB (jefe de batallón), deberá responder con resultados, traducidos en órdenes precisas, atadas a la finalidad de la misión y a la prudencia.

Dicha modalidad de mando responde en parte a la transformación encontrada por Morriz Janowitz (1990) en su estudio sobre las Fuerzas Armadas Norteamericanas y que caracterizó como un aspecto medular de la profesionalización en los ámbitos castrenses. Según señala luego de la Guerra de Vietnam, el mando dejó de ser autoritario para transformarse en uno donde primaba la persuasión y se apoyaba en la iniciativa individual y en la coordinación horizontal. Esto implicó un militar más especializado con grandes motivaciones que no dependían del control pero sí del conocimiento y de la comunicación personal entre superiores y subalternos.

En tal sentido, un oficial superior recuperaba de su experiencia en la MINUSTAH cómo en situaciones reales y de incertidumbre era muy importante sostener una comunicación apropiada con el personal a cargo. Y explicaba que el tipo de mando a ejercer debía ser "artesanal". Éste es descrito como un mando que sea "atendido por sus dueños" al referir a los cuidados y las características de los sujetos dirigidos, que debe contemplarse en el ejercicio de la función. Eso significa que el líder tiene que buscar modos de mando a partir del conocimiento del subalterno, un modo más personalizado. Al respecto decía:

> El tipo de mando que se debe ejercer es artesanal, es un mando atendido por sus dueños… Cambió para bien, como otras cosas, como quirúrgico, y no es como hace 30 años, no se manda a todos de la misma manera, depende de las persona, es detallado, particularizado porque las personas no perciben el mundo de la misma manera.

Uno de los militares que comandó el BCA también señalaba la importancia del "equilibrio" en el ejercicio del mando y comando:

> Mando y comando es el gran tema en Haití. El que mejor conoce a la gente es el superior inmediato. Son las figuras claves, la relevancia de los líderes al más bajo nivel que es el que los ve todos los días y todo el tiempo. Y es importante para el comandante o segundo comandante estar comunicados constantemente con ellos. [...] la tarea de mando como la de alcanzar un equilibrio difícil, como sostener un pájaro al que si lo apretás mucho lo matás y si le abrís la mano se te escapa.

Otro oficial desplegado en Haití reflexionaba sobre esa manera de concebir la capacidad de incidir persuasivamente en la voluntad del otro:

> El mando no implica que el subalterno obedezca para evitar la sanción sino que lo haga voluntariamente, porque quiere obedecer al superior, lo que se consigue con espíritu de cuerpo, valor que ya es parte de una unidad orgánica previamente existente. [...] así que para que exista el mando es necesaria una relación previa, en caso contrario no se manda, se ordena.

Por la relevancia que para la perspectiva de los militares adquirió el conocimiento entre subalternos y superiores para el mando y la conducción, muchos destacaron la importancia de desplegar los contingentes sobre una unidad orgánica, una unidad ya constituida y no sólo para los fines de la misión. Al respecto nos decía uno de los oficiales:

> Y además de todo lo anterior es importante sobre todo una buena preparación previa y el compromiso del personal con el batallón. Y aquí resultó de gran importancia que aquél se formara sobre una unidad orgánica previamente existente, ya que además de conocerse, cuando replieguen y vuelvan a sus destinos originales, el jefe va a seguir siendo el mismo, esto implica un factor importante como regulador de la conducta.

Al respecto nos dijo un militar, que los batallones formados a partir de unidades orgánicas previas favorecían un mayor compromiso individual porque también representaban al propio regimiento y eso a su vez facilitaba el mando. Como señalamos fue partir del BCA 3 que se utilizó este criterio, de conformar los BCA a partir de unidades orgánicas ya conformadas del Ejército, más un número menor de otras unidades, además de la infantería de Marina.

Frente a situaciones críticas, la evaluación sobre el mando sigue siendo la misma. Así para el jefe del BCA desplegado en Gonaïves al momento del terremoto ocurrido en enero de 2010 la situación puso a prueba también las tareas relacionadas con el ejercicio del mando y la autoridad, ya que cada jefe se encontró en la circunstancia de avisar a sus subalternos que el retorno a Argentina se retrasaría por al menos dos meses. Faltando pocos días para el regreso la noticia sería muy difícil de sobrellevar para el personal.

El comandante del BCA supuso casi inmediatamente que no llegaría el contingente de reemplazo. Primero porque el aeropuerto estaba semiclausurado (las autoridades estadounidenses lo pusieron en funcionamiento y sólo para vuelos militares que llevaban ayuda humanitaria) y además porque no podía ambientarse un contingente nuevo en medio de tal caos. La autoridad podría ser puesta a prueba por la indisciplina considerando que estaban preparados para retornar en pocos días al país. El comandante del BCA describió la situación de este modo:

Empezaron a desfilar oficiales y suboficiales por la oficina pidiendo el regreso por cientos de razones. Les tuve que decir "no" a todos. Yo sabía que ya estaban cansados y llegaban a los seis meses con dengue, con malaria, extrañando, por supuesto que ya se querían volver; pero si le decía que sí a uno, se iban a querer volver todos.

Otra situación crítica fue la vivida por el BCA 1. Sin embargo, el no haber estado conformado por una unidad orgánica no fue un impedimento para lidiar con las

contingencias en un ambiente hostil. Como ya mencionamos éste debió tanto asumir el despliegue sin equipamiento,
el que llegó un mes después del inicio de la misión, como la
inundación que a los dos meses de estadía azotó la ciudad
de Gonaïves y la propia Base militar, dejando un panorama
devastador con miles de haitianos muertos, destrucción de
las vía de comunicación más la perdida de las pertenencias
personales de los efectivos. De acuerdo con los relatos de
sus integrantes, incluso de aquellos que repitieron la experiencia en Haití, el liderazgo del jefe del BCA consiguió
llevar adelante la misión. Desde el punto de vista de su
jefe la decisión que primó en el momento de la inundación
fue estar en plena actividad para no dejarse llevar por la
desazón. La organización del tiempo en múltiples tareas de
ayuda humanitaria (distribución de alimentos, agua potable,
disposición de cadáveres, reparación de viviendas, atención
sanitaria) sostuvo "la moral en alto" de los integrantes del
batallón. Aun así todos ellos mencionaron los malestares
físicos (descomposturas intestinales prolongadas) producidos por el estrés, pese a lo cual la actividad nunca decayó.

Espíritu de cuerpo, mantenimiento de la moral y disciplina

De acuerdo con los relatos de quienes atravesaron la experiencia de la MINUSTAH, en una operación militar real la
capacidad del conductor de conseguir ascendiente entre sus
oficiales y suboficiales –quienes ejercían el mando en los
niveles inferiores del batallón– parecía apoyarse en factores
sociales. Todos ellos daban cuenta del ambiente humano
de la base y fueron mencionados en reiteradas ocasiones
como "espíritu de cuerpo" y "camaradería". Sentirse parte
de una totalidad, ser tolerantes y solidarios entre sí, eran
todos indicadores del "mantenimiento de la moral", como

esa capacidad colectiva producida por individuos "motiva-
dos" en condiciones adversas y de riesgo. Sin estos aspectos
la disciplina no es posible de sostenerse.

Al respecto, un oficial de la Armada nos mencionaba
lo importante que es generar el "espíritu de cuerpo" para
lograr la disciplina. Según este oficial, la disciplina se obtie-
ne generando lazos de lealtad, de compromiso con el que
se tiene al lado, generando "espíritu de equipo": "Tu lealtad
siempre es para con el equipo… Entonces donde vos lográs
cohesión entonces yo no fallo porque le estoy fallando al
equipo. Y cuando más intenso, más funciona el espíritu de
cuerpo; cuando más intensa la misión, más funciona".

En los documentos sobre "lecciones aprendidas", sus-
criptos por los jefes de cada BCA, el "espíritu de cuerpo en el
batallón" era siempre un punto a considerar en el momento
de las sugerencias a los próximos contingentes. En uno de
estos informes, correspondiente al octavo año de misión, se
lee cómo este concepto contrarresta el individualismo de
las personas desplegadas:

> desde el primer momento, convencer a cada integrante de
> que primero era el espíritu de cuerpo del batallón y de que si
> nos integrábamos completamente, superaríamos las distintas
> situaciones que se presentan cuando, luego de las primeras
> semanas, comienzan a aflorar las particularidades de cada ser
> humano. Se hizo mucha hincapié en que, si se lograba cum-
> plir esta intención, es decir conformar un "grupo humano
> sólido", no habría circunstancias ni operacionales, ni logística
> ni de convivencia que pudieran romper la armonía dentro de
> la base y la eficiencia profesional fuera de ella.

Asimismo, las recomendaciones sobre cómo mantener
la disciplina muestran que el temor a la sanción no debe ser
tomado como principio rector. En el relato de uno de los ex
jefes de BCA vemos el siguiente argumento:

La mejor disciplina que mostraron los batallones formados a partir de unidades orgánicas previas, no sólo tiene que ver con este aspecto de un mayor control o temor a una mala calificación, sino también con el mayor compromiso individual que implica representar al propio regimiento (aspecto positivo) lo que a su vez facilitaba el mando.

No obstante, el mantenimiento de la moral también requería de otros factores, como el cuidado personal y el cuidado de las instalaciones. Es así que en casi todos los documentos conteniendo los informes sobre "lecciones aprendidas" se menciona la incidencia que sobre el "mantenimiento de la moral" tiene desde el "uso de las licencias durante la misión de paz" hasta mantener los espacios cuidados, las condiciones de alojamientos, el adiestramiento físico y prácticas de actividades operacionales, ya que todas estas cuestiones juntas, según sus percepciones, mantienen la disciplina. Extraído de un fragmento de las "lecciones aprendidas" vemos recomendaciones referidas al "Mantenimiento de la moral":

a. Alojamiento: La condiciones de alojamiento, baño, equipo y disponibilidad de recursos de sanidad deben llevar tranquilidad al hombre [...].
b. Uso de licencias durante una misión de paz: [...] se debe buscar que la totalidad del personal tome su licencia correspondiente, más allá de los objetivos económicos de cada uno. [...]

El listado de recomendaciones puede ser más largo o más corto según considere cada comandante de la BCA, pero todas coinciden en la importancia de respetar las licencias "obligatorias"; algunos listados lo complementan acentuando los servicios (Internet, juegos de mesa, alojamiento, entre otros) y otros hacen hincapié en las cuestiones operativas, como fomentar el adiestramiento individual y colectivo.

En el mismo sentido, la preocupación por el mantenimiento de la moral del batallón era un objetivo en la comunicación y en el conocimiento del subalterno. Era fomentado por los oficiales superiores, no sólo para conocerlos sino también para orientarlos y aconsejarlos en sus necesidades. Como ya lo hemos señalado, ésta es una práctica fomentada desde la formación básica de oficiales y de suboficiales (Frederic 2013) que durante una operación real fue reforzada en direcciones específicas.

Al respecto un oficial superior perteneciente a la Armada, se refería a la importancia de conocer y de aconsejar al subalterno. Nos manifestaba que buscaba tener conversaciones con ellos en momentos en que los veía desanimados o con caras de preocupación. No sólo lo hacía él, sino también solicitaba a los jefes de jerarquías inferiores que hicieran lo mismo. Unos de los temas que más les preocupaba era el de convencer a los subalternos de que se tomaran las vacaciones correspondientes para que no extrañaran a sus familias. Según él, eso era importante porque el estado anímico de los militares repercutía en lo cotidiano de sus funciones. En otras palabras, cuando los integrantes del batallón se sentían bien, mejoraba el servicio y por ende se mantenía la disciplina. Así, el oficial al mando "recomendaba enfáticamente que volvieran, que se gastaran un peso más pero que se tomaran la licencia", es decir, que pudieran aprovechar sus vacaciones y que viajaran a la Argentina o trasladaran a sus familias en algún país cercano para que pudieran vacacionar, aprovechando los 21 días que corresponden a cada uno de los integrantes por los seis meses que se despliegan en estas misiones. Para el oficial, esto era un beneficio doble porque generaba un buen clima del batallón y a la vez la familia del subalterno podía conocer algún lugar turístico por más que gaste un poco de dinero. De esa manera el "componente volvía más descansado y renovado".

De todos modos, estas recomendaciones y argumentaciones positivas sobre cómo sostener la disciplina también reflejan la existencia de problemas, los que de hecho fueron manejados haciendo uso de las herramientas antes mencionadas. Sin embargo, los problemas de disciplina no fueron regularmente mencionados. En términos generales fueron relatados como casos aislados. Por ejemplo, en uno de los primeros BCA hubo un oficial que, faltando pocas semanas para regresar, se enteró de que su esposa lo había dejado. Esta noticia desencadenó en él un comportamiento violento. En esa oportunidad el jefe consideró, tanto por su protección como la del resto de los efectivos, que la solución era anticipar el regreso de esa persona.

En algunos de los documentos con las "lecciones aprendidas" en el apartado donde refieren al tema "disciplina" se sugiere a los próximos contingentes llevar las planillas de calificaciones DACA[7] (Documento de Antecedentes y Calificación Anual) para que puedan evaluar sus comportamientos disciplinarios en la misión. Esto parece dar cuenta de problemas disciplinarios menos aislados, posiblemente de escasa gravedad.

Ahora problemas producidos por la pérdida generalizada de la moral sólo se mencionaron muy discretamente respecto de un batallón que vio demorado más de dos meses su regreso por causas administrativas,[8] injustificadas en términos operativos al contrario de lo ocurrido en ocasión del terremoto de 2010. El estado del personal desplegado fue evaluado tanto por el equipo de salud mental del Hospital Militar de Campo de Mayo encargado del diagnóstico al momento del repliegue, como por los integrantes

---

[7] Para el Ejercito la foja de calificación se la denomina DACA pero para Fuerza Aérea es "Informe de calificación para Oficial Subalterno o Jefe o Superior", dependiendo la jerarquía.

[8] Los motivos exactos de esta demora no pudimos relevarlos. Si bien preguntamos a distintas personas con diferentes niveles de responsabilidad sólo podemos decir que hubo una dilación en la firma de la autorización del nuevo contingente. Sin embargo, no alcanzamos a tener conocimiento de por qué se produjo, si fue por razones presupuestarias, políticas o por otra causa.

del BCA siguiente que tomó posesión de la base y registró tanto el estado de abandono del personal como de la infraestructura.

Entre las tareas para sostener la moral y ejercer el mando estaba la actividad programada de adiestramiento de los efectivos. Jefes preocupados por el bienestar de sus subalternos utilizaron mecanismos, tales como prácticas de adiestramiento para fomentar un mejor clima y mantener la moral y la autoestima alta. Uno de estos oficiales señala:

> En el caso de nuestro Batallón, se ordenó ejecutar esta actividad (adiestramiento) de manera diaria, fue una excusa para realizar actividades relacionadas al mantenimiento de la moral [...] Permitió emplear el tiempo durante el final de la tarde, incentivando al personal a ponerse objetivos relacionados: bajar de peso, mejorar la forma física, etc.

Dominaba la idea de que para lograr que los subalternos no decaigan emocionalmente, uno de los mecanismos eficientes fue "mantenerlos ocupados, realizando alguna actividad", es decir, "tener ocupado la mente en tareas, les deja menos tiempo para extrañar y angustiarse". En el mismo sentido, un fragmento de las "lecciones aprendidas" de unos de los BCA señala:

> Es la idea de que el personal "bien ocupado" es personal motivado. Esta misión permite al hombre desarrollarse profesionalmente pero también adiestrase a un ritmo e intensidad a veces mayor que en el país. [...] permiten programar un intenso adiestramiento, que redundara en un hombre altamente motivado y alejado del aburrimiento y la rutina.

De acuerdo con lo señalado, quienes comandaron los batallones como otros militares desplegados en Haití enfatizan el aprendizaje dejado por sus experiencias profesionales y la capacidad de esta misión para propiciar liderazgos. Queda sin duda por explorar en qué medida estas percepciones que oficiales y suboficiales manifiestan como un valor agregado para adquirir competencias profesionales han sido suficientemente capitalizadas a través de un reconocimiento institucional que proyecte carreras o abra especialidades.

Consideraciones finales

La narrativa de los militares sobre su experiencia en Haití tiene uno de sus puntos de máximo anclaje en el ejercicio del mando. Esto se debe tanto a las características de la operación militar como al peso que en la organización y en las personas tiene lograr movilizar a sus subalternos en situaciones de riesgo y de incertidumbre real. Si bien encontramos diferencias en cuanto al valor que le dan los suboficiales y los oficiales a este aspecto del ejercicio profesional, en cualquier caso la experiencia se organiza en pos del carácter guerrero del universo militar.

La operación de paz, paradójicamente, es retomada como aquel ámbito espacio temporal que ofrece un patrón de medida sobre el estado de entrenamiento para el combate. Aunque bajo ninguna circunstancia éste pueda ponerse en juego por el carácter de la operación, la referencia claramente es la guerra. La situación los acercaba en su imaginación a este escenario en la medida que ponía a prueba un prolongado período de formación, de capacitación y de adiestramiento donde la conducción, el mando y la disciplina son inseparables de la moral.

Debido al énfasis dado a la autonomía y a la libertad de acción es claro que en las tropas argentinas dominó en su narrativa la valoración de este tipo de mando propio de la posmodernidad destacado por Janowitz (1990) donde no hay una aceptación acrítica de la orden del superior, ni una forma única de conducir. Pero a la vez, la valoración del mando "artesanal" muestra el papel de la creatividad del superior en la definición específica de cómo debe contemplar al ordenar a sus subalternos las particularidades del grupo y del ambiente en el que se está operando. En cualquier caso, la MINUSTAH ha sido un gran laboratorio para el potencial ejercicio del mando del guerrero frente a un eventual conflicto bélico.

La autocomprensión de militares argentinos y su desempeño durante la MINUSTAH

Introducción

En el presente capítulo nos proponemos indagar un conjunto de representaciones que los integrantes de las Fuerzas Armadas Argentinas (FFAA) reproducen acerca de su desempeño durante la MINUSTAH. Nos interesa mostrar que las descripciones nativas sobre el propio desempeño ponen de manifiesto una serie de atributos a partir de los cuales los militares argentinos construyen el sentido sobre quiénes son y sobre qué los distingue de otras milicias extranjeras. Al mismo tiempo, entendemos que dichas elaboraciones de sentido son altamente compartidas por los sujetos institucionales ya que permitirían, por una parte, trazar pautas de acción allí donde las vicisitudes del devenir cotidiano no son alcanzadas por los protocolos, mientras que por otra parte lograrían resignificar favorablemente los inconvenientes y las debilidades propias de las FFAA, como por ejemplo la precariedad de medios.

¿Cuáles son esos atributos a partir de los cuales los militares argentinos nos dicen quiénes son? A continuación reproducimos un fragmento de una entrevista que hicimos con Ignacio, un teniente coronel que participó en MINUSTAH como jefe de compañía durante los primeros despliegues argentinos en Gonaïves (Haití):

> —Contame cuál era la virtud del batallón argentino comparado con otros batallones que vos viste.

—El gran sentido de… la predisposición para ayudar. Está dispuesto para ayudar al soldado, la capacidad de adaptación que tiene ante circunstancias críticas. Uno por ahí ve los ejércitos, sobre todo los más… o los elementos que son los anglosajones… ¿qué tiene el latino? Es más, este… va, se mete, ve y hace. Prueba error, prueba error, y hace. Los otros, en cambio, es: "a mí me toca hacer esto y no me salgo de ahí". Entonces eso, en un momento lo veían muy bien todos. Uno hacía, en el afán de cumplir la misión más allá de lo que le estaban pidiendo.

—¿Te acordás algún ejemplo?

—Lo que pasa que era algo normal… Una vez me acuerdo de que estábamos en una patrulla de larga distancia, habíamos ido a reconocer un lugar. Y un subteniente que se había ido en un vehículo, y el subteniente por radio dice: "¡Hay una chica que está teniendo familia!". Y justo el de la ambulancia lo escuchó, una ambulancia nuestra que estaba yendo a otro lado y "¡Voy, voy!", salió la ambulancia. Y nosotros llegamos y era… ¡¿qué te puedo decir cómo era?! Las villas de acá son París. Era un camino de tierra y estaba yendo al hospital la chica, así era una pendiente importante […].

—¿Y ahí se bajaron ustedes?

—No, no. Yo estaba en un auto y me fui para ahí. Y cuando llego: "Preguntale si quieren que los ayudemos, decile que tenemos médico", porque yo veía que estaban todos a los gritos, todos le hablaban… Y estaba la chica en cuclillas, sentada con el bebé en las manos, todavía no había salido la placenta, tenía el cordón, el cordón metido adentro. El marido, supongo yo porque era un chico de dieciséis o diecisiete años, con una tela cubriéndola para que nadie la vea. Y alrededor gente que hablaba y gritaba en el medio de la calle. Y: "¿Querés que te ayudemos?". Nos responde que sí. Entonces llega el médico y dice: "No, acá no le puedo cortar el cordón ni a palos, llego a cortar el cordón acá y se muere". Así que la subimos a la ambulancia y la llevamos al hospital.

—¿Y eso no estaba previsto?

—Y, no, porque en realidad el médico es para apoyar al militar, ¿entendés? Salvo que se hicieran campañas sanitarias que se hacían, se hacían campañas.

La cita resulta pertinente ya que sintetiza varios de los puntos que nos proponemos trabajar en las páginas siguientes. La solidaridad y la buena predisposición para resolver dificultades más allá de sus responsabilidades inmediatas aparecen en el relato nativo como aspectos que diferenciarían a los militares argentinos, y más en general a los latinos, de los ejércitos de otras regiones del mundo. Estos rasgos, muchas veces condensados bajo el concepto nativo de "idiosincrasia", van delineando el sentido que tienen los sujetos sobre quiénes son y, a partir de eso, sobre cómo deberían actuar. Brubaker y Cooper (2001) desarrollan el concepto de autocomprensión para referirse a la idea de que los actores sociales tienen sobre quiénes son, sobre los grupos a los que pertenecen y sobre cómo, a partir de eso, se sienten obligados a actuar. La idea central que defendemos en este capítulo afirma que el propio sentido que los militares argentinos tienen sobre cómo son es una de las variables que configura la forma en que realizan sus tareas.

Antes de continuar aclaremos que lo dicho por los militares argentinos durante las distintas entrevistas forma parte de un discurso social. Tomaremos aquí la definición de discurso social presentada por Marc Angenot, quien lo define como "todo lo que se dice, todo lo que se escribe en un estado de sociedad dado. Todo aquello que se imprime, todo lo que se habla y se representa en los medios. Todo lo que se narra y argumenta si entendemos que narrar y argumentar son los grandes modos de la puesta en discurso (Angenot, 1998: 17-18). Asimismo, seguimos una concepción foucaultiana sobre el discurso ya que lo consideramos una práctica discursiva que constituye ejercicios de saber-poder que construyen subjetividades. De aquí que no pretendemos descubrir la verdad o la falsedad de lo dicho durante las entrevistas sino que lo consideramos como un ejercicio de poder-saber mediante el cual se construye significación. No suponemos de antemano la verdad de los enunciados sino que nos interesa dar cuenta de cómo se construyen los significados a partir de lo que puede ser

174 • La presencia de Argentina en Haití

expresado, por ejemplo, en una determinada situación de
entrevista. Tomando como punto de partida aquello que
podía ser dicho por los diferentes sujetos sociales entrevistados, nos disponemos entonces a dar comienzo al desarrollo del capítulo.

Tareas y protocolos

Al inicio de este libro, hemos enumerado las diferentes
tareas desarrolladas por los sucesivos batallones argentinos desplegados a los largo de los diez años de MINUS-
TAH. Entre dichas labores, hemos identificamos dos tipos
de acciones operativas principales: por un lado las tareas
de seguridad o "de mantenimiento de un entorno seguro",
como son denominadas por Naciones Unidas, y por otra
parte las tareas de asistencia humanitaria.

Como ya fueron descriptas antes con mayor detalle,
sólo recordaremos aquí que las tareas de seguridad se realizaron con mayor intensidad durante el comienzo de la
misión y tuvieron como principal objetivo combatir a lo
que ellos mismos denominaban "bandas armadas". Con respecto a estos grupos, que aparecen en los relatos nativos
como alteridades radicales, nos dijeron que se habrían formado luego de las revueltas en contra del entonces presidente Jean Bertrand Arisitide durante el año 2004, momento en que se habrían disuelto las fuerzas armadas haitianas.
Sin embargo, y salvo poquísimas excepciones, en las entrevistas que realizamos, estos grupos nunca fueron reconocidos por los militares argentinos como movimientos colec-
tivos con objetivos políticos más o menos legítimos, sino
como cuadrillas poco organizadas de bandidos que solamente buscaban el beneficio individual por medio de actividades ilícitas. Estos grupos estaban armados, motivo por el
cual los militares argentinos consideraban a las actividades
de seguridad relacionadas con su vigilancia, su persecución

y su combate como de mayor riesgo. Otras actividades de seguridad estaban relacionadas con el control de conflictos sociales producidos por diferentes motivos que abarcaban desde violentas peleas entre vecinos, manifestaciones populares en reclamo de servicios básicos, como electricidad y agua, hasta cortes de rutas y caminos por denuncias de fraudes políticos durante las elecciones. Por otra parte, las tareas de asistencia humanitaria tenían como grupo destinatario al conjunto de la sociedad civil, a quienes los militares argentinos consideraban como las principales víctimas de las "bandas armadas". Este tipo de actividades se desarrollaban previo acuerdo con un miembro de Naciones Unidas y otras ONG dedicadas a la asistencia humanitaria como CARE, Médicos sin Fronteras, Payasos sin Fronteras y Cruz Roja Internacional, entre otros.

Es importante a los fines de este trabajo decir que para todas estas tareas que acabamos de nombrar –tanto las de seguridad como las de asistencia humanitaria–, Naciones Unidas establece un conjunto de pautas similares a protocolos denominadas "Reglas de Empeñamiento" (ROE),[1] con el fin de regular en lo posible las tareas recién enumeradas. Al mismo tiempo, en el CAECOPAZ (Centro Argentino de Entrenamiento Conjunto para Operaciones de Paz) existe un conjunto de "incidentes posibles" tipificados sobre los cuales se organiza el entrenamiento que capacita a los integrantes de batallones argentinos y de otros países a participar en misiones de paz. Este tipo de reglas y de

---

[1]   Las Reglas de Empeñamiento de Naciones Unidas (ROE) para el componente militar de la MINUSTAH surgen de la Resolución del Consejo de Seguridad 1542 de mayo de 2004. Estas reglas constituyen una guía sobre el uso del grado de fuerza necesario para garantizar la autodefensa y que define las demás circunstancias de justificación del uso de la fuerza para el personal militar de la MINUSTAH. El Comandante de la Fuerza debe trasmitirlas a los jefes operacionales subordinados y éstos al personal. La resolución 1542 se encuentra disponible en: http://www.un.org/es/comun/docs/?symbol=S/RES/1542%20(2004)

tipificaciones busca limitar, en alguna medida, el margen de discrecionalidad individual en el quehacer de los militares al mismo tiempo que busca unificar procedimientos.

En su libro *Los usos de la fuerza pública*, Sabina Frederic afirma que parte del proceso que significó la despolitización de los militares en Argentina, desde la vuelta de la democracia en 1983, "consistió en la preocupación de los especialistas en torno a la militarización o profesionalización de la milicia" (2008: 21). Por su parte, en un trabajo titulado *Una cuestión de criterio: sobre los saberes policiales*, Tomás Bover afirma acertadamente que en las sucesivas reformas policiales que acontecieron desde mediados de la década de 1990 se buscó la profesionalización de las fuerzas, y que en dichos procesos

> El objetivo es y fue sustituir mediante otros saberes escolares un conocimiento empírico basado en cualidades individuales y que sólo es trasmisible a partir del contacto con otros que posean experiencia. Sin embargo, ambas formas conviven en esta y otras profesiones, ya que la formación inicial no es más que una etapa de la carrera (2013: 351).

Más allá de que Bover se refiera a una fuerza policial,[2] la cita resulta pertinente en cuanto deja en claro que la adecuación a protocolos de actuación es parte de lo que está en discusión cuando se habla de la profesionalización de las fuerzas militares y de seguridad. En el mismo trabajo, el autor define el criterio policial como un saber de la práctica y destaca que una de sus características principales

---

[2] Más allá de que Bover trabaja con una fuerza policial, entendemos que su idea de criterio nos sirve en nuestro caso para dar cuenta de cómo se configuran en el terreno las operaciones y tareas desplegadas por los militares argentinos, no sólo porque muchas de las tareas realizadas por los militares durante MINUSTAH fueron similares o iguales a las que desarrollan los policías (patrullajes, allanamientos, controles de ruta, brindar seguridad durante eventos públicos, entre muchas otras), sino porque además afirmamos que aspectos como "la solidaridad" pueden estar determinando qué es un "buen criterio" en una situación determinada.

es que poseen escaso grado de objetivación. Y sigue: "comprendiendo que las operaciones que orienta no por no ser deliberadas o teóricas son menos sistemáticas, y que a pesar de no estar ordenadas con respecto a un fin no carecen de finalidad para el desempeño profesional" (328). Bover opone de esta manera los saberes prácticos poco objetivados frente a aquellos otros de carácter más protocolar, y al mismo tiempo reconoce la importancia de ambos tipos de saberes en el desempeño policial.

Por su parte, la antropóloga Talita Miriam do Amaral Rocha, en un trabajo titulado *Atuando com "bom senso": uma análise sobre o papel da Guarda Municipal de São Gonçalo (RJ) na administração de conflitos cotidianos*, analiza el término nativo *"bom senso"* para dar cuenta de cómo los integrantes de la Guardia Municipal de la localidad de São Gonçalo (Río de Janeiro) desempeñan su oficio durante el cumplimiento de las tareas para dirigir y organizar el tránsito. La autora afirma que estos guardias usan el mencionado *bom senso* para saber cuándo aplicar la ley y cuándo es mejor no hacerlo. Explica, por ejemplo, que en determinadas ocasiones es preferible dejar pasar una falta de tránsito o sólo hacer una advertencia, antes que detener al infractor para aplicarle una multa a costa de congestionar el fluir de los vehículos. Así, estos guardias justifican por qué que en ciertos casos es preferible ir en contra del plano formal y aplicar otras prácticas cotidianas informales. Si bien la autora no se refiere a protocolos sino a leyes de tránsito, entendemos que el caso es representativo para el tema que aquí nos interesa, ya que da cuenta de instancias del trabajo de agentes de una fuerza de seguridad en donde existen otros elementos que, en determinadas circunstancias, se anteponen a códigos formales como guías de acción.

Volviendo concretamente al tema de los protocolos, nos interesa destacar el trabajo de Chiara Ruffa (2014) sobre cuerpos de paz en Líbano durante la UNIFIL II.[3] La autora compara allí el desempeño de cuatro ejércitos (francés, italiano, ghanés y surcoreano) y destaca que, aunque realizaron actividades militares estandarizadas, igual aparecieron grandes variaciones respecto de cómo procedía cada uno. Si bien volveremos sobre este trabajo más adelante, nos interesa destacar aquí que la autora advierte que, a pesar de que los cuerpos de paz operan bajo mandatos y ROE emitidas desde la misma autoridad central, sucede que estas reglas no son interpretadas del mismo modo por los diferentes ejércitos ya que dicha interpretación puede estar determinada por la memoria de experiencias pasadas en cada uno de los ejércitos en cuestión.

Entendemos que los protocolos son mapas, abstracciones plasmadas en modelos que deberán, llegado el momento, guiar acciones. Estas últimas se concretarán a su vez junto a otras variables, como las cualidades individuales, la experiencia personal y el dominio de técnicas objetivables y transmisibles para lograr así el desempeño de un oficio (Bover, 2013: 350-351). Aspectos como el criterio o el *bom senso* interactúan con los protocolos y las normativas dando forma definitiva a las acciones. Al mismo tiempo y como afirma Chiara Ruffa, las ROE serán interpretadas de modo diferente por las distintas fuerzas armadas, según las experiencias previas de cada una.

Teniendo en cuenta las ideas presentadas en los párrafos previos, podemos afirmar que si bien los protocolos reducen el margen de libertad de acción de los ejércitos, existen otros factores que producen diferencias en el desempeño. En las páginas que sigue nos proponemos demostrar que entre estos otros factores que también configuran el oficio militar se encuentra la autocomprensión,

---

[3] La United Nations Interim Force in Lebanon fue creada originariamente en 1978 debido a la invasión israelí a dicho país.

es decir, la idea que los actores sociales tienen sobre quiénes son, sobre los grupos a los que pertenecen y sobre cómo, entonces, deberían actuar (Brubaker y Cooper, 2001). La autocomprensión es una variable más que puede determinar, en parte, la forma en que son interpretadas las reglas y los protocolos, e incluso, en determinadas ocasiones, pueden estimular acciones que van en contra de lo que dicen los saberes más formalizados. A continuación nos proponemos identificar y describir este tipo de sentidos sobre sí mismos en militares argentinos, que dan sistematicidad y orientan dicho saber de la práctica –al que Bover denomina "criterio"– y que configuran el desempeño profesional.

La "idiosincrasia" como factor en el desempeño del batallón argentino

Espíritu solidario

En nuestra primera visita a CAECOPAZ pudimos entrevistar a Tamara, una oficial con jerarquía de teniente coronel con amplia experiencia en misiones de paz. Luego de recorrer su trayectoria profesional dentro de las FFAA y sus experiencias previas en misiones de paz, Tamara pasó a describir el paisaje desolador que encontró al llegar a Haití y la impresión que ello le causó. Entre otras cosas, se refirió a las pésimas condiciones de salud en que viven los haitianos para pasar a hablarnos inmediatamente sobre el Hospital Argentino:[4]

---

[4] El Hospital Militar Reubicable (Fuerza Aérea Argentina) fue uno de los aportes de Argentina a la MINUSTAH. Instalado en Puerto Príncipe. Se trata de un hospital de campaña con capacidad para brindar servicios de cirugía, cuidado intensivo, odontología, laboratorio, rayos X y esterilización. El hospital se instaló con la finalidad de brindar atención médica al personal civil y militar de la MINUSTAH.

La salud local... esto es mi opinión, de Tamara. Cuando uno habla y habrán escuchado hablar del Hospital Argentino, el Hospital Argentino está para atender a la MINUSTAH solamente. Es decir, el recurso económico y el recurso del personal se despliega para atender al personal que está bajo el trabajo MINUSTAH, civiles y militares y policiales. Cuando fue lo del terremoto, ese hospital humanitariamente tenía que hacer lo que hizo ¿no? [se refiere a brindar atención médica a la población haitiana general que no era parte de la MINUSTAH] Pero en lo normal, en lo que es cotidiano, el hospital no atiende a civiles [que no formen parte de la MINUSTAH], es decir, no va un señor normal que tiene diabetes y le falta una gamba ¿no? Otro que tiene una infección... siempre uno termina haciendo favores porque nosotros los argentinos somos así ¿no? Quizás por eso seguimos trabajando. A mí una haitiana me dijo "mira, tengo mi hermano que le falta esto", entonces le pedí a un médico que conocía "mira, le podés llevar". Con todo el compromiso que eso implica ¿no? con todo el compromiso porque la verdad que uno, a veces, no es que no sea humanitario pero vos ingresas a alguien que le pasa algo adentro del área o que después diga "ah no, pero a mí me vio el médico fulano". Eso me lo explicaron y yo lo entendí pero el argentino es así.

Las palabras de Tamara ponían de manifiesto varias cuestiones que nos interesan: primero que nada, vale la pena la mención a que frente a determinadas circunstancias, como una catástrofe ambiental que afecta multitudes, las normativas y los protocolos que definen, entre otras cosas, quiénes tendrían acceso a ser atendidos en el hospital pueden y hasta deben ser pasadas por alto, según la apreciación de nuestra interlocutora. Sin embargo, las excepciones ocurrían también ante cuestiones menos extremas, ya que en determinados casos los actores sociales eran conmovidos por la penosa situación de individuos conocidos y les brindaban asistencia y ayuda aunque estuvieran cometiendo una falta y corrieran el riesgo de comprometer su propia situación. Salvando las diferencias de cada caso, entendemos que el accionar de los militares argentinos en ocasiones como las descriptas por Tamara comparte un aspecto fundamental con nociones como la de *"bom senso"* o la de "criterio" mencionada más arriba. En nuestro caso también ocurre que determinadas circunstancias suspenden lo que indican los protocolos a favor de otras maneras de actuar menos formalizadas pero no por ello menos sistemáticas (Bover, 2013).

Sin embargo, nuestro caso también muestra diferencias con el ejemplo de la Guardia Municipal de São Gonçalo, que hacen a su particularidad. De esta manera Tamara justificaba su accionar en contra de las normas no mediante argumentos pragmáticos como sería evitar un embotellamiento, sino recurriendo a nociones acerca de la "forma de ser" de los argentinos. Una explicación similar a la de Tamara fue la que recibimos de Simón, un oficial de la Armada Argentina que participó en el primer despliegue argentino en la MINUSTAH durante el año 2004. La entrevista con Simón sucedió a mediados del mes de junio; en aquella ocasión abordamos varios temas, una de nuestras primeras preguntas se refirió a cómo había sido la llegada y la inserción del batallón argentino en la sociedad haitiana. Él nos respondió lo siguiente:

> Acá hay, desde mi punto de vista ¿no? varios paradigmas que en general dentro de nuestra idiosincrasia argentina, con todo lo que nos cargan a nosotros internacionalmente de soberbios, creídos, blablá, blablá, blablá, en realidad tuvimos muy buena entrada porque estamos tan lejos de la realidad que nos tocó vivir, el hecho de ver la miseria que tienen los haitianos, por un lado nos sensibilizaba mucho porque no podíamos creer lo que estábamos viendo y lo que estábamos viviendo.

Respaldando la explicación de su camarada Tamara, Simón argumentaba que la sensibilidad resulta una parte de la idiosincrasia de los argentinos y ello sería, tomando las descripciones que recibimos a lo largo de nuestro trabajo de campo, lo que determina en alguna medida su forma de actuar más allá de los protocolos. La descripción inicial de Ignacio sobre la joven parturienta también resulta pertinente aquí. Volvemos entonces a enunciar una de las ideas centrales del capítulo, a saber que la dinámica que adquieren las acciones de los militares argentinos durante MINUSTAH, la forma de resolver problemas por ejemplo, está muchas veces determinada –entre otros factores– por el sentido que tienen los sujetos sobre quiénes son, a qué grupos pertenecen y cómo, en base a eso, deberían actuar. En este caso, la idiosincrasia sensible y solidaria los obligaría ante determinadas circunstancias a dar asistencia a personas que viven en condiciones de extrema pobreza. Al mismo tiempo, esos rasgos remitirían a la pertenencia de los actores a un grupo que supera el de integrantes de las FFAA y apela al sentido de pertenencia al grupo más amplio de los argentinos. Y, al mismo tiempo, se asignan características deseables y empáticas con el entrevistador –que también es argentino– y se construye así una imagen legítima de los integrantes de las FFAA.[5]

"Lo atamo' con alambre"

En la misma entrevista con Simón indagamos acerca de cuán importante había resultado, para la experiencia personal y profesional de los jóvenes soldados, la convivencia con tropas de todas partes del mundo y con "culturas" muy distintas a la nuestra. La respuesta de nuestro interlocutor fue derivando hacia el reconocimiento que esas otras fuerzas armadas tenían para con el trabajo de los militares

---

[5] Debemos aclarar que no nos interesa medir la solidaridad de los militares argentinos, no afirmamos ni negamos que sean solidarios. Nuestros objetivos, como ya explicitamos, intentan dar cuenta de cómo la forma en que los actores sociales se piensan a sí mismos como integrantes de uno grupo o varios grupos (militares, argentinos, latinos) redunda en cómo se sienten obligados a actuar.

argentinos. Aseguraba Simón que la capacidad de adaptación es un rasgo de los soldados argentinos, muy valorado por los ejércitos extranjeros:

> Nuestra capacidad... el famoso cantito ese de "Lo atamo' con alambre",[6] bueno eso un poco nos identifica. Yo no sé cómo hacemos, pero lo que por ahí otras tropas precisan cinco camiones y treinta tanques y dos helicópteros, y nosotros con un barrilete y dos monopatines hacemos lo mismo. Y por eso también nos putean, nos putean porque nos dicen "boludo, nos estás escupiendo el asado, yo hice el requerimiento de 250 millones de misiles y vos con una gomera y dos piedras lo arreglaste, me terminás cagando porque ni siquiera me dan quince misiles". Como estamos acostumbrados al ambiente... yo lo llamo ambiente hostil nacional porque el presupuesto de las fuerzas armadas no satisface, desde mi punto de vista, nuestras necesidades. Y me refiero sobre todo a lo operativo. [...] A ver, es esa realidad y bueno cuál es la mentalidad de decir: a ver esta hoja [toma una hoja que estaba sobre el escritorio], esta hoja está escrita de acá, bueno escribamos del otro lado y no por una cuestión de ecología sino de economía. Bueno eso mismo pasa en las misiones de paz.

Las palabras de Simón destacaban, como atributo categorial (Brubaker y Cooper, 2001) de los militares argentinos, la capacidad de cumplir con las misiones bajo circunstancias adversas o de precariedad material. Advertía, además, que el origen de esto vendría de un "ambiente hostil nacional", y con ello parecía referirse al trato propinado a los militares por parte de los Gobiernos que han ocupado el estado nacional desde el final de la última dictadura militar en 1983.

---

6 Se refiere al título de una canción del cantautor de música popular argentino Ignacio Aníbal Copani, publicada en el año 1988. El título hace referencia a un dicho popular que se refiere a la supuesta capacidad de los argentinos de resolver problemas con los pocos recursos que se tengan a mano.

En muchas otras entrevistas y charlas informales hemos sido comunicados acerca de este "ingenio" de los militares argentinos. Un ejemplo de esta capacidad de resolver problemas de la que se ufanan los militares locales nos fue relatado durante una entrevista que realizamos a Jaime, un coronel que participó en el tercer despliegue a Haití. El ejemplo está referido a la confección y entrega de los documentos de identidad que llevó adelante Naciones Unidas. Esto fue necesario para que las elecciones del año 2006 se pudieran llevar acabo debido a que muchos haitianos no poseían documentos de identidad y no podían votar.[7] Para confeccionar los documentos, Naciones Unidas montó unas especies de centros de recolección de datos en espacios muy amplios como por ejemplo estadios de fútbol. Allí se realizaban tareas tendientes a la obtención de datos como registros fotográficos y de datos personales de los individuos que no poseían documentos. La función de los soldados argentinos allí era brindar seguridad, sin embargo, explicaba Jaime, ayudaron a los civiles haitianos que habían sido contratados por Naciones Unidas en las tareas mencionadas. Luego, una vez que los documentos estuvieron confeccionados, se volvió a montar un operativo para repartirlos. De acuerdo con este coronel, esto último se hizo de manera muy poco eficiente: se citaba a la gente a un estadio (varios miles de personas), se sacaban los documentos de una caja y se gritaba el nombre del propietario hasta que éste aparecía para finalmente entregárselo. Jaime recuerda que con este método se tardaba cerca de cuarenta minutos en poder entregar cada documento, situación que "caldeaba los ánimos de la población presente". El batallón argentino se encontraba en esos momentos realizando vigilancia y control para garantizar que la entrega de documentos se desarrolle con

---

7   En dicho evento los militares argentinos llevaron adelante acciones dirigidas a mantener la seguridad antes y durante los comicios. También participaron de actividades previas tendientes a la organización de la votación como la confección y el reparto de documentos de identidad a ciudadanos haitianos para que pudieran sufragar.

tranquilidad, sin embargo al ver lo poco efectivo que era el sistema que se usaba y la manera en que afectaba el humor de los presentes, los militares argentinos se hicieron cargo por iniciativa propia de la entrega. Fue así que, previo permiso a las autoridades de Naciones Unidas, confeccionaron carteles con letras a partir de los cuales se formarían filas según la letra con que comenzara el apellido de cada persona, se separaron los documentos alfabéticamente y se dispuso cuatro o cinco personas en cada fila para repartir los documentos, lo que agilizó el proceso de entrega y logró evitar posibles focos de conflicto.

Sobre el papel del batallón argentino en la confección y entrega de documentos, un oficial de alta jerarquía de las FFAA que había participado en MINUSTAH como jefe de contingente, nos decía lo siguiente:

> Las elecciones se produjeron en enero de 2006, nosotros estábamos finalizando el tercer período de Haití 3, en el último mes se produjeron las elecciones. Así que nosotros estuvimos todo el período en el que participamos de la misión, haciendo la preparación de las elecciones. Uno de los temas importantes fue el tema de la documentación de las personas, que fue un trabajo importante en el que, inicialmente, las fuerzas de las mayorías de los contingentes no participaron. Nosotros tuvimos un involucramiento… no diría involuntario pero que nos vimos obligados a dar una mano porque ¿qué sucedió? Naciones Unidas contrató para el trabajo, básicamente para tomar nota y para ir haciendo el relevamiento, a haitianos que podían interactuar con la gente para preguntarles el nombre y demás. Eran civiles que lo único que tenían que acreditar era la escuela primaria para saber leer y escribir. Bueno, el nivel que tenían era paupérrimo entonces había que ayudarlos muchísimo, por ejemplo, el trabajo que a un hombre normalmente instruido para hacerle llenar una planilla ¡de cuatro campos nada más! frente a un interlocutor le tomaba veinte minutos, en una cola que por ahí tenía doscientos metros de largo. Entonces hubo que intervenir en eso para ayudarlos a agilizar un poco. ¿Cómo? Y, los soldados nuestros se aprendían las frases "¿Cuál es tu nombre?", "¿Dónde

vivís?", en creole, para que el otro pudiera anotar, eso era una parte. Después cuando se hizo todo ese relevamiento, al poco tiempo llegaron los documentos. Y claro, Gonaïves es una ciudad importante y había que repartir los documentos, la gente venía a buscar los documentos a los locales que armaba lo que sería hoy la comisión electoral, que eran haitianos esponsoreados por... básicamente guiados por gente de Naciones Unidas. Y entonces esta gente no podía ordenar alfabéticamente, por ponerte un detalle, y entonces eran los propios soldados que intervenían y estaban y se pasaron todo el día ahí ayudando a ordenar alfabéticamente y entregar los documentos, a buscarlos y a entregarlos. [...] En particular el contingente fue felicitado por Naciones Unidas por la participación en la organización del tema de la documentación sobre todo que en otros lugares las fuerzas no participaron.

Las citas dan cuenta de un evento que nuestros interlocutores reconstruyen de manera anecdótica. Allí destacan, por una parte, la predisposición de los soldados argentinos a resolver problemas incluso cuando no tendrían la obligación de hacerlo, es decir de manera desinteresada. Pero por otra parte, se dejan entrever las razones operativas: no haber intervenido para dinamizar la entrega de documentos implicaba posibles conflictos interpersonales debido al malestar que la demora y la ineficiencia generaban. Entendemos que el acto que consiste en fundamentar de manera favorable nuestras acciones resulta de mecanismos de identificación que ordenan y conforman nuestro marco de referencia en la vida cotidiana: los individuos y los grupos tendemos a justificar de manera deseable y honrosa nuestras acciones y nuestro desempeño, construimos nuestras "verdades" y "puntos de vista" teniendo más en cuenta las referencias personales y grupales que los acontecimientos.

El ejemplo remite además al ingenio que mencionara Simón cuando parafraseando a un cantante popular afirmaba "lo atamos con alambre". Así, los militares argentinos destacaban que solamente con carteles que ordenaban alfabéticamente a las personas en filas pudieron resolver el problema y agilizar la entrega. Por último se subrayaba el reconocimiento de Naciones Unidas, dando cuenta así, de que dicha capacidad pragmática es muy valorada por el resto de los integrantes de las misiones de paz.

Este ejemplo, y podríamos citar otros,[8] da sustento a nuestras afirmaciones acerca de que las "formas de hacer" de los grupos se encuentran imbricadas con el sentido que tienen los sujetos sobre quiénes son. En los militares argentinos, la escasez de recursos los lleva a que muchas veces tengan que resolver problemas con los medios disponibles. Sin embargo, ellos utilizan esa precariedad para resignificar favorablemente los inconvenientes y las debilidades propias de las FFAA. Los militares argentinos se reconocen ingeniosos y partiendo de esa autocomprensión es que llevan adelante determinadas acciones, incluso aunque no estén explicitadas en protocolos o en órdenes de instancias superiores.

Consideraciones finales

Más arriba citamos un trabajo de Chiara Ruffa (2014) en el que la autora da cuenta de variaciones importantes en la forma en que cuatro ejércitos (francés, italiano, ghanés y surcoreano) realizaron actividades militares estandarizadas, en el devenir cotidiano de la misión de paz UNIFIL II en el Líbano. La autora afirma que dichas diferencias entre estos ejércitos están determinadas por cómo interpretan y

---

8   Otro ejemplo muy ilustrativo lo podemos encontrar en la construcción de las instalaciones de la Unidad Aérea Argentina en Puerto Príncipe. Al respecto, varios integrantes de la Fuerza Aérea Argentina nos contaron que tenían muchos menos recursos que las bases aéreas de otros países presentes como Chile y Canadá. Incluso recordaban a modo de broma que se dedicaban a "robar" o "cirujear". Así, durante el día identificaban elementos que las fuerzas de otros países descartaban y a la noche los iban a buscar. También destacaron que aunque la base argentina había sido levantada con escasos recursos era la "más vistosa" de todas.

perciben el ambiente operacional, lo que a su vez estaría en parte determinado por las experiencias previas de esos ejércitos en misiones de paz. Esta idea acerca de que el comportamiento de los soldados está parcialmente determinada por la construcción que se hace del ambiente operacional "es consistente con la visión constructivista social de que las organizaciones dan sentido a la realidad que los rodea a través de la interacción entre ideas y experiencias." (Chiara Ruffa, 2014: 201).

Consideramos que nuestro principal aporte aquí ha sido identificar una nueva mediación que determina –junto con otras como el "criterio" o el *bom senso* – el comportamiento de los soldados argentinos en este tipo de eventos. Esta mediación es la autocomprensión; así los diferentes casos presentados muestran cómo las ideas que los militares argentinos tienen sobre sí mismos moldea la forma en que se desempeñan durante experiencias como las misiones de paz.

A lo largo del capítulo hemos querido contribuir a los estudios existentes sobre los estilos operacionales de los diferentes ejércitos que participan en misiones de paz. Con dicho fin, nos propusimos analizar las relaciones entre la forma en que se desempañaron los militares argentinos en MINUSTAH y las construcciones sociales de sentido que ellos elaboran sobre quiénes son y, en parte, sobre las condiciones en las que trabajan. Para ello recurrimos a datos que relevamos con entrevistas en las que los actores sociales reconstruyeron, mediante relatos anecdóticos, sus experiencias de trabajo.

Vimos que si bien el desempeño militar se encuentra encauzado, dentro de lo posible, por normativas que funcionan a modo de guías de acción –tales como las ROE o bien los incidentes tipificados y ejercitados en CAECO-PAZ–, llegado el momento de llevar adelante una determinada misión, aparecen otro conjunto de variables que también van a codeterminar el devenir de los acontecimientos, las decisiones que se tomen, las acciones que concretamente se realicen. Entre esas otras variables nos referimos aquí a la forma en que los sujetos se piensan como parte del grupo de los militares argentinos, sentidos diversos –algunos compartidos con el resto del grupo social más amplio al que pertenecen de los argentinos o aun los latinos– que se suelen sintetizar bajo la idea de "idiosincrasia".

Esta idiosincrasia, definida por los nativos como la "forma de ser" de los militares argentinos, o aun de todos los argentinos, encontraría sus particularidades en atributos tales como la gran predisposición para ayudar y también en el ingenio para resolver problemas con escasez de medios. Creatividad, ingenio, predisposición y solidaridad aparecen en el relato nativo como aspectos que no sólo diferencian a los militares argentinos del resto, sino que además serían valorados y reconocidos por propios y ajenos. Entendemos que existe así una determinación mutua entre las prácticas y las representaciones, de modo tal que la forma en que un grupo se define determina pautas de acción y al mismo tiempo circunstancias como la resolución de problemas con pocos medios pueden ser resignificadas favorablemente remitiendo a propiedades deseables como el ingenio.

La determinación mutua entre ideas y experiencias implica entonces que, por un lado, el sentido que los sujetos tienen sobre quiénes son –en cuanto a su pertenencia a grupos– determine, en cierta medida, el desempeño de las FFAA. Por otra parte permite la construcción social de una forma nacional de intervención, y la consiguiente distinción en un contexto en el que actúan múltiples fuerzas armadas en un conflicto extraterritorial como son las misiones de paz de Naciones Unidas.

Distancia, encierro y tiempo libre: la dimensión familiar y personal

Sabina Frederic

Presentación

En este capítulo proponemos dar cuenta del modo en que las narrativas de los militares argentinos sobre su experiencia en Haití subrayaban la distancia, el encierro y la cuestión familiar como aspectos centrales de aquella experiencia. La gravitación de estos factores sobre la contención de los efectivos desplegados, tal como se puso de manifiesto durante el trabajo de campo, dio cuenta de esos factores que en una operación militar real exigen de una atención que sólo la situación revela. Es así que estos aspectos permitían a los militares expresar un concepto general: la dependencia de la misión de un recurso que no es técnico militar sino del orden emocional y moral. La efectividad, la disciplina y el orden para llevar adelante la misión quedaban asociados a este segundo recurso al menos de dos formas. Por un lado, mediante la administración de las comunicaciones entre el contingente y sus familiares, que podía llevar a los jefes a tener que lidiar desde lejos con problemas de "los que quedaron atrás", los seres queridos de los militares desplegados que residían en Argentina. Por el otro, el manejo del tiempo de servicio y del tiempo libre disponible para salir de la base fue un tema de compleja resolución en el ambiente social y urbano que presentaba mayormente Gonaïves. Esto se vio potenciado por las restricciones a tomar contacto con la población local por fuera de las operaciones previstas, orden dada por el comando de la MINUSTAH y de difícil cumplimiento sobre todo al comienzo de la misión y en las situaciones críticas. La idea de la base como una "olla a presión" fue una constante, aunque también hubo "escapes".

Desde un punto de vista analítico, la relevancia de este aspecto emocional y moral ha sido capturada por la literatura especializada que se ocupó de entender las consecuencias de las operaciones militares sobre los militares desplegados y sus familiares en ocasión de guerra o en operaciones de paz en territorios geográfica y culturalmente distantes. En rigor, no es novedad que esta dimensión sea constitutiva del desempeño militar dado que constituye un tema medular de la formación básica en las escuelas y academias castrenses. Allí se adquiere ese saber hacer emocional y moral cimentado en el sostenimiento de la jerarquía, la disciplina, la camaradería, necesarios para la organización y para que las personas puedan sobrellevar la misión en escenarios de incertidumbre, de riesgo para la propia vida y la vida de los otros (camaradas, enemigos, población civil), y sobre todo para que puedan combatir y no deserten.

Sí resulta novedosa la realidad de las operaciones militares actuales en tanto ha desafiado por su envergadura las habituales competencias de las Fuerzas Armadas en Occidente, ya sea para las naciones miembros de la OTAN como para las ajenas a esta alianza militar. La intensa frecuencia de los despliegues de efectivos en tierras geográfica y culturalmente distantes, por lapsos de seis meses o más, impactaron en el personal y sus familias y despertaron la atención de las instituciones militares. Estudios del campo de la sociología, la antropología y la psicología, muchos de ellos encarados por investigadores dependientes de centros de investigación pertenecientes a las Fuerzas Armadas, se movilizaron para comprender los factores que las producen y las estrategias personales, situacionales e institucionales necesarias para lidiar con los problemas de orden moral y emocional que afectan a militares desplegados y a sus familiares. Las categorías de estrés y resiliencia fueron las más utilizadas para abordar los efectos emocionales de los despliegues.

La inmensa mayoría de esas investigaciones realizadas durante la última década sobre las Fuerzas Armadas en Europa comparan la realidad actual de las misiones con lo ocurrido durante la Segunda Guerra Mundial. Identifican no sólo un cambio en las características del conflicto que moviliza las tropas sino en la relación entre las familias de los militares y las Fuerzas Armadas, que se atribuye al pasaje del "modelo institucional" al "modelo ocupacional" (Moskos, 1977). Esta tendencia sostenida en la pos-Guerra Fría se esparció combinada con fenómenos atribuidos a la posmodernidad. Nuevas formas de organización y concepciones de la familia surgidas en la sociedad contemporánea se atribuyen a esta etapa (Moskos, Williams y Segal, 2000; Böene, 2003).

Entre los principales factores apuntados por las investigaciones está la tendencia de los militares a prescindir de la residencia en las bases militares y a disociar su vida personal de la vida profesional. El apoyo que antes brindaba la comunidad militar a las familias de los militares al momento del despliegue era resultado de una integración preexistente de aquéllas a la vida militar. Esa autonomía progresiva entre el personal militar y sus familias, y la institución militar se traducirá en el escenario de las misiones realizadas actualmente en una fuente de estrés emocional y en la emergencia de otras formas de apoyo o soporte; materia justamente de indagación (Moelker, Manon, Bowen y Manigart, 2015; Tomforde, 2015).

Para el caso argentino la situación no parece ser muy distinta. Como señalamos, el despliegue en Haití es el más intenso de los registrados por las Fuerzas Armadas desde la derrota de la Guerra de Malvinas. Se trató de una operación militar que, por el número de efectivos, el tamaño de la organización desplegada y la complejidad de la situación en Haití fue la más desafiante de las experimentadas en las últimas tres décadas. Esto supuso una puesta a prueba de la organización y su personal también en lo referido a la dimensión emocional y moral de su preparación y contención.

Como ya mostramos entre los militares argentinos se ratifica esa progresiva disociación entre la vida personal y familiar y la comunidad militar, y esto es presentado por los militares –ya sea por adhesión a los cambios o por rechazo– como una diferencia del pasado de la organización (Frederic, 2013; Frederic y Masson, 2015). Sin embargo, no puede decirse que ese estado de cosas represente la totalidad de lo ocurrido o experimentado. Como veremos en este capítulo, los mecanismos tradicionales operan al mismo tiempo que subyacen otros complementarios, algunos curiosamente desarrollados en forma exclusiva como consecuencia de los problemas derivados de la misión en Haití.

Comunicaciones con los familiares, impacto emocional y desempeño

Al momento de dar cuenta de la experiencia profesional y personal en Haití, la cuestión familiar fue de los aspectos más destacados por los militares. Subrayaban enfáticamente que si esta parte de sus vidas no estaba en orden, contenida y cuidada, era muy difícil mantener un desempeño adecuado. Así devino un tema central durante las misiones de paz. Por su gravitación en el plano profesional tanto antes del despliegue como durante, la administración de la comunicación con los seres queridos que "quedaron atrás" no fue ajena a la atención institucional o de la superioridad antes y durante el despliegue, y fue destacada como una de las "lecciones aprendidas".

En primer lugar, cabe mencionar que más allá de la voluntad de participar en misiones de paz, los militares deben informar sobre sus situaciones familiares a fin de

anticipar y evitar posibles problemas a futuro. Especialmente, deben informar sobre la salud de los integrantes de
sus familias y sobre la existencia o no de conflictos vincu-
lares con ellos. En caso de que problemas, inconvenientes o
realidades de este tipo o similares prexistentes al momento de despliegue no hayan sido declarados, la continuidad
del militar en la misión (su repatriación) como sus futuros
ascensos pueden quedar comprometidos (al percibir diferentes tipos de sanciones disciplinarias). En relación con
esto, explicaciones reiteradas de los militares entrevistados
respecto a "irse sin tener las cosas atadas con un hilo" y de
"dejar acomodado el rancho" se transformaban en recomendaciones consensuales de significativa implicancia más allá
de apercibimientos disciplinarios o de los requisitos administrativos. Las expectativas de cumplir y favorecer con las
buenas comunicaciones se asumen como responsabilidades
de carácter bilateral: ante quienes se quedan y ante el propio
desempeño profesional en la misión de paz. Es decir que
la importancia de "dejar todo en orden" cuenta simultáneamente para no sumar angustias a las propias familias y
como una de las garantías de concentración necesarias para
afrontar el trabajo de la misión ya que, en palabras de otros
militares entrevistados, "uno no puede irse con dos mochi-
las" y "la comunicación con las familias es la base de todo".

Ante las descripciones de las propias dinámicas familiares, los entrevistados aseguran que sus esposas "están
acostumbradas" a resolver solas problemas cotidianos y
referentes a los hijos mientras ellos están de servicio. Sin
embargo, la duración de estas actividades fuera de las
misiones de paz suele ser corta, en sitios próximos y donde
los militares no asumen los riesgos de una operación como
la de Haití. Como en circunstancias más ordinarias del servicio, la solvencia y la eficacia para "llevar adelante la familia
cuando ellos no están" estaban estrechamente articuladas
con la visión de los militares y del personal civil (psiquiatras

y psicólogas) orientada a su atención, con el mantenimiento de buenas comunicaciones entre los integrantes de cada una de las familias.

En este sentido, la claridad para transmitir una información como las fechas de los viajes, los riesgos y las actividades a realizar durante la misión; las posibilidades reales de entablar comunicaciones e incluso muchas veces las incertidumbres respecto a los regresos, son de los factores principales para sostener la tranquilidad recíproca del militar y sus familiares. Particularmente, se insiste en la necesidad de que los militares expliciten a sus familias que, aunque existan fechas puntuales de regreso pautadas, inconvenientes e imprevistos surgidos en el terreno de la misión pueden alterar sus regresos. Para evitar sufrimientos y angustias familiares, innecesarios, resulta fundamental "tener todo hablado de antemano" y "sin sorpresas", esto es, ser claros ante la contemplación de incertezas, de imprevistos y de imponderables. Así, ante los casos de regresos demorados afectados por las catástrofes naturales, es decir, justificados, la información de esta noticia a las familias no es recordada como una instancia altamente traumática o como una situación incomprendida. Por el contrario, los problemas referidos por los entrevistados (sobre compañeros) asociados a malas o deficientes comunicaciones tienen que ver con situaciones familiares complejas no declaradas ante las autoridades (problemas de salud de los hijos, crisis matrimoniales) o bien con una inadecuada transmisión de la noticia, por ejemplo por inexactitud, exageración o falta de claridad, lo cual provocaba preocupaciones desmedidas ya sea para quien esté en la misión como para la familia que reside en Argentina.

La perspectiva de las personas desplegadas es contundente en el acuerdo sobre la idea de que las distancias y las ausencias prolongadas generan nuevos problemas, maximizan los existentes y agudizan la percepción de sus gravedades. Por ello, es desaconsejada la actitud de creer o confiar que los inconvenientes personales por menores que se presenten pueden resolverse, minimizarse u ocultarse con la distancia. Justamente el acierto radica en considerar que alguna cuestión que no se pensaba como problemática puede llegar a adquirir ese carácter e inclusive que la misión "saca cosas desconocidas" de uno. A pesar de las preparaciones recibidas sobre la actividad a desarrollar en Haití, es decir, "que el soldado vaya sabiendo a qué va", las diferencias en el terreno en cuanto a cómo se asume la misión y cómo eso le impacta a cada uno son variables.

Tal como lo decía un entrevistado sobre el apoyo recibido por su esposa y las dificultades para conciliar la vida familiar y la vida militar: "mi mujer no tiene problemas... bah, no tiene problemas de que te vayas hasta que te vas", y si pasa algo "bueno, no estuviste". Así, dado que las cosas pueden "explotar" o "empeorar" durante la misión, la consideración de la incertidumbre y los imponderables es entendida como un gesto orientado hacia una buena comunicación entre el militar y su círculo familiar. Esta aclaración vale específicamente para las situaciones en que los regresos a Argentina se vieron demorados.

El desarrollo de comunicaciones acordes a la situación de misiones de paz resulta en definitiva una cuestión multidimensional que incumbe tanto a la anticipación de informaciones claras y ajustadas al panorama real vivido (es decir, cuándo decir) como al contenido de los mensajes (qué notificar), así como también a la forma y al tono en que las informaciones son transmitidas (cómo informar) ya sea a quien se mantiene en la misión como a los que residen en Argentina. Entonces, por ejemplo, administrar y jerarquizar la información a ser compartida con la parte de la familia distanciada; dar lugar a los imprevistos y las previsiones como gestos de seguridad y cuidado para con el otro; y una correcta modulación en el acto de comunicarse resultan en saberes estratégicos y en habilidades relevantes a aprender por todo el conjunto familiar (por supuesto, de manera diferencial) para su bienestar como colaboración para la realización de la misión de paz.

En este punto específico, en general, por parte de los militares, el rol que adquieren los medios de comunicación es destacado como negativo al momento de informar y de acercarse a las familias ya que consideran que retratan los hechos no como sucedieron realmente o muy distintos a como son vividos por quienes realizan las misiones de paz, lo que favorece la multiplicación de las ansiedades y la tergiversación de las noticias. Asociado a esto, algunos de los militares comentaban que sugerían a sus familias no sobrestimar aquello que veían a través de los medios de comunicación y cuestionar un poco cómo son creadas las noticias.

Técnicamente, las vías para entablar las comunicaciones entre quienes viajaron por las misiones de paz y sus familias fueron variando con el tiempo a la par de los avances tecnológicos y de su instalación en la base de Gonaïves. Así, los integrantes de las primeras misiones desplegadas contaban con muchas dificultades para comunicarse, en especial los del BCA 1 que prácticamente no tuvieron comunicaciones telefónicas, menos aún internet, hasta avanzada la misión cuando se instaló una cabina telefónica que debían utilizar los 450 integrantes. Posteriormente, los contingentes contaron con acceso a internet que facilitó las comunicaciones hasta convertirse en un recurso contratado directamente por cada efectivo más que provisto por la institución. Los últimos contingentes contaron con más recursos. A las tecnologías que disponía el batallón, se sumaron los teléfonos celulares (aparatos liberados comprados en Haití) y las computadoras personales (muchas de ellas compradas en los viajes a Estados Unidos); y la posibilidad de alquilar mensualmente un *router* móvil que podía acompañar al hombre en la patrulla o a donde se desplazara. Entre los dispositivos habitualmente usados para comunicarse con las familias y los amigos se encontraban las llamadas telefónicas, Skype, Whatsapp y Facebook.

Respecto a la fluidez de las comunicaciones, según nos expresaron los militares de mayor edad en sus relatos, se caracterizaban por dos tipos de ritmos: por un lado, se encuentran aquellos que prefirieron mantener rutinas de llamados con sus familias medidas y más precisas o regulares (diarias, día por medio o cada dos días), y por otro lado, quienes prefirieron un patrón menos regular de llamados (es decir más intermitente y aleatorio justamente para que no se genere la rutina de "esperar un llamado a una determinada hora"). Frente a estas dinámicas comunicacionales que, aún en su diferencia buscaban mantener contactos "justos y necesarios" con los vínculos personales, los más jóvenes y de los últimos contingentes enviados presentaban dinámicas de comunicaciones más fluidas, diarias, a distintas horas y a través de distintas vías.

Otra diferencia en los relatos en su articulación con las comunicaciones puede trazarse entre quienes estaban solteros o divorciados (para quienes la necesidad de una fluidez en las comunicaciones es relativa) y los que estaban de novios o casados, en especial los recién casados (para quienes una regularidad alta en las comunicaciones adquiere mayor relevancia). Vale la pena destacar que, en muchas oportunidades, esta distinción halla cierta correspondencia con las decisiones de viajar a la Argentina durante las licencias y días de descanso ante el trabajo en la misión de paz.

La cuestión de los problemas generados por las distancias y las ausencias prolongadas alcanzan también al momento de regreso de los militares, especialmente en el reencuentro y en la reinserción en la dinámica familiar cotidiana. En relación con esto, uno de los militares entrevistados comentó lo "duro" que fue regresar al sentir que su hija (de dos meses al momento de irse a la misión) no lo reconoció y esperaba que se fuera de la casa al no encajar con la rutina armada que mantenían. Mientras tanto, al no haber colaborado con su esposa durante un largo tiempo, sentía a su vez que ella percibía una suerte de responsabilidad de "hacer algo" con su marido. Asimismo, otro militar recordaba que uno de sus hijos, mientras compartían una comida familiar, le preguntó a su madre qué iban a hacer con "el señor" (refiriéndose a él) que los "visitaba" desde hacía unos días.

De manera que, a pesar de presentar las propias dinámicas familiares como educadas y acostumbradas a soportar distintos viajes y ausencias exigidos por las trayectorias militares, los seis meses de duración de la misión de paz sí son referidos como una situación nueva, disruptiva o al menos distinta de experiencias profesionales anteriores que requirieron que se separaran de sus familias. Parece tratarse entonces de una situación crítica para la familia del militar. Haití no es comparable a otras misiones en el exterior. Chipre tiene posibilidades de esparcimiento personal o con la familia que Haití no tiene.

Por su parte, los vínculos entre compañeros adquieren relevancia para las misiones de paz por otros motivos. En primer lugar, aquellos compañeros y amigos surgidos durante la carrera militar (hayan pasado por experiencias en misiones de paz o no) pueden brindar contención a las familias de los soldados desplegados.[1] Según nos expresaron, estando en la misión de paz, cada soldado sabía que podía contar con la colaboración de sus amigos y compañeros para asistir a sus hijos, a sus esposas y a sus novias en caso de necesidad. Un ejemplo de esto se observa cuando la esposa de un Suboficial Mayor desplegado en Haití, al ver que no podía salir de su casa porque una nevada había trabado la puerta, decidió recurrir a la ayuda de los compañeros de trabajo del marido para despejar la entrada. Este punto de pedidos y ofrecimientos de favores y ayudas hacia las familias de los desplegados formaban parte de las previsiones y de las anticipaciones necesarias que los militares debían considerar para no "dejar todo atado con hilos" en Argentina. Tener en cuenta y fortalecer una red de ayudas y de recursos humanos disponibles resulta entonces

---

[1] En una entrevista se mencionan visitas regulares de superiores a las familias de los desplegados en caso que necesiten algo.

fundamental en la atención y en los cuidados familiares que deben proveer. Este tipo de amistades y de compañerismos no sólo procuran "no dejar en banda" a quien esté en la misión de paz sino que también funcionan como nexos entre la familia y el militar. Tal como lo expresó este Suboficial Mayor: no dejarlo "en banda" significaba tanto visitar regularmente a su familia por si necesitaba algo, como también mantenerlo a él informado sobre cuestiones centrales que no se haya enterado.

La situación descripta no dista de la encontrada por Helena Carreiras (2015) entre los *peackeepers* portugueses desplegados en Bosnia, en Kosovo o en Timor Oriental. También en Portugal los militares conciben a sus familias como una pieza clave del desempeño profesional. Sin embargo, Carreiras muestra cómo ese papel ocupado por las familias fue invisibilizado por las Fuerzas Armadas de su país durante los sucesivos despliegues en esta clase de operaciones. Es así que la contención afectiva de los que quedan, dice la autora, se resuelve a través de vínculos informales entre familiares, amigos y vecinos. Aun cuando los militares por ella entrevistados dan cuenta de esa ausencia de cobertura institucional, Carreira señala que si existiera la rechazarían por considerarla un método intrusivo en su vida afectiva y personal. De modo similar, entre los militares argentinos desplegados en Haití, la tranquilidad por el cuidado de sus parejas y sus hijos dependía, de acuerdo con sus relatos, de que estuvieran próximos o alojados en la casa de sus parientes más cercanos, y no del hecho de residir en la base militar y contactar su estructura de apoyo.

Pese a ello, hemos podido constatar circunstancias en las que el jefe del BCA o su suboficial encargado se ocuparon de los problemas de algún familiar de los militares desplegados comunicándose con los encargados del regimiento en Argentina. Desde aquí se tomaba contacto con quienes estaban atravesando o bien una enfermedad u otra situación delicada para darle tranquilidad a la persona en Haití.

En ocasión del terremoto, varias mujeres de militares desplegados concurrieron a ver a la esposa del jefe del BCA 11 en su casa del barrio militar correspondiente al regimiento de donde procedía la inmensa mayoría de los desplegados. Estaban abrumadas por la incertidumbre y el miedo, muy preocupadas y sin noticias. Ella se comunicó con su esposo vía Skype para que él les diera tranquilidad. El jefe a su vez hizo pasar a cada uno de aquellos cuya esposa se encontraba en la casa con su esposa para que se viesen y conversasen.

Ahora bien, este tipo de situaciones excepcionales y que se valían de los vínculos provistos por la organización no eran las que los militares destacaban como aquello que los dejaba tranquilos. Tampoco demandaban más intervención institucional ni la rechazaban. Como ya señalamos a partir del BCA 3 siempre hubo un regimiento que aportaba el grueso del contingente y que se constituían en núcleo. Es este elemento el que de hecho generó lazos o bien conocimiento entre las familias de quienes habían sido desplegados, que luego fueron accionados durante el despliegue. En suma, del mismo modo que entre los *peacekeepers* portugueses, los vínculos provistos por la institución no fueron los que buscaron los efectivos para su tranquilidad, a diferencia de aquellos no los rechazaban.

En Argentina hubo una respuesta institucional resultado del despliegue en Haití que mostró la necesidad de ofrecer un apoyo a las familias de los militares desplegados. Es decir, no alcanzaba con la familia y la comunidad militar forjada tradicionalmente para enfrentar esta clase de situaciones. Este recurso fue desarrollándose en el seno del CAECOPAZ y clasificado entre las "lecciones aprendidas" por impulso de una psicóloga. De hecho la versión argentina del curso predespliegue dictado por CAECOPAZ, que en rigor no debe apartarse de los estándares establecidos por la *Integrated Trainning Service* ITS,[2] ha buscado convalidar aquí una de sus lecciones aprendidas. Esto es la contención y el trabajo para la preparación emocional no sólo del efectivo desplegado sino también de los que quedan, para de este modo "reducir el riesgo de estrés", según cuenta la psicóloga e instructora del CAECOPAZ en un libro de su autoría (Muzio, 2010). El concepto es que el desempeño del militar que despliega no depende sólo de sí mismo sino de sus seres queridos, de los que quedan en el país. El libro de Muzio es auspiciado por el CAECOPAZ y por las autoridades militares de entonces y las recientes, y su actividad es respaldada a tal punto que ella intenta tomar contacto con las familias durante la etapa predespliegue para prepararlas para la situación que se avecina. Este trabajo se complementa con el que hace el jefe del núcleo en la fase predespliegue, quien selecciona del conjunto de los voluntarios aquellos que no tienen ni problemas propios ni familiares que pueden complejizar la misión. También las psicólogas que aplican exámenes previos al despliegue registran problemáticas de quienes –aún voluntarios– registran situaciones "personales" que no han sido comunicadas.

Durante el despliegue, el CAECOPAZ ya no tienen injerencia y si ocurren situaciones familiares complejas, quien interviene es el jefe y subjefe del contingente o el encargado de la unidad si fuera un suboficial o soldado el comprometido. Los suboficiales más antiguos son los encargados de pasar revista a las compañías para conocer los problemas de salud o personales del personal. Uno de ellos nos decía "el tema mío es ver los problemas de la gente".

En tanto, el otro recurso que nos mencionaron para sostener un clima emocional adecuado entre los que parecían requerirlo fue solicitar ayuda del sacerdote o del psicó-

---

2 La ITS es la entidad dependiente de Naciones Unidas encargada de diagramar los cursos y estandarizar los contenidos necesarios a impartir por cada país participante de los despliegues.

logo desplegado junto con el contingente. Estos fragmentos nos permiten ver que el tema que más preocupaba era de qué manera se podía alentar al personal para que no sufriera el "desarraigo" o el "extrañamiento familiar".

El estado emocional del militar pre- y posdespliegue: sobre las evaluaciones psicológicas

Las evaluaciones psicológicas pre- y posdespliegue a las misiones de paz son destacadas fundamentalmente por personal militar y civil de CAECOPAZ y el hospital militar, no porque estén destinadas a seleccionar sino para identificar problemas no dichos. Los exámenes psicológicos de todo el personal militar del contingente a desplegar se realizan durante la etapa de reunión final en CAECOPAZ (es decir, veinte días antes de la partida a Haití), mientras que los tests al momento del retorno se realizan con la llegada del contingente a Buenos Aires. El equipo médico encargado de realizar dichos estudios (psicólogas civiles)[3] corresponde al hospital militar de Campo de Mayo con dependencia del servicio de salud mental, un área entendida con amplia experiencia en la detección, el tratamiento y la derivación de veteranos de la Guerra de Malvinas con patologías asociadas al estrés postraumático.

Tal como se mencionó, las evaluaciones psicológicas predespliegue no estaban orientadas hacia la selección del personal, pues esta tarea la emprendía seis meses antes de la etapa de reunión final, quien conocía al personal como jefe de la unidad núcleo y sería jefe del BCA. Algo semejante ocurría entre el personal de Infantería de Marina. Las psicólogas encargadas de las evaluaciones señalaban que tampoco esas evaluaciones hubieran sido efectivas con tanta

---

[3] El Ejército Argentino no cuenta con psicólogos/as militares, como la Fuerza Aérea y la Marina.

anticipación, ya que no permitirían identificar por ejemplo los "problemas de ansiedad" sobre los que se esperaba trabajar. De ahí la conveniencia de hacer las evaluaciones psicológicas durante la cuarta etapa del curso de predespliegue.

El rol desempeñado por el servicio de salud mental es considerado central para afrontar un acompañamiento apropiado de los militares desplegados, aunque fundamentalmente se ocupa de llamar la atención ante estados emocionales que las autoridades militares no detectaron y la persona involucrada no comunicó. Al respecto, una de las psicólogas afirmaba:

> A veces, cuando hacen el test, vemos que no son voluntarios, que en realidad se están yendo por obligación, eso se ve también en el cuestionario auto administrado... Cuando nos encontramos con esas situaciones nosotros los citamos otra vez y tratamos de sacar la verdad... Acá vienen y nosotros les damos una mano cuando vemos que no son voluntarios.

Otra de las psicólogas relativizaba la ocurrencia de esos casos: "Eso se veía mucho antes, últimamente vienen ya con las valijas hechas, influye el dinero y a la vez que va toda la unidad y ya se conocen, eso fue algo fundamental, ya que se conocen entre sí, y eso ayuda."

El procedimiento para la evaluación predespliegue consistía en aplicar de manera autoadministrada un "test psicológico para ida en comisiones de paz" que luego se completaba con información observada por los psicólogos a cargo. Sumado a esto, se realizaba el test proyectivo conocido como HTP (*House-tree-person*) que evaluaba la personalidad.

La administración y la aplicación de los tests sufrieron cambios, según las explicaciones de las psicólogas. Si bien mantenían el criterio de reunir a los militares en un salón para la confección de los cuestionarios debieron instarlos a que "participen con responsabilidad en la confección de las respuestas... Años atrás, les dábamos la encuesta y dejábamos que contestaran. En cambio, ahora se las damos y les decimos lo que significa la misión y lo importante de comprometerse un poco más."

Al regreso de Haití se aplica el "test psicológico para retorno del exterior" y gracias a su implementación, fue posible detectar casos de militares que deberían ser reevaluados o bien continuar un tratamiento en sus destinos. En particular, esto ocurrió con integrantes del batallón afectado por la catástrofe del terremoto. A partir de su retorno, tres meses después de lo previsto, se postergó la aplicación de este test psicológico hasta después de concretar el reencuentro entre los militares y sus familias, que hasta 2010 se hacía apenas bajaban del avión. El proceder abandonado, nos señalaban, despertaba el malestar de los efectivos que sólo querían estar con sus seres queridos.

No obstante, la experiencia dejada por el terremoto produjo un cambio significativo al decidirse al nivel superior la incorporación de un psicólogo militar desplegado en Gonaïves y destinado al apoyo permanente del batallón. Éste fue provisto por la Fuerza Aérea, la única de las tres con un profesional psicólogo militar, quien se ocupaba de participar de las operaciones realizadas fuera de la guarnición en Gonaïves de manera de tener mayor claridad sobre la experiencia de los efectivos.

Igualmente, las integrantes del equipo de salud mental mencionan que por la situación extrema producida por el terremoto y el regreso 90 días demorado del BCA 11, se aplicó un test específico para el diagnóstico de estrés postraumático. Si bien el test dio negativo en todos los casos, en aquellos militares que hubiera sido conveniente continuar el seguimiento no fue posible hacerlo. Una psicóloga señalaba: "En ese momento la primera evaluación arrojó un índice alto de depresión o de ansiedad… Teníamos que tener seguimiento de tres, seis y nueve meses y no siempre volvieron, cuando se cambian de destino ya no les podemos seguir el rastro."

Como hemos observado, el despliegue en Haití es también considerado, por el personal dedicado a la tarea de las evaluaciones psicológicas, como la misión de paz más crítica desarrollada por la Argentina en los últimos quince años. Sin embargo, la evaluación es la misma que para Chipre. Vuelven muy "conmocionados", nos decían, porque sus expectativas más negativas eran poco al lado de la realidad de las condiciones de vida de la población.

En esto sí había consenso entre los militares que participaron de la MINUSTAH que, a pesar de la información recibida sobre la población local, el mayor impacto sentido se refiere al nivel de pobreza de Haití. Soportar y tramitar estas angustias no está relacionado directamente con la comunicación con sus familias sino con la de sus compañeros. Sobre esto, algunos manifestaron la necesidad de incorporar y de reforzar el servicio psicológico durante y después de la misión de paz debido a que en ésta afloran cambios de actitud inesperados, "cosas desconocidas de uno", "quienes no corren, corrían" por ejemplo. Sobre esto, un jefe de compañía mencionaba que para brindar apoyo entre los desplegados que eran evangelistas se sumaron pastores evangelistas que colaboraron con la contención emocional a través de la religión.

Finalmente, se descartó la posibilidad de que la MINUSTAH pudiese dejar secuelas como las de la guerra posibles de clasificarse como estrés postraumático. Aún las experiencias más delicadas y difíciles, como tener la custodia de camiones de abastecimiento (alimentos) después del terremoto y estar obligado a disparar si alguien se abalanzaba sobre el contenido, algo que ocurrió, o el impacto provocado por la cantidad de población local muerta y abandonada, quedaron fuera de dicho diagnóstico. Ha habido aquí una doble preocupación por las personas y por la respuesta estatal que, en caso de discapacidad causada por los efectos del estrés postraumático, debería compensar el Estado mediante pensiones (según porcentaje de discapacidad) a quienes la padezcan.

Camaradería y contención emocional

En relación con lo anterior, mientras los amigos y los compañeros de la carrera militar son importantes para sostener ciertos cuidados familiares, la figura de los compañeros de la misión de paz se vuelve esencial para la propia contención de los soldados desplegados. A partir de las entrevistas es posible notar que los amigos que se quedan en Argentina mientras los militares están desplegados no ocupan roles centrales de contención y de acompañamiento para quienes atraviesan la misión de paz. Los lazos trazados con los compañeros de contingente son referidos en términos de solidez, de empatía y de intimidad. Y aunque quizás una vez en Argentina no se profundice en esos vínculos con tanta proximidad, se sabe y se tienen presentes las fuertes experiencias comunes compartidas.

Las mismas estrategias para afrontar momentos de cansancio, extrañamiento, angustia, estrés o exigencia, dificultad, desorientación o intensidad durante el período de la misión de paz tanto en lo personal como en lo profesional son repetidas por todos los entrevistados sin importar su grado o su mando. Éstas son mantenerse activo y ocupado física y mentalmente en tareas continuas y regulares que los distraigan y hagan sentir útiles;[4] y permanecer en cercanía y comunicación con los compañeros de trabajo para evitar el aislamiento y los estados depresivos. En todos los casos, los entrevistados se mostraron convocados y sensibilizados –y en algún punto, hasta obligados moralmente– a intervenir y a acercarse hacia algún compañero cuando demostraba tristeza, preocupación y aislamiento. En estas oportunidades, las invitaciones a tomar mate, a conversar,

---

[4] En relación con esto, un entrevistado señaló que, dada la cantidad de trabajo demandado durante las primeras misiones y las más afectadas por las catástrofes naturales, el nivel de actividad y el sentimiento de sentirse útiles eran intensos y altos. Por lo que, por más que el panorama fuera desolador, ellos encontraban motivación en ocuparse de reconstruir y de mejorar las condiciones del lugar.

a jugar a algún entretenimiento, a compartir un cigarrillo son las más habituales y muy apreciadas debido a que la distracción no resulta una cuestión fácil ni menor en una misión de paz como la de Haití.

Igualmente, los superiores se expresan también como responsables de habilitar y sostener activos los canales de diálogo y de interacción con el personal a cargo para estar al tanto de sus estados de ánimo y poder intervenir y motivar en caso de ser preciso.

Licencias y actividades de esparcimiento

Para comprender la relevancia que tiene este aspecto para los militares a la hora de hablar de su experiencia en Haití, hay que considerar el escenario en el que se encuentra la base y ciertas directivas específicas que establece Naciones Unidas para el personal desplegado. La primera cuestión es que Gonaïves era una región sin sitios donde pasar el tiempo libre (cines, teatros, etc.). La proximidad de la playa no daba garantías. No había infraestructura, ni acceso fácil, y al comienzo de la misión tampoco seguridad para los efectivos. Así es que para los primeros batallones debieron encontrar una "ventana", una "vía de escape" de lo que algunos oficiales nombraban como una "olla a presión" o una "caldera", refiriéndose a la convivencia (debido juntamente al encierro del personal en la base y a la ausencia de lugares donde distraerse y compartir con otros). Un oficial superior nos decía que no sólo es fundamental gozar por lo menos de un período de licencia durante la comisión, a fin de volver a sentirse un "ser humano como cualquier otro", sino que además no debe extenderse más de un semestre.

Una de las responsabilidades de los suboficiales encargados y de los jefes fue encontrar estas vías de escape para mejorar la convivencia y la camaradería del personal. Algunos batallones alquilaron un espacio junto al mar u organizaban al personal para que una vez a la semana pudieran, por ejemplo, ir a la playa. Pero este recurso requería de organización. El batallón debía preparar los vehículos y el patrullamiento para acompañar a la fracción del personal en licencia. El viaje por el estado de los caminos, sobre todo al comienzo de la misión, podía llevar cuatro horas de ida y el mismo tiempo de vuelta.

El otro aspecto es la prohibición del comando de la MINUSTAH a los cascos azules de tener cualquier contacto con la población local. Aún en los casos que la persona consintiera la relación con un militar desplegado, era objeto de sanción pues un militar estaba siempre en una relación de superioridad lo que inhabilitaba la autonomía y la libertad del poblador o pobladora. Por supuesto, esto reforzó el encierro del batallón. Si bien dicha prohibición estuvo durante toda la misión, las condiciones de los primeros batallones fueron de difícil cumplimiento. Esto nos manifestaban con sus anécdotas y descripciones los ex integrantes de los primeros BCA, no así los que pertenecieron a los últimos contingentes.

En cuanto a las licencias gozadas por el personal desplegado, son dos, una semana y luego veintiún días. Éstas son obligatorias, deben tomarse todos los días juntos y hay libertad absoluta para decidir lo que quieren hacer durante las mismas, siempre que sea fuera de Haití. Las opciones consisten: en viajar a lugares cercanos como República Dominicana, Miami, playas del Caribe (para hacer turismo y compras); regresar a la Argentina (para visitar a familiares); y quedarse en Haití sólo dentro de los límites de la base. Para cualquiera de las opciones escogidas, los gastos económicos corren por cuenta del personal, es decir que no son cubiertos por Nacionales Unidas ni por las Fuerzas, lo cual incide fuertemente en las decisiones que se van a tomar respecto a viajar o no viajar ya que, como para muchos desplegados la experiencia de la misión de paz representa un ingreso económico extra y significativo, los viajes (ya sean de paseo o a la Argentina) limitan esas posibilidades.

En algunos casos, la decisión de realizar un viaje a Miami, por ejemplo, a República Dominicana o a Argentina, los más usuales, dependía de si los efectivos habían cobrado en Haití. Esta porción de la comisión no se pagaba a todos simultáneamente, por eso también la disparidad en las decisiones.

Sin embargo, las evaluaciones y las determinaciones respecto a qué hacer durante la licencia son variadas entre los entrevistados. El viaje a la Argentina, a pesar de representar la opción más onerosa, en varios casos de familias con hijos pequeños, de situaciones familiares delicadas o de profundos extrañamientos, es asumido por muchos de los militares entrevistados. También son frecuentes motivaciones distintas ante las mismas realidades, es decir, desplegados que priorizando el ahorro decidían no viajar para ver a sus familias a pesar de tener hijos pequeños y extrañarlos. Para no comprometer tanto dinero y hacer uso de la licencia, una alternativa eran las visitas a países o playas cercanas a Haití. Aquí, los gastos económicos no eran tan altos y se aprovechaba a hacer turismo y compras. Igualmente, para quienes la misión de paz significaba una importante entrada de dinero, estos viajes a playas y países cercanos a Haití no superaban la semana o los diez días.

Por último, otra de las opciones habituales tanto para las licencias como para los días *off* consistía en quedarse en Haití con el contingente. En esta estadía en la base durante los días de descanso, al estar permanentemente en contacto con los compañeros y con las tareas a realizar, era muy común que se intercalaran actividades de trabajo (referidas como ayudas a los compañeros) con descanso. Esta alternativa era explicada como practicable por distintas razones: no implicaba gastos económicos, en los contenedores (Corimeg) "se vive bien" (en especial para los últimos batallones), pues se contaba con todas las comodidades para descansar (aire acondicionado, juegos electrónicos, internet inalámbrico). En este sentido, las posibilidades de descanso y viaje que ofrece Haití son señaladas como limitadas; y aquí la comparación con la misión de paz en Chipre era sustancial. Durante las misiones en Chipre, los viajes de turismo y descanso (generalmente a Europa) en los períodos de licencias eran más usuales.

Sumadas a las licencias, el personal contaba con días *off* o días de descanso semanales (llamados muchas veces "francos largos"). Durante estos días, las alternativas eran referidas igualmente como limitadas y es por ello que muchos de los entrevistados decidían quedarse descansando en la base. Para los días de descanso, los contingentes argentinos contaban con casas alquiladas en la costa de Haití. Sin embargo, esta opción les resulta muy engorrosa, cansadora y poco práctica, debido a las malas condiciones de los caminos y rutas. Por lo que un viaje que debería ser corto y para descansar lograba estresar un poco a quienes decidían hacerlo. Así, muchos de los militares decidían quedarse en la base para optimizar el tiempo de descanso. Esta elección excluía, como ya mencionamos, salir de la base y caminar por Gonaïves o por Puerto Príncipe no sólo por la falta de infraestructura y servicios (bares, comercios y otros) sino por la prohibición del contacto con la población. Uno de los entrevistados afirmaba que, aunque hubiera querido salir a "dar una vuelta" y compartir con compañeros un café o una cerveza, esos planes resultaban prácticamente imposibles en estas ciudades. Este militar nos comentaba mientras su compañero asentía:

> Para mí la particularidad de Haití es que uno vive encerrado durante los seis meses. Por ejemplo, los domingos, días de descanso, uno si quería irse a tomar algo a una confitería (lo cual sería una situación típica de esos días) en Haití (y en especial en Gonaïves) no se podía porque no había adonde ir a tomar un café, no hay nada. Y uno puede ser una persona muy divertida, pero con el correr de los días, el encierro te atrapa porque es difícil convivir, no hay alternativas para despejarse y despabilarse, es ir de la misión a la base todo el tiempo; se hace muy rutinario.

El esparcimiento y la distracción se vuelven en esta misión de paz en cuestiones de algún modo preocupantes (en especial para los superiores) dada su dificultad para llevarlos a cabo. Y sobre todo porque se tiene presente que, ante situaciones extremas, exigidas y con pocas alternativas de descompresión y recreo, las posibilidades de que se sumen nuevos problemas y se incremente la presión a los soldados se multiplican fácilmente. Es por esto que, en entrevistas a superiores, son enfáticas las recomendaciones a viajar y hacer uso de los días de descanso porque un subalterno agotado y con tiempo libre "mal empleado" es probable que sólo se concentre en sus problemas personales y los agigante. Al respecto, y pese a la prohibición taxativa de no salir de la base en los días de descanso, uno de esos militares recordaba sus insistencias para que su personal a cargo saliese a hacer compras, a las ferias, a caminar durante sus días de descanso, y que mientras no estuviesen de servicio, aprovechasen a estar en malla, shorts y ojotas para que "se sienta un ser humano" y porque no se puede estar todo el día de uniforme y borceguíes. Mientras tanto, otro colega superior también sugiere que, aunque "gasten un peso de más", se tomen la licencia y viajen a la Argentina para hacer de este modo la misión de paz más llevadera e incluso corta.

Ante las dificultades para viajar (sobre todo de manera más económica y a destinos más cercanos) y fundamentalmente para distraerse dentro de las mismas ciudades haitianas, las actividades de recreación con los compañeros (junto a las buenas comunicaciones mencionadas en el apartado anterior) adquieren un valor central y son nodales para favorecer el éxito de la misión y evitar que los desplegados se depriman. Las actividades deportivas, en particular el fútbol, entre los compañeros del contingente (y en algunos batallones con contingentes de otros países y con la población local) son reiteradas como los momentos de mayor distinción y más esperados dentro de la misión de paz. Se organizan campeonatos y competencias que abonan al mejoramiento a su vez de las relaciones entre los soldados y a alcanzar "la formación de grupo". Cuando se realizaban con la población local formaban parte de las tareas humanitarias de acercamiento a la población y estaban previamente acordadas con las autoridades civiles y militares de la MINUSTAH.

Sumadas a las actividades deportivas (pero en menor medida), los militares se refieren también a las actividades musicales como significativas al momento de las distracciones. El BCA 11 contó con una banda musical y con la ejecución de sus canciones lograron un mayor acercamiento hacia la población local; y en otra oportunidad los soldados participaron en la realización de un festival populoso con artistas locales y argentinos, que antes mencionamos, que fue vivido como una fiesta al que asistió inclusive el obispo, autoridades de la MINUSTAH, entre otros.

Consideraciones finales

El recorrido de este capítulo pivoteó sobre la recurrencia con la que los militares desplegados en Haití narraban su experiencia dando cuenta de cómo lidiaban con sus sentimientos por aquellos que quedaban en Argentina. Estas personas, sus "seres queridos", gravitaban sobre el estado emocional exigido por la misión. La experiencia muestra que hubo una dependencia mutua: los militares desplegados necesitaban saber que estaban bien, y viceversa. La contención emocional que muchos de ellos habitualmente recibían en Argentina no desapareció, debió reconvertirse a la distancia. Esta distancia fue subsanada por las comunicaciones, en particular a partir del tercer BCA, cuando hubo acceso a los mismos recursos tecnológicos que en Argentina. Sin embargo, la administración de las conversaciones también debió ser pautada para que no fuese un vehículo de dramatización.

A diferencia de otros despliegues en misiones de paz, Haití representó una discontinuidad no sólo por tratarse de la operación militar más compleja por el escenario crítico, incierto y de riesgo sino porque el ambiente operacional tuvo impacto en la administración de las emociones. En algún sentido la ausencia de los afectos y las restricciones para salir del encierro o el "gran hermano", fueron un desafío para el conjunto de los efectivos y especialmente para las autoridades militares que ninguna otra operación militar de los últimos treinta años puso en juego.

Género y sexualidad en la perspectiva de militares argentinos en la MINUSTAH

Sabrina Calandrón

Introducción

Al entrevistar a una oficial relacionada con la preparación de los contingentes argentinos que partían hacia la MINUSTAH, nos encontramos con un problema ético y político importante de ser analizado: la llegada de demandas de paternidad a miembros de las FFAA argentinas por parte de mujeres haitianas. Y más allá de las dificultades éticas y políticas que presente la comprobación futura o no de estos casos, lo tomamos también como un asunto de importancia analítica desde las ciencias sociales para comprender una de las dimensiones de las misiones de paz en el mundo. Es importante expresar, antes de avanzar en el texto, que en el trabajo de campo no tuvimos acceso a las denuncias formales ni a los expedientes judiciales, sino que recibimos palabras de preocupación por parte de algunos oficiales por la existencia de dichos reclamos. No obstante, subrayamos que el objetivo de este texto no es comprobar la veracidad jurídica de las acciones sino analizar el lugar que ocupaba la sexualidad en la MINUSTAH, las concepciones de género que legitimaban o alentaban una forma específica de experimentarla y las consecuencias sociales y políticas de ese comportamiento desde la perspectiva de los militares argentinos que participaron de la misión.

Para comenzar, recordemos que las reglamentaciones de Naciones Unidas consideran al embarazo como una forma de "abuso y explotación sexual", el cual está prohibido para todo el personal militar y civil que se desempeña en misiones de paz. Esta etiqueta de "abuso y explotación sexual" (AES) es utilizada por Naciones Unidas para señalar formas de mala conducta que constituyen, en el marco del cumplimiento de las misiones de paz, delitos.[1] A continuación, señalamos algunas cuestiones generales a fin de colocar en la escena conceptual y empírica la problemática.

Toda misión de paz de Naciones Unidas exige el encuentro entre individuos de sociedades y culturas diferentes. Si bien puede haber acuerdos naturales sobre una infinidad de temas de la vida cotidiana, seguramente surgen distancias en relación con muchos otros. En este marco, Naciones Unidas se encarga de establecer rangos éticos y legales universales que no necesariamente son iguales ni a los del país en el que se realiza la misión ni a los del país que aporta tropas militares. Sin embargo, la intervención militar en un territorio en conflicto establece un pie de desigualdad entre las tropas que ofrecen sus servicios para cumplir con la misión de Naciones Unidas y la población civil que ha sido objeto de la intervención. Éste es un elemento de importancia que retomaremos más adelante, a la hora de entender cómo se daban las relaciones personales entre integrantes de las tropas argentinas y la población local durante la MINUSTAH.

Sumado a lo anterior, consideremos que las concepciones acerca de los géneros implican necesariamente un juicio del cuerpo, de la sexualidad, de las relaciones personales, del trabajo, del pudor y de la vergüenza entre muchos otros. Es decir que pensar y actuar en función de ciertas definiciones

---

1 Naciones Unidas, "Division for the advancement of Women". *Sexual Violence and Armed Conflict: United Nations Response*. Beijin, 1998. Disponible en: http://www.un.org/womenwatch/daw/public/w2apr98.htm [consultado en febrero de 2016]; Naciones Unidas, Secretaría. *Medidas especiales de protección contra la explotación y el abuso sexuales*. Boletín del Secretario General, 2003, ST/SGB/2003/13. Disponible en: http://www.un.org/es/comun/docs/?symbol=ST/SGB/2003/13 [consultado en febrero de 2016].

de géneros incluye certezas sobre toda otra serie de objetos y eventos de la vida cotidiana, los cuales nos implican profesional y personalmente.

Ximena Jiménez, en el marco de una formación de Naciones Unidas, indicaba que en la actualidad es más peligroso ser mujer que soldado en un conflicto moderno (Jiménez y Langholtz, 2012). Las consecuencias más recurrentes que sufren de forma focalizada mujeres, niños y niñas durante y después de los conflictos armados son AES en sus diferentes variantes. Esta problemática ha sido uno de los focos del debate mundial en torno de las misiones de paz particularmente a partir del año 2005, con la denuncia realizada por abusos sexuales de cascos azules (también llamados "*peacekeepers*") en la República del Congo, en el marco de la MONUSCO (Misión de Estabilización de Naciones Unidas en la República Democrática del Congo). Esa denuncia alcanzaba a tropas de Pakistán, de Uruguay, de Marruecos, de Túnez, de Sudáfrica y de Nepal, y se apoyaba en un documento presentado a Naciones Unidas por parte de Jordania en el que se acusaba a los soldados de cometer violaciones, pedofilia y prostitución (Allred, 2006).

Si bien las denuncias por abusos, las acusaciones, las pruebas y las defensas de los soldados que participaron en MONUSCO componen a esta altura una importante página en la historia de Naciones Unidas, diremos por el momento que fue ése el puntapié inicial para debatir a fondo reglamentaciones y políticas de prevención de explotación y de abusos basados en identidades sexo-genéricas. Las preguntas surgidas de aquella situación y que hoy recorren buena parte de la bibliografía sobre el tema son: ¿qué condiciones habilitan a los cascos azules a cometer AES? Tomando tal línea de indagación, en este capítulo se explora una faceta de todas esas que se abren en ella: los argumentos de los miembros argentinos de las tropas de paz por los cuales se vinculaban personal y sexualmente con mujeres que formaban parte de la población que debían proteger.

Sexualidad en las misiones de paz: control y peligros

La bibliografía dedicada a discutir acerca de las experiencias en misiones de paz de Naciones Unidas se detiene, con especial énfasis, en el análisis de las reglas y las conductas sexuales de las tropas en los territorios en que son desplegadas. Esta bibliografía hace referencia a una larga historia de malas conductas sexuales por parte de los *peacekeepers* (Allred, 2006). Estudios como el de Elisa Zenck (2010) señalan experiencias pasadas en las que con el arribo de tropas militares se incrementó en más de un 100% la prostitución. Es el caso de Camboya, donde a partir de la misión iniciada en el año 1991 la prostitución se volvió un fenómeno visible que se expandió rápidamente, junto a la propagación del VIH y de la prostitución infantil (Zeck, 2010). En un sentido similar, el informe realizado por Machel Graça para Naciones Unidas señala que en Mozambique las redes de prostitución de jóvenes estaban fuertemente asociadas a los soldados que integraban las fuerzas de paz.[2]

Como resultado de estas denuncias, Naciones Unidas desarrolló una serie de definiciones y de reglamentaciones para la prohibición del AES. Dentro de esa nominación se incluyen las relaciones sexuales con prostitutas y con personas menores de 18 años, la propagación de pornografía, las violaciones y la paternidad. Dentro de la prostitución también se consideran las relaciones sexuales con personas a cambio de favores, alimentos, ayuda humanitaria, trabajo (o la promesa de ello) y cualquier otro objeto de beneficio. Al mismo tiempo, dentro de las normativas internacionales se desalientan las relaciones de los soldados con toda otra persona que sea objeto de la asistencia internacional, aunque no se trate de acciones claramente sancionables.

---

[2] United Nations/UNICEF (1996). Promotion and Protection of the Rights of Children: Impact of Armed Conflict on Children. Report of Graça Machel, presentado en la Asamblea General bajo la Resolución 48/157.

Desalentar las relaciones sexuales consentidas con mujeres adultas que son parte de la sociedad en la que se realiza la misión devela dos cuestiones. La primera concierne al límite de Naciones Unidas para reglamentar vínculos admitidos libremente por las dos partes involucradas. La segunda es la complejidad de distinguir consentimiento (y libertad) o necesidad (y obligación) en un vínculo en el que, probablemente, una de las partes se encuentra sumida en la pobreza y el abandono institucional. La vulnerabilidad debilita la capacidad de los individuos para actuar libremente y, puntualmente en el caso de Haití, la ausencia de un poder judicial que tome denuncias y disponga de medidas judiciales para prevenir la violencia completa un panorama complejo. Sumado a esto, en el caso de realizar las denuncias, posteriormente las víctimas no cuentan con ningún tipo de protección que las mantenga a salvo (Allred, 2006).

Entre los desplegados del contingente argentino había conocimiento del control de Naciones Unidas en relación con estos temas. Si bien la información no era certera, circulaban rumores acerca de medidas disciplinarias sobre contingentes de otros países. Un oficial que participó en más de una ocasión en la MINUSTAH se refirió a la repatriación de militares de Sri Lanka por haber estado involucrados en una red de prostitución y de Uruguay por una violación. Frente a esto, algunos militares que formaban parte de la conducción de los batallones argentinos indicaban la importancia de que las patrullas nocturnas se realizaran al mando de un militar jerarquizado, de forma que ejerciera un fuerte liderazgo y velara por una mayor adecuación a las reglas.

Al control que Naciones Unidas ejercía sobre los vínculos con la población haitiana se sumaba una orden específica del *Force Commander* de la MINUSTAH por la que prohibía, según nos relataron oficiales de alta jerarquía en los contingentes argentinos, cualquier tipo de contacto que excediera lo profesionalmente necesario en las patrullas o actividades de ayuda humanitaria. Entre los militares argentinos este celo en las relaciones con ciudadanos locales estaba presente. En una ocasión, un suboficial mayor relataba los padrinazgos a instituciones haitianas (como ONG) que normalmente incluían a niños y niñas. Recordaba la angustia que le provocaba saber de la pobreza y de la escasez, al nivel de que cualquier juguete era para los niños un bien preciado. En ese contexto, él decidió llevar de obsequio un muñeco para una nena de unos tres años integrante de una de las instituciones apadrinadas, para cuya entrega solicitó la presencia de observadores que testearan el encuentro. Los temores de que cualquier acto altruista o solidario pudiera leerse, a los ojos de Naciones Unidas, como una práctica corrupta y sancionable estaban presentes en la perspectiva de algunos militares.

Sin embargo, también expresaron una postura defensiva que explicaba las denuncias a las fuerzas de paz como parte de una "campaña de desprestigio" hacia Naciones Unidas. Para contrarrestar y evitar eso, las patrullas eran, en muchas ocasiones, grabadas por los soldados a fin de demostrar la legalidad de los procedimientos. Ésta era una respuesta frecuente entre los altos mandos militares frente a las acusaciones, no sólo por parte de Argentina sino de la mayoría de los países. La vergüenza por las acusaciones (sean o no fundadas en pruebas) derivaba en el rechazo de informes, en la negativa a investigar o en la disposición a hacerlo sólo en el país de origen (lejos de las pruebas y los testimonios).

Este conjunto de peligros y controles debía convivir con el desarrollo de una vida más o menos llevadera para los centenares de militares que se desplegaban en cada contingente argentino. El esparcimiento, la diversión y el entretenimiento, tal como vimos en el capítulo anterior de este libro, constituían una necesidad al mismo tiempo que un riesgo de cara a los controles de prácticas y relaciones sexuales durante la misión. Las actividades de recreación, la "desconexión" con el trabajo, el descanso y la diversión estaban ligadas, para algunos de los militares que vivieron la experiencia de participar en la MINUSTAH, con las salidas nocturnas, el cortejo amoroso, la atracción física y el placer sexual. Un suboficial indicaba que esta articulación de temas y prácticas se habían convertido en "un tema tabú" hacia "afuera". Es decir, era un asunto que compartían entre camaradas pero que no era posible tratar ni con superiores militares ni con funcionarios políticos. La postura de este suboficial antiguo era la siguiente:

> Nadie habla de esto [la sexualidad] y es una realidad. Muchos militares tienen pareja allá y no está mal que les ayuden a mantenerse. Les pasan un poco de plata y pueden mantenerse, eso no está mal. Contribuyen con dinero para toda la familia. Todos nosotros tenemos necesidades, ésa es la verdad de la que nadie habla. Y más cuando no vas una sola vez sino dos o tres o cuatro... Pasás más tiempo allá que acá con tu familia.

En esta perspectiva, el suboficial apuntaba a distinguir las maneras de relacionarse de forma consentida o aceptada con las mujeres haitianas de las violaciones. Y, en su lectura, las reglamentaciones de Naciones Unidas deberían modificarse. Es interesante poner de relieve la prolongación en el tiempo de la misión a causa de la rotación del personal, lo que fue subrayado como posible fuente de desgaste que, desde esta mirada particular, repercutía en tensiones y dificultades para sostener el despliegue. Particularmente, los integrantes de la Fuerza Aérea realizaron dos, tres o más comisiones debido a la baja cantidad de efectivos (especialmente quienes contaban con la especialidad de pilotos). Estas largas estancias en Haití –junto a la necesidad de descomprimir la concentración en la base militar y desarrollar estrategias de descanso y "desconexión" del trabajo– colaboraban, en la mirada que nos proporcionaron los militares que entrevistamos, con los encuentros, los intercambios, las transacciones y los vínculos con mujeres locales.

Un problema de reciente visibilización ocasionado por las relaciones de los desplegados con la población local fueron los reclamos de paternidad que hubo desde MINUS-TAH a las tropas argentinas. Si bien en el trabajo de campo no accedimos a documentos oficiales, fue reveladora la preocupación de algunos efectivos por estas supuestas demandas. En relación con este punto, una oficial nos señaló su posición al respecto:

> Esa gente está toda vulnerada, hombres y mujeres, nadie tiene sus necesidades básicas satisfechas [...]. Entonces que vos como... seas el custodio de los derechos humanos de esas personas y se los vulneres dejando a una embarazada, es terrible. Mi trabajo de hormiga es trabajar con la cabeza de estos tipos desde acá [Argentina] decirles "mire usted va a tener necesidades, yo sé que le puede gustar una mujer... usted no tiene que tener relaciones y si las tiene... ¡Cuídese!".

Retomando las normativas de Naciones Unidas, la prohibición de la paternidad y del consumo de prostitución a integrantes de las tropas de paz durante el despliegue es taxativa. Aunque en la manera de señalar las demandas por posibles paternidades de militares argentinos no se incluía referencia a relaciones sexuales forzadas, para Naciones Unidas la paternidad es un modo de AES. La causa de esta concepción es la desigualdad entre los militares y la población (a la que nos referimos líneas antes) y de la generalidad de la ayuda humanitaria brindada en Haití que alcanza, prácticamente, a toda la población.

La número cuatro de las diez reglas consideradas dentro del Código de Conducta del personal de Cascos Azules –aprobado en el año 2008– dispone la prohibición de realizar actos inmorales de AES, física o psicológica hacia la población local o a personal de las Naciones Unidas, en especial mujeres y niños.[3] En el mismo sentido, las directivas sobre cuestiones disciplinarias para los oficiales de policía civil y los observadores militares enumeran como actos no permitidos por Naciones Unidas los siguientes: abuso sexual y explotación de personas, en particular los niños; acoso, incluido el acoso sexual; abuso de autoridad; uso excesivo de la fuerza; descarga ilegal de armas de fuego; abuso de los privilegios e inmunidades de las Naciones Unidas; conducta perjudicial para el buen orden y la disciplina; entre otros.[4]

Velar por la conducta sexual de los integrantes de tropas de paz ha sido de tal importancia para Naciones Unidas que cuenta con documentos específicos donde incluyen estadísticas de denuncias recibidas, directivas sobre las formas adecuadas de actuar y posibles sanciones en caso de faltas.[5] En este marco de atención y compromiso expresado por el organismo internacional, esos supuestos reclamos se volvieron potencialmente alarmantes para los militares dedicados a la organización y el monitoreo de cada uno de los contingentes a fin de evaluar el desempeño en conjunto.

---

[3] En el original: "Do not indulge in immoral acts of sexual, physical or psychological abuse or exploitation of the local population or United Nations staff, especially women and children". En: Naciones Unidas. Ten rules. Code of Personal Conduct for Blue Helmets. Disponible en: https://cdu.unlb.org/ UNStandardsofConduct/TenRulesCodeofPersonalConductForBlueHelmets.aspx [consultado en febrero de 2016]. Es para destacar que las referencias a la observancia del derecho internacional humanitario, que incluye la sanción a cualquier tipo de abuso o explotación sexual, se presenta en innumerables documentos de Naciones Unidas que son anteriores.

[4] Naciones Unidas. Directives for Disciplinary Matters Involving Civilian Police Officers and Military Observers. Disponible en: https://cdu.unlb.org/Portals/0/PdfFiles/PolicyDocG.pdf [consultado en febrero de 2016].

[5] Naciones Unidas, "Division for the advancement of Women". *Sexual Violence and Armed Conflict: United Nations Response.* Beijin, 1998. Disponible en: http://www.un.org/womenwatch/daw/public/w2apr98.htm [consultado en febrero de 2016]. Naciones Unidas, Secretaría. *Medidas especiales de protección contra la explotación y el abuso sexuales.* Boletín del Secretario General, 2003, ST/SGB/2003/13. Disponible en: http://www.un.org/es/comun/docs/?symbol=ST/SGB/2003/13 [consultado en febrero de 2016].

Existen, en la historia de las misiones de paz, casos de denuncias a integrantes de tropas de otros países por explotación sexual (en sus diferentes formas) que se dieron a conocer públicamente, fueron llevados a juicios y, en algunos casos, comprobados. Esos casos propiciaron estudios desde las ciencias sociales que señalan al silencio frente a las infracciones vinculadas a la sexualidad y la minimización de los daños por parte de los militares como producto de una marcada tolerancia de los batallones a este tipo de problemas. Sarah Martin (2005) argumenta la existencia de una "cultura hipermasculina" entre los cascos azules que favorece la indulgencia a los abusos y la explotación sexual durante las misiones. De esta forma, Martin pone el foco más en la naturaleza de las relaciones entre pares (varones y militares) que entre ellos y las mujeres que son objeto de esas prácticas. Ésta es una referencia recurrente en delitos atravesados por las desigualdades de género. En esta línea de interpretación, la falta (o el delito) tiene como objeto la demostración de fuerza y virilidad ante una comunidad de pares "con el objetivo de garantizar y preservar un lugar entre ellos probándoles que uno tiene competencia sexual y fuerza física" (Segato, 2003: 33).

En la medida en que puntualizamos en una masculinidad solidaria con los comportamientos sexuales inapropiados (y las sucesivas justificaciones de ellos) es necesario reconstruir aquello con datos empíricos. Esto se debe a la importancia de evitar esencialismos o generalizaciones acerca de una supuesta "cultura masculina" única tanto como de una "cultura militar" invariable.[6] Es probable que encontremos algunas pistas sobre esta problemática en el modo en que los militares entienden y describen a las mujeres haitianas, foco de los abordajes sexuales, y en que significan las masculinidades de los varones haitianos y de militares de otros países con quienes compartieron la misión.

---

6   Acerca de este asunto resulta esclarecedor el debate acerca de la cultura policial (Frederic, Garriga, Galvani y Renoldi, 2013).

Como estrategia, veremos el modo en que se describían a sí mismos, su propia masculinidad, en contraste con cómo describián a los varones de Haití, eventuales competidores por la atención de las mujeres durante la misión.

Percepción de las identidades locales de género

Con el objetivo de comprender la actuación de las tropas argentinas en la MINUSTAH, puntualmente en lo referido a las relaciones de género, describiremos los rasgos y las cualidades que algunos integrantes de las Fuerzas Armadas argentinas consideraban propias de la población en la que intervinieron y que los distinguían de su propia masculinidad (en tanto militares y en tanto argentinos). Es allí donde encontraremos la materia principal con la que se elaboran justificaciones y límites del accionar militar en Haití. Utilizaremos la perspectiva de la interseccionalidad de género para comprobar que la masculinidad, por sí sola, no determina formas comunes de actuar, sino que se integra a otras cualidades produciendo modos disímiles de "ser hombres". En este caso, tomaremos las diferencias étnicas como una cualidad que intersecciona al género y abre el abanico de la masculinidad (distinguiendo masculinidad de las tropas argentinas, masculinidad de los haitianos y masculinidad de tropas extranjeras) y de la feminidad (feminidad argentina y feminidad haitiana).

Durante el trabajo de campo, con frecuencia, nos encontramos con la percepción de una importante distancia cultural entre las tropas argentinas y la población haitiana. Si bien en más de una ocasión los militares expresaban haber hecho un esfuerzo por comprender las costumbres en Haití, también revelaban la presencia de una profunda inconmensurabilidad que hacía pie en la permanencia de "valores culturales" distantes.

Uno de los oficiales que ejerció un rol de alta jerarquía durante la misión se refería a la población local como propietaria de un "primitivismo desconocido" para él. Este valor los llevaba a actuar de forma incoherente, deshonrada y libertina. En su lectura, los ciudadanos haitianos no tenían respeto por la autoridad ni obedecían las reglas civiles, razón por la cual cualquier conflicto menor se dirimía por medio del uso de la fuerza bruta. Como ejemplo de ello señalaba que, en cierta ocasión, una disputa por un animal pequeño para consumo doméstico había sido resuelta por medio de "machetazos" que dieron muerte a una de las partes del conflicto. Esto demuestra también el bajo valor de la vida humana, desechada a expensas de la obtención de un animal.

La ausencia de valores civiles y ordenamientos sociales también eran causas, siguiendo la perspectiva de algunos de los militares que fueron parte del contingente argentino, de la circulación de enfermedades venéreas, la iniciación sexual temprana (alrededor de los 12 años), la ignorancia acerca de cuidados de salud en general y sexuales en particular. Una de las pocas instituciones sociales que se mantenía activa era la religión, alrededor de la que se realizaban innumerables rituales espirituales que, en ocasiones, contradecían normas generales de higiene y de salud.

Este conjunto de características nos ofrece el marco para entender cómo una parte de los militares argentinos consideraban a la población en la que actuaron. Por un lado, algunas consideraciones basadas en estadísticas poblacionales, como el bajo nivel de alfabetismo, la corta esperanza de vida (que rondaba los 44 años al comienzo de la MINUSTAH) y la precariedad de las instituciones de salud. Por otro lado, un conjunto de apreciaciones más generales, como el poco apego a la autoridad civil, el inicio sexual temprano y la inclinación hacia las creencias religiosas. La precariedad de la población local los llevaba, siempre desde la mirada de miembros de las fuerzas armadas, a estar dispuestos para arreglos deshonrosos a cambio de cualquier elemento de subsistencia, como por ejemplo comida.

Las formas de relación entre mujeres y varones haitianos eran descritas con una fuerte carga valorativa, generalizadora y descalificadora. La cualidad más recurrente entre las percepciones de los miembros de las FFAA argentinas sobre los haitianos era la "haraganería". "Mientras las mujeres trabajan y llevan las cargas de bolsas e hijos –decía una suboficial–, los hombres juegan todo el día". La imagen que en varias ocasiones ofrecían los efectivos argentinos era de grupos de hombres haitianos en las calles durante varias horas, tomando bebidas alcohólicas y ocupados en juegos de mesa, cartas y apuestas. Un oficial fue contundente al sostener que "el haitiano es vago y atorrante".

Parte de la masculinidad local se erigía, de acuerdo con las impresiones de algunos desplegados argentinos, sobre el desprecio a las mujeres. Los hombres tenían una consideración propia de superioridad. Un oficial reconstruyó una situación vivida mientras realizaba un control de colectivo de pasajeros, que lo había impactado. En el control hacían bajar a todos los pasajeros para requisarlos y al terminar la revisión, los militares les daban prioridad a las mujeres para que subieran nuevamente al colectivo. Sin embargo, este gesto entendido para los militares como un acto de caballerosidad por parte de ellos generaba muchas quejas entre los hombres haitianos que se consideraban prioritarios para retornar a sus asientos.

Esta forma de actuar en la vida cotidiana era trasladada, en las consideraciones de los militares, a la situación global del país. Para la mayoría de los desplegados en la misión "se veía mucha ayuda de Naciones Unidas, pero el país no cambiaba nada porque los haitianos no se levantaban, no participaban, sino que sólo exigían/pedían ayuda, pero no cambiaban su actitud". La falta de laboriosidad, entusiasmo y autonomía que se veía en el desarrollo de la vida doméstica se trasladaba a una escala mayor y se hacía responsable de ese tipo de personalidad de los hombres a las condiciones de abandono y pobreza de todo el país. El argumento llegaba a tal punto que un oficial de alta jerarquía ilustraba la situación con el uso del término "dádiva-adicto" para caracterizar a "los haitianos".

Vistos como sujetos irresponsables e interesados al mismo tiempo, una suboficial de la Infantería Marina subrayaba que "en momentos de repartir comida se desbandaban y eran capaces de agarrar a cualquier nene que ande por ahí para recibir comida y después lo tiraban o lo pasaban por encima". Así, la insensibilidad frente al sufrimiento de niños y mujeres aparecía como propia de los haitianos, al contrario de los militares argentinos que se consideraban preocupados y sensibilizados por el sufrimiento de esas personas. En este sentido, emociones como extrañar a la familia, angustiarse por la miseria ajena o preocuparse por amigos que quedaban en Argentina eran expresados con frecuencia por oficiales y suboficiales.

A la hora de describir situaciones cotidianas, ciertos militares que entrevistamos destacaban la fortaleza de las mujeres para hacerse cargo del hogar, buscar el alimento de toda la familia, cargar los bultos de compras o elementos que juntaban de la vía pública. A pesar del contexto desfavorable en el que se encontraban, las mujeres parecían tener mayor predisposición a realizar tareas y esfuerzos físicos a fin de mantener a toda su familia, incluyendo al marido.

Como parte de las dinámicas familiares, algunos militares argentinos insistían en la existencia de una forma de vinculación que les llamaba la atención: para ellos era "común" que las mujeres les cobraran un monto de dinero a sus maridos para tener relaciones sexuales. Ellos usan, según lo que pudieron entender esos efectivos, esta forma de intercambio de dinero por sexo al interior de las relaciones maritales. De este modo, veían a la prostitución como una predisposición típica de las familias haitianas. Y en virtud de ello, los militares entendían que las formas de intercambio de sexo por dinero era una estrategia más, entre tantas otras, de supervivencia de las haitianas. Esto es relevante en la medida en que naturalizaban la prostitución como una característica de las mujeres haitianas.

Esta percepción está relacionada con otra, mencionada líneas antes, acerca de la temprana edad de iniciación sexual de las mujeres. Por lo cual la prostitución era considerada no sólo un fenómeno corriente entre las mujeres adultas sino también entre las niñas y las jóvenes. Incluso en este punto aparecían apreciaciones de estilo "es su cultura", "no van a cambiar" o "con sus costumbres no hay que meterse". Además de esta postura de justificación y naturalización de la prostitución como típica de una cultura "inferior" o "primitiva" como consideraban a los haitianos, encontramos otras manifestaciones distintas que hacían eje en la preocupación por la problemática social de la prostitución. Es para destacar que estas apreciaciones las hallamos, sobre todo, en entrevistas con militares mujeres. Algunas de ellas expresaron haberse sentido impactadas profundamente al observar y notar las dimensiones de la prostitución. Esto ocurría, por ejemplo, al salir en los vehículos militares porque eran seguidos de cerca por personas que ofrecían servicios sexuales a viva voz. Laura, una suboficial que participaba en patrullajes en la región de Gonaïves, recordaba:

> en una de las primeras patrullas que salí escuchaba que nenas y mujeres gritaban esa palabra… No entendía qué era y pregunté a mis compañeros y me dijeron que era la forma de llamarle al sexo oral y que estaban diciendo el precio… Eso fue una de las cosas más fuertes que vi allá.

Al mismo tiempo, entre los batallones argentinos estuvo presente la experiencia de tropas de otros países lejanos, por ejemplo, Sri Lanka o Bangladesh. En más de una ocasión nos relataron la necesidad de diferenciarse de los militares de esos países porque habían tenido un desempeño trazado por "malas conductas" que en algunos casos fueron sancionadas por Naciones Unidas. Esas faltas se trataban, de acuerdo con lo que circulaba entre los desplegados argentinos, de abuso de la fuerza o de abusos sexuales. En esa intención por distinguirse no primaba el interés por acusar a otros países sino por identificarse a sí mismos como respetuosos, racionales, profesionales y sensibles.

Diferenciarse de la masculinidad haitiana, por un lado, y de la masculinidad de tropas militares de otros países vistos como lejanos (geográfica y culturalmente) por el otro, da por resultado un conjunto de cualidades que componen la masculinidad militar argentina. Activos, viriles, responsables, sensibles, solidarios, caballeros, profesionales y sensatos. Éstas son algunas de las que compondrían la masculinidad considerada hegemónica y deseable entre buena parte de los militares argentinos. Tales características no son universales a todos los militares ni a todos los argentinos, sino que se trata de una configuración situada que, en consonancia con otros trabajos (Kachtan, 2016), aporta al conocimiento de las masculinidades militares en general.

Cambiar las prácticas

La elaboración de recomendaciones atraviesa buena parte de la bibliografía académica así como los informes técnicos sobre el desempeño de los cascos azules. Algunas de ellas ya han sido tomadas y postuladas por Naciones Unidas. Una primera recomendación interesante, relacionada con el tema de este capítulo, es la que apunta a disminuir la masculinidad proclive a tolerar y a ocultar explotaciones y abusos sexuales a partir de la incorporación de una mayor cantidad de mujeres (Bournival, 2010). Esta afirmación se sostiene en la idea de que las militares serían capaces de alterar los patrones patriarcales que apoyan la violencia sexual (Wood, 2006). Sin embargo, la bibliografía evita una confianza ciega a la efectividad de esta técnica y la incluye con ciertos recaudos. En este sentido, la presencia de mujeres no detendrá la violencia sexual, pero una fuerza más equilibrada en términos de género podría ser proclive a la denuncia de conflictos sexuales y a una integración distinta con mujeres de la población local. En línea con esta postura, las personas que nos expresaron preocupaciones por el supuesto accionar sexual de algunos militares y los impactos personales por la extensión de la prostitución en Haití fueron militares mujeres. De manera que registramos una forma diferente, por parte de ellas, al expresar las complejidades de los despliegues vinculadas a las experiencias y las prácticas sexuales.

A raíz de este supuesto que considera valioso el trabajo de las mujeres para limitar diferentes formas de AES, la Resolución 1325 de Naciones Unidas, aprobada en el año 2000, promueve la participación de mujeres militares en operaciones de paz. Esta línea de acción fue de especial interés para los Ministerios de Defensa de Argentina y Chile. Sin embargo, el bajo porcentaje de mujeres en la MINUSTAH se mantenía y estaba vinculado a que ellas constituyen un porcentaje también bajo con respecto a los varones en el conjunto de la FFAA, más allá de que esta tendencia se modificó en las últimas décadas con la consecutiva eliminación de antiguas restricciones al ingreso de mujeres (Frederic y Calandrón, 2015). En estos más de 10 años la cantidad de mujeres que participaron del contingente argentino llegó al 4% del total enviado. De esas 432 mujeres que participaron, la mayoría eran suboficiales o soldados (el 71%). Aunque en CAECOPAZ nos confirmaron la existencia de un cupo mínimo de participación de mujeres (establecido en 10%), éste nunca se cumplió por "falta interés de las mujeres". Allí, algunos instructores lo asociaron a la definición y la experiencia de la maternidad, a causa de lo cual "les cuesta mucho más que a los varones estar por seis meses lejos de sus hijos".

Otro eje identificado como clave en la modificación de prácticas abusivas durante las misiones de paz es la formación. La bibliografía señala que una formación más enfática en cuestiones de género podría mejorar sustantivamente los resultados de los despliegues de cascos azules. Al respecto del caso argentino, dentro de la formación impartida por CAECOPAZ se incluye como parte del curso de predespliegue el módulo "Mujer, paz y seguridad" orientado a trabajar sobre las problemáticas de género. Este curso tiene carácter de obligatorio para todos los cursantes y sus contenidos se encuentran estandarizados con los requisitos de formación estipulados por Naciones Unidas.

La finalidad principal del curso, nos decían, se orienta a la posibilidad de brindar información relevante y actualizada sobre la perspectiva de género en las operaciones de paz para que los cursantes cuenten con conocimientos básicos y fundamentales. Se esperaba igualmente que el curso se constituyera en una "herramienta de transmisión por parte de los miembros integrantes de los contingentes argentinos, de las lecciones aprendidas, sus aciertos y sus desafíos, generando un acceso compartido a la temática de género desde nuestro país hacia el resto de las naciones". El curso era de modalidad presencial; estaba dividido entre una parte teórica (exposiciones de los expertos con la participación de los cursantes) y una parte práctica (en la que se desarrollan casos de estudio, basados en la simulación de situaciones reales de conflictos o violencia de género); y si bien el proyecto curricular estipula una duración anual, el trabajo es de no más de noventa minutos. Sus coordinadoras lo evaluaban como un tiempo de trabajo insuficiente para generar conciencia y modificar prácticas "machistas". Sin embargo, era tomado como un espacio de alta relevancia en el tratamiento de cuestiones de género y consideran que, de extenderse y obtener un lugar más troncal, los resultados serían aún más destacables.

En relación con estas últimas prácticas, una teniente coronel agregó que, según su observación, a los hombres les resultaba muy difícil someterse al mando de una mujer y que esto –contrariamente a lo que pensaba en un principio– atravesaba a todas las generaciones de miembros de las fuerzas. Para ella el género tiene una mayor gravitación que las jerarquías y, si bien en las FFAA hay una aproximación evidente hacia la igualdad de género, consideraba que no todos estaban de acuerdo con que una mujer ejerza cargos jerárquicos importantes o exigentes (como hacer guardias) aunque sean merecidos y correspondidos.

A diferencia de las consideraciones anteriores, las opiniones que recabamos en las entrevistas, tanto a varones como a mujeres integrantes del contingente que actuó en Haití, mostraban un bajo grado de distinción de las tareas operativas por género. En su lugar, los condicionantes eran el rango y la función de cada miembro del contingente. Uno de los oficiales superiores a cargo de un batallón aseguraba que todas las mujeres que trabajaron con él eran "impecables", entrenaban a la par de sus compañeros varones y eran capaces de responder a iguales exigencias. No obstante, las relaciones entre hombres y mujeres durante la misión de paz podían tornase conflictivas por la misma situación de encierro. Sobre esto, la descripción era la siguiente: "ocurrió que, en ese encierro, en los momentos de distensión comienzan las bromas, y hay mujeres que no se prenden y otras que sí. En este juego, algunos toman un poco más y en fin..."

Consideraciones finales

En este capítulo analizamos el lugar que ocupó la sexualidad en las experiencias de los militares argentinos durante el despliegue en la MINUSTAH, tanto cuando se refirieron a ella como una fuente de conflictos, como una "necesidad natural" o como un eje de controles por parte de Naciones Unidas o del *Force Commander*. Si bien el texto parte de preocupaciones de algunos militares sobre supuestas denuncias por paternidad a desplegados de nuestro país, corremos el foco de análisis a los argumentos que utilizaban los cascos azules argentinos para explicar esos posibles encuentros o para condenarlos.

La sexualidad constituyó durante la MINUSTAH un tema sensible que, en algunos casos, llegaba a ser considerada una cuestión "tabú". Lo era por el pudor que envuelve el tratamiento del tema (personal y, en algunos casos, íntimo) y por el control y la condena que Naciones Unidas desarrolló a una serie de prácticas consideradas bajo la etiqueta de AES. Este capítulo exploró la presencia, en el imaginario de los militares, de este control a tal punto que tomaban recaudos especiales para cualquier contacto con la población, temiendo que los contactos más comunes se malinterpretaran y fueran sancionados. Aunque convivía con esta postura aquella otra que indicaba al placer, las salidas nocturnas o de fines de semana y las relaciones íntimas con mujeres haitianas como necesarias para una vida cotidiana más llevadera en el batallón.

Simultáneamente, este texto recorre las explicaciones de la urgencia de la sexualidad durante la misión mostrando, fundamentalmente, las formas de identificación de género de los militares argentinos. Buena parte de ellos se caracterizaban como activos, viriles, respetuosos, hacendosos, caballeros y profesionales entre varias otras cualidades. Al mismo tiempo, consideraban a las mujeres haitianas como fáciles de abordar, sexualizadas, activas, fuertes y predispuestas a cualquier intercambio que les permita la subsistencia material. En este terreno de una "masculinidad deseable" y una "feminidad dispuesta" era que se explicaban las "tentaciones" y algunos vínculos con las mujeres locales.

Este capítulo analiza cómo es que la sexualidad es un fenómeno complejo que no puede abordarse aisladamente. Un factor de importancia es la dificultad de algunos militares para lidiar y asistir a diferencias culturales que consideraban fuertes y determinantes. La ausencia de herramientas para procesar esta distancia quedó a la vista en algunas de las entrevistas. Sobre todo si tenemos en cuenta que se trató de una experiencia emocionalmente intensa (tal como lo muestra Frederic en el capítulo anterior de este volumen), en una sociedad pobre y desesperada y en instancias de grandes tragedias.

Finalmente, el capítulo puntualiza en las expectativas de cambiar y de mejorar las relaciones con poblaciones locales en el marco de misiones de paz. Éstas apuntan al fortalecimiento de la formación en género y la integración de un número mayor de mujeres en las fuerzas militares. Acerca de este tema, fueron reveladoras las perspectivas de militares mujeres que integraron las fuerzas desplegadas en Haití en relación con la problemática de la sexualidad, las sospechas de paternidad y las desigualdades de géneros que hallaron durante la misión. Un camino, sin dudas, para seguir explorando.

La valoración de los militares sobre la MINUSTAH a través de una encuesta de opinión

Introducción

El desempeño de las Fuerzas Armadas en operaciones de paz bajo el mandato de Naciones Unidas ha sido un tema de especial relevancia en la literatura especializada en temas militares. Desde diferentes perspectivas se han considerado la diversidad de estilos operativos desplegados por los distintos países y el papel desempeñado por los militares en las operaciones de paz (Soeters y Manigart, 2008; Ruffa, 2014). En este marco, la opinión de los propios militares sobre su experiencia operacional y la valoración sobre el desempeño profesional se presentan como una dimensión particularmente interesante en un contexto caracterizado por un fuerte proceso de profesionalización de las fuerzas armadas.

El objetivo del presente capítulo es explorar las valoraciones que los militares argentinos poseen con respecto a un conjunto de dimensiones vinculadas con el rol de la familia, la valoración de la experiencia y el desarrollo profesional, a partir de la participación de las Fuerzas Armadas argentinas en la misión de paz desarrollada en Haití entre el año 2004 y el año 2015. Para ello analizaremos los resultados obtenidos a través de la implementación de una encuesta de opinión realizada a 349 militares argentinos que formaron parte de ella.[1]

La propuesta de análisis busca complementar las miradas desarrolladas en los capítulos precedentes desde una perspectiva cuantitativa, con el propósito de reconocer regularidades en la perspectiva de los actores sobre la experiencia desarrollada en Haití.

El trabajo se propone conocer entonces la opinión de los militares sobre un conjunto de aspectos constitutivos de la misión, como así también revisar el alcance y las tensiones que se despliegan en relación con las valoraciones que realizan los distintos integrantes de las misiones de paz.[2]

---

[1] La encuesta de opinión fue parte de la información producida en el marco del Convenio de Asistencia Técnica entre el Ministerio de Defensa de la Nación y la Universidad Nacional de Quilmes, desarrollado durante el año 2015. La selección de los casos se definió en términos teóricos y no probabilístico. El principal objetivo era conocer la opinión de los militares argentinos que habían participado de la misión en los momentos en que ocurrieron eventos críticos que afectaron su desarrollo. En este marco se establecieron cuotas en función de dos criterios centrales definidos por la distribución proporcional de los integrantes de los distintos cuerpos (oficiales, suboficiales y soldados) y por la pertenencia a las diferentes armas que participaron en la misión (Ejército, Fuerza Aérea y Armada). Las características que asume esta población, definida por el desplazamiento continuo y las bajas, dificultaron la identificación de los casos y el alcance del relevamiento. Como consecuencia de esta situación, la tasa de respuesta fue del 70% de los casos originalmente considerados en el diseño de la muestra, que poseía un tamaño de 500 casos. Por otra parte, la elaboración del cuestionario se realizó a partir de la información relevada mediante una serie de entrevistas desarrolladas previamente a militares que participaron en la MINUSTAH. A través de las entrevistas se logró identificar dimensiones e indicadores de interés que dieron origen a las preguntas que luego estructuraron el cuestionario utilizado. Dicho cuestionario fue evaluado por integrantes del Estado Mayor Conjunto, quienes avalaron su contenido. Asimismo es importante aclarar que las respuestas a los cuestionarios por parte de los militares fueron anónimas.

[2] En este plano, buscaremos avanzar en el análisis de la relación entre respuestas a preguntas cerradas y abiertas con el propósito de observar las tensiones y variaciones que se expresan entre ambas formas de captar la percepción de los militares encuestados.

A través del análisis de la correspondencia entre las opiniones que expresan los militares en preguntas cerradas y abiertas buscaremos dar cuenta de los acuerdos, las tensiones y las disidencias que se producen entre las respuestas a opciones predeterminadas y las narraciones desplegadas por los encuestados, identificando los aspectos centrales que articulan la percepción de los militares en general y de los distintos cuerpos (oficiales, suboficiales y soldados) en particular que participaron en la MINUSTAH.

Nos proponemos avanzar a través de un conjunto de interrogantes que centran su atención en el plano de la opinión y la valoración que los militares tuvieron sobre una serie de aspectos vinculados a la familia, la formación, la participación y la recepción por parte de otras fuerzas y de la sociedad civil. En torno a estas dimensiones buscaremos observar cómo se constituye la relación entre el "saber hacer" que impone la institución a cada uno de sus integrantes y las percepciones que expresan los militares encuestados a partir de la participación en un espacio social desconocido y hostil.

Este trabajo constituye una primera aproximación, desde una perspectiva cuantitativa, a las tensiones entre las prácticas de subjetivación que la institución militar impone sobre sus integrantes y las autopercepciones y autoadscripciones que los propios sujetos construyen sobre sí mismos respecto del trabajo, de la familia y de su función y su lugar en la sociedad en un contexto definido por la profesionalización de las fuerzas armadas y su actuación en entornos culturales cada vez más diversos.[3]

---

[3] La estrategia de análisis que desarrollaremos en este trabajo se basa en considerar para cada uno de los ejes seleccionados un conjunto de preguntas que articulan respuestas cerradas y abiertas. El tratamiento de la articulación entre este tipo de respuestas y, especialmente, el análisis sistemático de las preguntas abiertas se encuentra en plena expansión, aunque aun en desarrollo. Es importante señalar que el análisis planteado en este trabajo implica considerar las valoraciones de los encuestados en las preguntas cerradas y

Una aproximación a la opinión de los actores desde una perspectiva cuantitativa

Las instituciones suelen imponer a sus integrantes determinadas formas de constituirse y desenvolverse a partir de
la identificación de escenarios y de marcos de acción, que
se complementan y tensionan con las formas autoimpuestas de proceder y los modos de conformarse como suje-
to que asumen los individuos. Estas formas impuestas y
autoimpuestas son el resultado de procesos históricos que
reconocen diferentes momentos en la historia nacional y
que se presentan particularmente interesantes en el período
actual, caracterizado por un fuerte proceso de profesionalización de las fuerzas armadas.

La indagación de las adscripciones que expresan los
militares como manifestación de sus subjetividades, en tanto síntesis de sus procesos de socialización –mediada fuertemente por la institución y su conjunto de valores– y
de sus experiencias, nos permitirá acercarnos al tipo de
percepción que han construido sobre la participación en
las misiones de paz. Buscaremos conocer cuáles son los
esquemas de valoración que ponen en práctica los militares cuando evalúan las diferentes opciones, pero también
qué tipo de construcción narrativa desarrollan cuando se
los consulta por su experiencia profesional en la misión.
En este sentido, planteamos una aproximación a las tensiones que expresan dichos sujetos entre formas impuestas
y autoimpuestas.

Para ello analizaremos las respuestas obtenidas en preguntas cerradas y abiertas, bajo la hipótesis de que las primeras expresan con mayor grado las respuestas esperadas o
impuestas por la mediación institucional, mientras que las

---

abiertas en su conjunto y no con el objetivo que suele guiar el uso de
preguntas abiertas como una primera aproximación al campo de estudios, a
través de las denominadas "pruebas piloto" (Ramón Álvarez, 2003)

preguntas abiertas manifiestan la posibilidad de relevar con mayor profundidad las experiencias vividas por los militares a partir de la participación en la misión de paz.[4]

Asimismo, cabe destacar que la participación de los militares en las misiones de paz ha generado cambios en la percepción que ellos poseen sobre la función de las fuerzas armadas y su rol en la sociedad, en el marco de un fuerte proceso de profesionalización y de ampliación de los entornos operativos. A continuación revisaremos con mayor profundidad este proceso y su alcance en la perspectiva de los actores.

La profesionalización como valor

En particular resulta interesante observar cómo la profesionalización de las fuerzas ha impactado en la redefinición de la noción de trabajo, como así también en las características que asumen un conjunto de valores morales tradicionalmente constitutivos de las fuerzas armadas, asociados a la familia, la Nación, la camaradería, el honor, la disciplina y el valor (Badaró, 2006; Frederic, 2013; Salvi, 2013).

La participación en las misiones de paz, y en particular la desarrollada en Haití, abre un interesante campo de interrogantes sobre la actuación y la valoración que los militares argentinos poseen sobre su experiencia laboral, dado que complejiza la tradicional definición basada en la formación para la "guardia y defensa de la patria" representada en la figura del "guerrero", y pasa a otra definida por su rol en el mantenimiento de la paz en otros países.[5] Pero

---

[4] Las preguntas abiertas que formaron parte del cuestionario se propusieron captar la perspectiva de los militares encuestados sobre sus experiencias en relación con los distintos aspectos consultados.

[5] Esta cuestión ha sido recientemente abordada por distintos autores y plantea, tanto en el campo académico como militar, desafíos sumamente interesantes dado que posee un impacto directo en la identidad, en la formación de los cuadros y en la evaluación de sus funciones. Un interesante abordaje de esta problemática se encuentra en Broesder, Op den Buijs, Vogelaar y Euwema (2014), a partir del intento de los autores de medir el cambio en la

también nos brinda información relevante sobre el modo en que los militares argentinos han construido su estilo y su entorno operacional en el desenvolvimiento de las operaciones de paz.[6]

En este marco, la noción de trabajo se vuelve central para avanzar en el análisis de la perspectiva de los militares. De esta manera, la posibilidad de identificar en torno a dicha noción diferentes dimensiones, tal como lo señalan Inglehart y Baker (2000), permite observar distintas valoraciones y perspectivas a partir de la participación en la misión. Al respecto, ambos autores distinguen dos dimensiones relevantes: una "materialista" asociada a el salario y la seguridad en el empleo, y otra "posmaterialista" vinculada al desarrollo personal, a la sensación de éxito y a la utilidad social de las tareas realizadas, entre otros aspectos.

Para el caso analizado, la distinción es relevante y nos permite revisar con mayor precisión la opinión de los militares encuestados.[7] Como podemos observar en la Tabla n.° 1, los resultados expresan que la mitad de los militares señalan como principal motivación la experiencia profesional, mientras que la opción representada por los "ingresos" es sólo seleccionada en un 7% de los casos.

---

identidad de los soldados participantes de misiones de paz. Al respecto los autores se plantean conocer cómo los soldados perciben su papel en este tipo de situaciones complejas porque su percepción influirá en sus acciones.

6   Sobre los estilos y la construcción de los entornos operacionales y las especificidades que asume el despliegue de cada país en operaciones de paz, ver el trabajo de Ruffa (2014). Asimismo resulta interesante resaltar la experiencia desarrollada en el marco del CAECOPAZ, a partir de la incorporación de temáticas y de módulos de formación originales que luego fueron incorporados en la formación acreditada por la ONU. Al respecto, se sugiere ver el capítulo 1 de la segunda parte del presente libro.

7   En torno a estas dimensiones se ha generado un interesante debate que aun se encuentra en pleno desarrollo, aunque es necesario señalar que dichas dimensiones no se sustituyen ni reemplazan entre sí, sino que se presentan de un modo complementario con mayor o menor primacía de unas sobre otras.

Tabla n.º 1. Factores que motivaron la decisión de participar en la misión de paz desarrollada en Haití[8]

	Frecuencia	Porcentaje	Porcentaje acumulado
Experiencia profesional	176	50,4	50,4
Ingresos	25	7,2	57,6
Vocación	20	5,7	63,3
Experiencia profesional e ingresos	58	16,6	79,9
Experiencia profesional y vocación	21	6	86
Ingresos y vocación	9	2,6	88,5
Experiencia profesional, ingresos y vocación	27	7,7	96,3
Experiencia profesional, ingresos, vocación y otros	5	1,4	97,7
Otros	6	1,7	99,4
Sin respuesta	2	0,6	100
Total	349	100	

---

8 Todas las tablas que forman parte de este capítulo han sido construidas con los datos obtenidos de la encuesta realizada en el marco del Convenio Ministerio de Defensa – Universidad Nacional de Quilmes: "Misión de Estabilización de las Naciones Unidas en Haití, MINUSTAH. Un estudio sobre la experiencia de las FFAA (2004-2015)".

Por otra parte, la combinación de experiencia profesional e ingresos fue seleccionada por el 16,6% de los encuestados, lo que muestra el solapamiento entre dimensiones "materialistas" y "posmaterialistas".

En relación con la motivación en función del grado, si bien todos los cuerpos seleccionan como primera opción la "experiencia profesional", es posible observar diferencias en los niveles de adhesión con respecto a esta motivación. Los oficiales muestran el porcentaje más elevado en relación con esta opción (61%), mientras que los suboficiales y los soldados presentan porcentajes similares, aunque menores, como puede observarse en la Tabla n.º 2.

Tabla n.º 2. Factores que motivaron la decisión de participar en la misión de paz desarrollada en Haití según grado de pertenencia

		Frecuencia	Porcentaje	Porcentaje acumulado
Oficial	Experiencia profesional	22	61,1	61,1
	Ingresos	1	2,8	63,9
	Vocación	1	2,8	66,7
	Experiencia profesional e ingresos	1	2,8	69,4
	Experiencia profesional y vocación	6	16,7	86,1
	Experiencia profesional, ingresos y vocación	5	13,9	100
	Total	36	100	

Suboficial	Experiencia profesional	130	48,9	48,9
	Ingresos	15	5,6	54,5
	Vocación	16	6	60,5
	Experiencia profesional e ingresos	49	18,4	78,9
	Experiencia profesional y vocación	14	5,3	84,2
	Ingresos y vocación	9	3,4	87,6
	Experiencia profesional, ingresos y vocación	22	8,3	95,9
	Experiencia profesional, ingresos, vocación y otros	5	1,9	97,7
	Otros	6	2,3	100
	Total	266	100	
Soldado	Experiencia profesional	23	51,1	51,1
	Ingresos	9	20	71,1
	Vocación	3	6,7	77,8
	Experiencia profesional e ingresos	8	17,8	95,6
	Experiencia profesional y vocación	1	2,2	97,8

	Sin respuesta	1	2,2	100
	Total	45	100	
No responde	Experiencia profesional	1	50	50
	Sin respuesta	1	50	100
	Total	2	100	

En los siguientes apartados revisaremos, desde esta perspectiva del trabajo, cuáles han sido las opiniones de los militares con respecto al lugar de la familia, la valoración sobre la formación y la preparación recibidas para la misión, la experiencia desarrollada y la percepción sobre las fuerzas de paz y las Fuerzas Armadas argentinas.

La familia como valor y referencia moral

Una de las dimensiones centrales del análisis de los militares como grupo social se vincula con los lazos que los miembros de las fuerzas armadas establecen con la familia.[9] Esta dimensión es un aspecto relevante en el desempeño de los militares en misiones de paz y constituye un elemento de gran importancia en la formación que adquieren los militares en la institución. En este sentido, los datos de la encuesta muestran que la mitad de los militares argentinos encuestados se encontraba casado o en concubinato al

---

[9] Un análisis de esta dimensión y su relación con el desempeño de los militares argentinos se encuentra en el capítulo "Distancia, encierro y tiempo libre: la dimensión familiar y personal", de Sabina Frederic que forma parte del presente libro. Ver también: *Military Families and War in the 21st Century. Comparitve perspectives*, editado por René Moelker, Manon Andres, Gary Bowen y Philippe Maniart por la editorial Routledge en 2015.

momento de desarrollar la misión (Tabla n.º 3), mientras que tres cuartas partes del total de militares respondió que tenía hijos (Tabla n.º 4).

Tabla nº 3. Estado civil

	Frecuencia	Porcentaje	Porcentaje acumulado
Casado/a y unión de hecho	177	50,7	50,7
Soltero	158	45,3	96
Separado/a y divorciado/a	10	2,9	98,9
Sin datos	4	1,1	100
Total	349	100	

Tabla nº 4. Presencia de hijos/as

	Frecuencia	Porcentaje	Porcentaje acumulado
Sí	264	75,6	75,6
No	78	22,3	98
Sin datos	7	2	100
Total	349	100	

En la Tabla n.º 5, se consignan los resultados de la asociación de los dos datos referidos a la presencia de hijos/as y al estado civil. Como podemos observar, la gran mayoría de los militares argentinos encuestados posee algún tipo de vínculo familiar de primera línea, ya sea porque se encuentra casado/a o en concubinato o porque tiene hijos. Estos datos son relevantes al momento de analizar el desempeño de los militares, dado que el alcance de los vínculos familiares directos abarca a la mayoría de los casos de acuerdo con la información relevada por la encuesta.

Tabla n° 5. Presencia de hijos/as según estado civil

		Estado civil al momento de participar en la misión					
		Casa-do/a o unión de hecho	Solte-ro/a	Divor-ciado/a	Sepa-rado/a	Sin res-puesta	Total
¿Tie-ne hijos/as?	Sí	47%	25,8%	2,3%	0,3%	0,3%	75,6%
	No	3,7%	18,1%		0,3%	0,3%	22,3%
	Sin res-puesta		1,4%			0,6%	2%
	Total	50,7%	45,3%	2,3%	0,6%	1,1%	100%

En la valoración de los encuestados sobre el modo en que su familia había considerado su participación en el misión de paz fue posible observar en las respuestas que los militares argentinos expresaban tener el acuerdo de sus familias y que dicho acuerdo se basaba en las características –compartidas por la familia– en relación con la definición del trabajo de los militares y su profesión.

Entre las respuestas hubo referencias frecuentes a la valoración de la formación profesional y a la experiencia para la carrera por parte del grupo familiar, pero también hubo menciones que asociaron la vida militar con el sacri-ficio y el orgullo que representaba para la familia tener a un militar brindando su ayuda en otros países.

Valoraciones sobre la formación y la preparación recibidas para la misión

La opinión de los militares encuestados sobre la preparación recibida en relación con los distintos planos de actuación y de conocimiento operativo presentaron variaciones. Por un lado, la preparación referida a la instrucción militar y la preparación física fueron evaluadas por los encuestados de un modo positivo y se destacaron en ambos aspectos los altos porcentajes que expresa el cuerpo de oficiales (Ver Tablas n.º 6 y n.º 7).

Por otro lado, las respuestas vinculadas con la preparación psicológica y el conocimiento del ambiente sociocultural en donde debían intervenir indican posiciones menos favorables en términos relativos (Ver tablas n.º 8 y n.º 9).

Tabla n.º 6. Opinión sobre el nivel de adecuación de la preparación recibida para afrontar la misión de paz respecto a la instrucción militar, según grado

		Opinión sobre el nivel de adecuación de la preparación recibida para afrontar la misión de paz respecto a la instrucción militar						
		Muy adecuada	Bastante adecuada	Adecuada	Poco adecuada	Muy poco adecuada	Sin datos	Total
¿Usted es?	Oficial	63,9%	16,7%	11,1%	5,6%		2,8%	100%
	Suboficial	47,4%	21,4%	26,7%	2,3%	0,8%	1,5%	100%
	Soldado	35,6%	35,6%	24,4%	2,2%	2,2%		100%
	Sin datos			50%			50%	100%
	Total	47,3%	22,6%	24,9%	2,6%	0,9%	1,7%	100%

Tabla n.º 7. Opinión sobre el nivel de adecuación de la preparación recibida para afrontar la misión de paz respecto a la preparación física, según grado

| | | Opinión sobre el nivel de adecuación de la preparación recibida para afrontar la misión de paz respecto a la preparación física | | | | | | |
		Muy adecuada	Bastante adecuada	Adecuada	Poco adecuada	Muy poco adecuada	Sin datos	Total
¿Usted es?	Oficial	69,4%	19,4%	5,6%	5,6%		69,4%	100%
	Suboficial	47,7%	28,2%	20,3%	3%	0,8%	47,7%	100%
	Soldado	37,8%	42,2%	17,8%	2,2%		37,8%	100%
	Sin datos			50%		50%		100%
	Total	48,4%	28,9%	18,6%	3,2%	0,9%	48,4%	100%

Tabla n.º 8. Opinión sobre el nivel de adecuación de la preparación recibida para afrontar la misión de paz respecto a la preparación psicológica, según grado

| | | Opinión sobre el nivel de adecuación de la preparación recibida para afrontar la misión de paz respecto a la preparación psicológica | | | | | | |
		Muy adecuada	Bastante adecuada	Adecuada	Poco adecuada	Muy poco adecuada	Sin datos	Total
¿Usted es?	Oficial	38,9%	36,1%	16,7%	5,6%	2,8%		100%
	Suboficial	35,3%	24,8%	30,8%	5,6%	3%	0,4%	100%
	Soldado	40%	22,2%	35,6%	2,2%			100%

Sin datos			50%			50%	100%
Total	36,1%	25,5%	30,1%	5,2%	2,6%	0,6%	100%

Tabla n.º 9. Opinión sobre el nivel de adecuación en la preparación recibida para afrontar la misión de paz respecto al conocimiento del ambiente sociocultural, según grado

		Opinión sobre el nivel de adecuación de la preparación recibida para afrontar la misión de paz respecto al conocimiento del ambiente sociocultural						
		Muy adecuada	Bastante adecuada	Adecuada	Poco adecuada	Muy poco adecuada	Sin datos	Total
¿Usted es?	Oficial	13,9%	52,8%	25%	8,3%			100%
	Sub-oficial	26,7%	27,8%	32,3%	9,4%	3%	0,8%	100%
	Solda-do	26,7%	13,3%	48,9%	8,9%	2,2%		100%
	Sin datos			50%			50%	100%
	Total	25,2%	28,4%	33,8%	9,2%	2,6%	0,9%	100%

Valoración de la experiencia

En cuanto a la percepción sobre la experiencia del despliegue los resultados de la encuesta indican valores favorables por parte de los militares encuestados sobre la participación en la misión de paz desarrollada en Haití. Como podemos observar en la tabla n.º 10, los porcentajes correspondientes a las categorías "muy positiva" (55%), "bastante positiva" (21,8%) y "positiva" (21,2%), suman, en conjunto, el 98% de los casos y sólo cinco casos señalaron como "negativa" la experiencia.

Con respecto a la valoración de los militares encuestados según el grado se advierte que las respuestas asumen valores diferenciales en función de los distintos agrupamientos. En el caso de los oficiales, tres cuartas partes señalan que la experiencia fue "muy positiva", mientras que en el caso de los suboficiales este valor fue seleccionado por un poco más de la mitad de los casos. En relación con los soldados, se observa que la percepción más frecuente referida a la participación en la misión estuvo vinculada al valor "bastante buena" (40%).

Tabla n.° 10. Opinión sobre la participación en la misión de paz, según el grado

		De acuerdo a su opinión, cómo considera su que fue su participación en la misión de paz					
		Muy positiva	Bastante positiva	Positiva	Negativa	Sin datos	Total
¿Usted es?	Oficial	75%	13,9%	11,1%			100%
	Suboficial	56%	19,9%	21,8%	1,9%	0,4%	100%
	Soldado	35,6%	40%	24,4%			100%
	Sin datos			50%		50%	100%
	Total	55,0%	21,8%	21,2%	1,4%	0,6%	100%

Esta primera evaluación que realizan los militares argentinos con respecto a la participación en operaciones de paz se complejiza cuando se les pide que describan los aspectos positivos y negativos de dicha participación.[10] En relación con los primeros, los encuestados señalan que la experiencia y el conocimiento fueron los elementos más importantes y significativos,[11] aunque también se mencionan otros relativos a la dimensión profesional, el tipo de tareas realizadas en la misión, la ayuda brindada y la camaradería[12] entablada entre compañeros.

En cuanto a los aspectos negativos, se destacan las referencias a los problemas vinculados al pago, el equipamiento, el alojamiento y las instalaciones, la comida, la distancia de la familia, junto a un conjunto diverso de cuestiones como el clima, la convivencia y el aislamiento, entre otros aspectos.[13]

Las percepciones de los militares argentinos tienden entonces a presentar una mayor homogeneidad en relación con los aspectos positivos, retomando la centralidad de los procesos de profesionalización que se promueven desde la propia institución; mientras que, en el caso de los elementos negativos, la diversidad de aspectos que se mencionan expresan miradas diversas, en donde la impronta de la institución se diluye y asume un mayor protagonismo la experiencia vivida por los propios militares.

La experiencia compartida con otros países

La opinión de los militares argentinos desplegados con respecto a la experiencia compartida con fuerzas armadas provenientes de otros países presenta a su vez niveles positivos: más de la mitad de los militares consultados señala que dicha experiencia fue "muy

---

10 Es interesante destacar que el 68% de los militares encuestados menciona aspectos negativos en cuanto a la experiencia en la misión de paz. Este porcentaje es relevante dado que la pregunta sobre la opinión en relación con la participación presentaba valores de conformidad elevados.

11 La experiencia es mencionada por 121 militares, mientras que el conocimiento fue referenciado en 104 ocasiones.

12 Las menciones a estos aspectos fueron: en el caso del desarrollo profesional 77, el trabajo 40, la camaradería 23 y la ayuda brindada 46.

13 Entre los aspectos negativos que fueron mencionados, aunque con menor frecuencia, se pueden señalar los siguientes: el calor, la logística, el ambiente, la comunicación defectuosa, la higiene, la incertidumbre, la instrucción, el trabajo, el hambre y la pobreza de la población haitiana.

buena" (57,3%), mientras que casi dos quintos de los encuestados indicó que fue "bastante buena" y "buena". En suma, las opiniones favorables representan un poco más del 96% de los casos, mientras que las opiniones negativas sólo son señaladas por cinco militares. De acuerdo con el cuerpo de pertenencia, las valoraciones presentan diferencias según se trate de oficiales, suboficiales o soldados.

Tabla n.º 11. Opinión sobre la experiencia compartida junto a otros países, según grado

		De acuerdo con su opinión, ¿cómo considera la experiencia compartida junto a otros países en la misión de paz?						
		Muy buena	Bas- tante buena	Buena	Mala	Muy mala	Sin datos	Total
¿Usted es?	Oficial	77,8%	2,8%	19,4%				100%
	Sub- oficial	58,6%	19,9%	18%	1,9%	0,4%	1,1%	100%
	Solda- do	35,6%	17,8%	40%			6,7%	100%
	Sin datos			50%			50%	100%
	Total	57,3%	17,8%	21,2%	1,4%	0,3%	2%	100%

Tal como ocurría respecto a la opinión sobre la participación en la misión, en el caso de la percepción sobre la experiencia compartida junto a otros países según el cuerpo de pertenencia, se observa que son nuevamente los oficiales quienes manifiestan los porcentajes más elevados de aceptación: el 77,8% señalan que la experiencia con otros países fue "muy buena". También encontramos entre los suboficiales que la respuesta más frecuente fue para más de la mitad de los casos "muy buena", mientras que respecto a los soldados, observamos que la mayoría señaló como opción más importante la opción "buena".

Percepciones sobre la recepción de la población haitiana de las fuerzas de paz y de las Fuerzas Armadas argentinas

La opinión sobre la recepción de las fuerzas paz y las Fuerzas Armadas argentinas por parte de la población local muestra variaciones interesantes a favor de la recepción de las fuerzas argentinas por sobre las fuerzas de paz en general. Como puede observarse a través de las tablas n.º 12 y n.º 13, en el caso de la recepción de las fuerzas de paz la mayoría de los oficiales y de los soldados señalan que fue "buena", mientras que los suboficiales indican con mayor frecuencia que fue "bastante buena". Estos porcentajes varían cuando la pregunta se orienta hacia la recepción de las Fuerzas Armadas argentinas; en este caso más de la mitad de los oficiales y suboficiales señalan que la recepción fue "muy buena", mientras que los soldados expresan como opción más frecuente que la recepción fue "bastante buena".

Tabla n.º 12. Cuál fue la recepción de las fuerzas de paz, según grado

| | | Señale, de acuerdo con su opinión, cuál fue la recepción de las fuerzas de paz | | | | | | |
		Muy buena	Bastante buena	Buena	Mala	Muy mala	Sin datos	Total
¿Usted es?	Oficial	30,6%	27,8%	41,7%				100%
	Sub-oficial	32%	35%	28,6%	1,9%		2,6%	100%
	Solda-do	15,6%	22,2%	46,7%	4,4%	2,2%	8,9%	100%
	Sin datos			50%			50%	100%
	Total	29,5%	32,4%	32,4%	2%	0,3%	3,4%	100%

Tabla n.º 13. Cuál fue la recepción de las Fuerzas Armadas argentinas, según grado

		Señale, de acuerdo con su opinión, cuál fue la recepción de las Fuerzas Armadas argentinas						
		Muy buena	Bas-tante buena	Buena	Mala	Muy mala	Sin datos	Total
¿Usted es?	Oficial	55,6%	25%	16,7%			2,8%	100%
	Sub-oficial	53,4%	24,8%	14,7%	0,8%		6,4%	100%
	Solda-do	28,9%	31,1%	24,4%	2,2%	2,2%	11,1%	100%
	Sin datos			50%			50%	100%
	Total	50,1%	25,5%	16,3%	0,9%	0,3%	6,9%	100%

Es interesante observar estas variaciones en la valo-ración de la recepción y el lugar en el que se posicionan los militares argentinos. Esta distribución de los porcenta-jes expresa un rasgo de distinción que los militares tienen presente y que conforma una marca de identificación frente a las fuerzas de paz de otros países.[14] En este sentido, no sólo las diferencias en el estilo operativo que Ruffa (2014) analiza en el despliegue de la ONU en el Líbano en relación con las actividades operativas, las tares de CIMIC y la pro-tección, sino también es posible identificar diferencias en el plano de las valoraciones, más allá de que todos los países se rigen por el mismo mandato impuesto por ONU.

---

[14] Un análisis en profundidad sobre los rasgos distintivos en relación al desempeño de los militares argentinos se encuentra en el capítulo IV del presente libro "'Los argentinos somos así': un análisis sobre las imbricacio-nes entre la *autocomprensión* de militares argentinos y su desempeño durante la MINUSTAH" de Mariano Melotto.

Consideraciones finales

Las misiones de paz son consideradas por los militares como un espacio de reconocimiento de sus capacidades adquiridas y de formación impartida en términos generales y específicos. Las misiones se constituyen como un territorio en donde la profesionalidad se expresa, tal vez, como en ninguna otra situación, a excepción del conflicto bélico.

En este contexto, los militares argentinos han construido en torno a las misiones de paz un espacio de legitimidad a través de una práctica profesional que resulta particularmente novedosa en los términos en los que se la plantea. El contrapunto con los espacios en donde tradicionalmente los militares construían su legitimidad es interesante, dado que no se centraban precisamente en torno a la dimensión profesional.[15]

La construcción de una identidad en la que diversos valores como la familia y la vida social, junto a otro conjunto de aspectos vinculados a la institución militar, se complementa con una noción de trabajo que privilegia cada vez más los aspectos "posmateriales". La experiencia de los militares argentinos en la misión de paz lleva en cierta medida a un extremo la valoración del trabajo bajo el condicionamiento temporal que impone el despliegue operacional en el cual se desarrolla la misión, que incorpora la permanencia prolongada en el terreno como un elemento que adiciona complejidad. Durante el período en que se desarrolló la MINUSTAH, la vida laboral se impone sobre la vida privada y esta situación tiene consecuencias tanto en el plano personal como en el grupal en el desarrollo de la propia misión.

---

[15] Al respecto es interesante señalar el proceso de reconversión profesional e identitaria que viene desarrollando la institución militar en torno a la pérdida de prestigio y de reconocimiento (Frederic, 2012).

Por otra parte, esta primera aproximación nos permite observar la presencia de ciertas valoraciones y configuraciones, construidas a partir de compartir determinadas experiencias y trayectorias formativas y profesionales. Los resultados de la encuesta permiten visibilizar la existencia de ciertos modos de interpretar la realidad y, en cierta manera, de actuar sobre ella. Las expectativas y las formas en las que decodifican los sujetos las preguntas de la encuesta muestran distintas posiciones de acuerdo con el grado que poseen los militares, y se observa en el caso de los oficiales mayor homogeneidad en sus respuestas en comparación con los suboficiales y los soldados. Existe un modo de observar la realidad similar entre estos sujetos que remite a experiencias comunes y formas compartidas de interpretar la realidad.

Los resultados de la encuesta expresan la presencia de autoadscripciones a distintos grupos y la construcción de una identidad de valores. Los oficiales y en menor medida los suboficiales y los soldados reconocen posiciones comunes, con elevados niveles de homogeneidad en sus respuestas.

Los procesos de profesionalización parecen intervenir en las diferencias observadas en la valoración que realizan oficiales, suboficiales y soldados, como así también en el escenario en donde los militares despliegan su actividad.

Bibliografía

ACUERDO DE QUITO (2011). "Informe Seminario-Taller Indicadores para la Cooperación Sur-Sur: necesidades, posibilidades y desafíos", El Salvador: PIFCSS-SEGIB. Disponible en: http://goo.gl/f9i5bZ. Consultado el 3/1/2016.

ALLRED, Keith (2006). "Peacekeepers and prostitutes. How deployed forces fuel the demand for trafficked women and new hope for stopping it", *Armed Forces & Society*, vol. 33, n.° 1, pp. 5-23.

ALVAREZ ESTEBAN, Ramón (2003). "Las preguntas de respuestas abierta y cerrada en los cuestionarios. Análisis estadístico de la información", en *Metodología de encuestas*, vol. 5, n.° 1, pp. 45-54.

AMARAL ROCHA, Talitha Mirian (2015). "Atuando com 'bom senso': uma análise sobre o papel da Guarda Municipal de São Gonçalo (RJ) na administração de conflitos cotidianos", en *Actas XI Reunião de Antropologia do Mercosul*.

ANGENOT, Marc (1998). *Interdiscursividades de hegemonías y disidencias*, Córdoba: UNC.

APTHORPE, Raymond (2011)."With alice in aidland: a seriously satirical allegory. Adventures", en *Aidland: The Anthropology of Professionals in International Development*. New York/Oxford, UK: Berghahn Books, pp. 199-219.

AVANT, Deborah y LEBOVIC, James (2000). "U. S. Military Attitudes Toward Post-Cold War Missions", en *Armed Forces and Society*, vol. 27, n.° 1, pp. 37-56.

AVEZOV, Xenia (2013). "'Responsibility While Protecting': Are We Asking the Wrong Questions?", *Stockholm International Peace Research Institute*, Disponible en: http://goo.gl/164pFr.

AYLLÓN, Bruno; OJEDA, Tahina y SURASKY, Javier (2014). *Cooperación Sur-Sur: regionalismos e integración en América Latina*, Madrid: La Catarata-IUDC/UCM.

BADARÓ, Maximo (2006). "La construcción simbólica de la identidad del Ejército Argentino", en *Entrepasados. Revista de Historia*, Buenos Aires, año XV, n.° 30.

BÖENE, Bernard (2003). "La professionnalisation des armées: contexte et raisons, impact fonctionnel et sociopolitique", en *Revue Française de Sociologie*, vol. 44, n.° 4, Presses de Sciences Po (P.F.N.S.P.), pp. 647-693.

BOISVERT Richard, LORDA, María Amalia y RACINE, Gina (2011). *Évaluation mi-parcours du projet- Projet de coopération trilatérale d'autoproduction d'aliments frais Pro-Huerta Haïti: Rapport final d'évaluation* [project mid-term evaluation – Pro Huerta trilateral cooperation project to produce its own fresh food: final evaluation report].

BOURNIVAL, Johanne (2010). *La violence sexuelle faite aux femmes par les casques bleus: un enjeu sexospécifique. Maîtrise en Études de la Défense*, Collège des Forces Canadiennes. Disponible en: http://www.cfc.forces.gc.ca/259/290/296/286/Bournival.pdf

BOVER, Tomás (2013). "Una cuestión de criterio: sobre los saberes policiales", en Frederic, Sabina; Galvani, Mariana; Garriga Zucal, José y Renoldi Brígida (eds.), *De armas llevar. Estudios socioantropológicos sobre los quehaceres de policías y fuerzas de seguridad*, La Plata: Ediciones EPC de Periodismo y Comunicaciónn, pp. 327-352.

BROESDER, Wendy, OP DEN BUIJS, Tessa, VOGELAAR, L. W. y EUWEMA, Martin C. (2014). "Can Soldiers Combine Swords and Ploughshares? The Construction of the Warrior–Peacekeeper Role Identity Survey (WPRIS)", en *Armed Forces & Society*, vol. 41, n.° 3, pp. 519-540.

BRUBAKER, Rogers y COOPER, Frederick (2001). "Más allá de la identidad", *Apuntes de investigación*, CECYP, año 5, vol. 7, pp. 30-67.

BUSS, Terry F. (2015). *Foreign Aid and the Failure of State Building in Haiti from 1957 to Latin American Policy*, 2015, vol. 6, n.° 2, pp. 319-339.

CARREIRAS, Helena (2015). "The invisible families of Portuguese soldiers. From colonial wars to contemporary missions", en Moelker, René; Manon Andres; Gary Bowen y Philippe Manigart, *Military Families and War in the 21st Century. Comparative perspectives*, New York: Routledge, pp. 261-277.

CELAC (2015). *Resolución Especial de la CELAC sobre Haití*. Disponible en: http://goo.gl/9QpwqC. Consultado el 10/9/2015.

CLASTRES, Pierre (2004) [1977]. *Arqueología de la violencia: la guerra en las sociedades primitivas*, Buenos Aires: FCE.

COOPER, Andrew F. y FRECHETTE, Louise (2015). *Celebrity diplomacy*. New York: Routledge.

CURRAN, David *et al.* (2015). *Perspectives on Peacekeeping and Atrocity Prevention*. New York: Springer.

DANDEKER, Christopher (2006). "Building flexible forces for the 21st Century. Key challenges for the contemporary armed services", en Caforio, Giuseppe (ed.). *Handbook of the Sociology of the Military*, New York: Springer, pp.405-416.

DIAZ, Daniel (2015). *El ProHuerta en Haití. Cooperación Sur-Sur y triangular en seguridad y soberanía alimentaria*, Buenos Aires: ArgenINTA.

DOMÍNGUEZ MARTÍN, Rafael (2010). "Celebridades y cooperación al desarrollo: manejar con cuidado". *Boletín Elcano*, n.° 129, p. 8. Disponible en http://goo.gl/kBnhDA. Consultado el 1/2/2016.

FAWCETT, Louise (2004). "Exploring regional domains: a comparative history of regionalism". *International Affairs*, vol. 80, n.° 3, pp. 429-446.

FELDMANN, Andreas y MONTES, Juan Esteban (2013). "Learning to be Likeminded: Chile's Involvement in Global Security and Peace Operations since the End of the Cold War". *South American Peace Operations: Coming of Age*, pp 151-168.

FOAR (2010). *Cooperación Sur-Sur y Triangular de la Argentina*. Disponible en http://goo.gl/NCTVDu. Consultado el 20/3/2015.

FOUCAULT, Michel (2005). *El orden del discurso*, Barcelona: Tusquets.

— (2005b). *La arqueología del saber*, México: Siglo XXI.

FREDERIC, Sabina (2013). Las trampas del pasado: Las Fuerzas Armadas y su integración al Estado democrático en Argentina. Buenos Aires: FCE.

— (2008). Los usos de la fuerza *pública*, Buenos Aires: Universidad Nacional de General Sarmiento – Biblioteca Nacional.

— (2012). "Fotografías de la configuración profesional de los militares en el contexto de su declinación como elite estatal", en Plotkin, M y E. Zimmerman (eds). *Las prácticas del Estado. Política, sociedad y elites estatales en la Argentina del siglo XXI*. Buenos Aires: Edhasa.

— (2015). "¿Militares, asalariados o trabajadores? Moral y emoción en un conflicto gremial de la Gendarmería Nacional Argentina", *Dilemas: Revista de Estudos de Conflito e Controle Social*, vol. 8, n.° 3, pp. 529-557.

FREDERIC, Sabina *et al.* (2015). "La experiencia de los militares argentinos en la MINUSTAH: una descripción etnográfica", en Rossi, Agustín *et al.*, Los cascos azules argentinos en Haití: la experiencia de las Fuerzas Armadas argentinas tras una década de construcción de la paz; 2004-2014, Buenos Aires: Ministerio de Defensa; Quilmes: Universidad Nacional de Quilmes, pp. 159-248.

FREDERIC, Sabina y CALANDRÓN, Sabrina (2015). "Gender Policies and Armed Forces in Latin America's Southern Cone", en *Res Militaris, Ergomas*, Issue N°1, *Women in the Military* (Part One).

FREDERIC, Sabina y MASSON, Laura (2015). "Profession and the military family in the Argentine Armed Forces: Generational differences and socio-cultural changes", en Moelker, René; Manon Andres; Gary Bowen y Philippe Manigart; *Military Families and War in the 21st Century. Comparative perspectives*, New York: Routledge, pp. 73-83.

FREDERIC, Sabina, GALVANI, Mariana, GARRIGA, Jose y RENOLDI, Brígida (2013). "Introducción", en Frederic, Sabina, Galvani, Mariana, Garriga, Jose y Renoldi, Brígida. De armas llevar. Estudios socioantropológicos sobre los quehaceres de policías y de las fuerzas de seguridad. La Plata: Ediciones de Periodismo y Comunicación.

GALVANI, Mariana (2009). Fuerzas de seguridad en la Argentina: un análisis sociológico y comunicacional de la construcción de identidad de/en la Policía *Federal Argentina*, tesis doctoral en ciencias sociales, Facultad de Ciencias Sociales, Universidad de Buenos Aires.

GIACALONE, Rita (2013). "South–South Cooperation: A Bridge Between Regionalism and Globalization?", *The Rise of the Global South: Philosophical, Geopolitical and Economic Trends of the 21st Century*, p. 67.

GIBSON, Clark *et al.* (2005). *The samaritan's dilemma. Polit. Econ. Dev. Aid*, vol. 13, n.° 2, pp 105-124.

GUBER, Rosana (2016). *Experiencia de Halcón*. Buenos Aires: Sudamericana.

HAJJAR, Remi M. (2014). "Military Warriors as Peacekeeper–Diplomats: Building Productive Relationships with Foreign Counterparts in the Contemporary Military Advising Mission", en *Armed Forces & Society*, vol. 40, n.° 1, pp. 647-672.

HALDANE, John BS. (1926). "On being the right size", *Harper's Magazine*, vol. 152, pp. 424-427. Disponible en http://goo.gl/EVxErb. Consultado el 1/2/2016.

HIRST, Mónica (2011). "Las políticas de Estados Unidos, Europa y América Latina en Haití: ¿convergencias, superposiciones u opciones diferenciadas?", *Pensamiento iberoamericano*, n.° 8, pp 223-242.

— (2015). "Emerging Brazil: The Challenges of Liberal Peace and Global Governance". *Global Society*, vol. 29, n.° 3, pp. 359-372.

HIRST, Monica y NASSER, Reginaldo Mattar (2014). "Brazil's involvement in peacekeeping operations: the new defence-security-foreign policy nexus", *Norwegian Peacebuilding Resource Centre*.

HIRST, Monica y SOARES DE LIMA, María Regina (2015). "Los desafíos de la política internacional de Brasil en el siglo XXI", en Lagos, R. e Iglesias, E., *America Latina, China y Estados Unidos: perspectivas latinoamericanas de las relaciones internacionales en el siglo XXI*. Santiago: FCE, pp, 273-322.

HUDSON, Heidi (2012). "A double-edged sword of peace? Reflections on the tension between representation and protection in gendering liberal peacebuilding", *International Peacekeeping*, vol. 19, n.° 4, pp. 443-460.

INGLEHART Ronald y BAKER Wayne E. (2000). "Modernization Cultural Change, and the Persisitence of Tradicional Value?", *American Sociological Review*, vol. 65, n.° 1.

INTA (2015). *Prohuerta en Haití: El 93 % de las familias mejoró su alimentación*. Disponible en: http://goo.gl/UkZth1 Consultado el 1/08/2015.

JANOWITZ, Morris (1990). El soldado profesional. Madrid: Ministerio de Defensa Secretaría General Técnica.

JIMENEZ, Ximena y LANGHOLTZ, Harvey (2012). "Gender Perspectives in UN Peacekeeping Operations", en *Peace Operations Training Institute*. Formación en línea. Disponible en: www.paeceoptrainning.org

KACHTAN, Dana Grosswirth (2016). "Deconstructing the Military's Hegemonic Masculinity: An Intersectional Observation of the Combat Soldier", *Res Militaris*, Ergomas, Issue N°2, *Women in the Military* (Part Two).

KALIMAN, Ricardo (2013). *Sociología de las identidades. Conceptos para el estudio de la reproducción y la transformación cultural*, Villa María, Córdoba: EDUVIM.

KOKO, Jacques L. y ESSIS, Essoh (2012). JMC. *Determinants of Success in UN Peacekeeping Operations*. University Press of America.

KOOPS, Joachim (2015). *The Oxford handbook of United Nations peacekeeping operations*, USA: Oxford University Press.

LORDA, María Amalia (2012). "Haiti: de la 'invisibilidad' de un territorio a la concreción de proyectos que fortalezcan su autonomía", en *11th Annual International Conference of Territorial intelligence of INTI, "Territorial intelligence and globalization tensions, transition and transformation"*, p. 10. Disponible en http://goo.gl/doOZvB. Consultado el 10/2/2016.

MALACALZA, Bernabé (en prensa). "Unidad y dispersión: una década de Cooperación Sur-Sur Latinoamericana en Haití". *Revista en conmemoración del Premio Iberoamericano a la Investigación en Cooperación Sur-Sur y triangular*, El Salvador: PIFCSS-SEGIB.

MARTIN, Sarah (2005). *Must Boys be Boys? Ending Sexual Exploitation and Abuse in UN Peacekeeping Missions*. Washington: Refugees International.

MEAD, Walter Russell (2014). "The return of Geopolitics", *Foreign Affairs*, vol. 93, n.° 3, pp. 69-79.

MERKE, Federico (2013). "Política Exterior da Argentina e Escolha Institucional: a OEA no espelho da UNASUL e do MERCOSUL", *Lua Nova*, n.° 90, pp. 65-97.

MILLER, Laura y MOSKOS, Charles (1999). "Humanitarians or Warriors?: Race, Gender, and Combat Status in Operation Restore Hope", *Armed forces and Society*, vol. 21, n.° 4, pp. 615-637.

MOELKER, René; ANDRES, Manon, BOWEN, Gary y MANIGART, Philippe (2015). "Introduction", en Moelker, René; Andres Manon; Bowen Gary y Manigart Philippe, *Military Families and War in the 21st Century. Comparative perspectives*, New York: Routledge, pp.3-21.

MOSKOS, Charles (1977). "From Institution to Occupation", *Armed Foreces and Society*, vol. 4, n.° 1, pp. 41-50.

MOSKOS, Charles; WILLIAMS John Allen y SEGAL David. R (eds.) (2000). *The Postmodern Military. Armed Forces after the Cold War*. New York: Oxford University Press.

MUZIO, María (2010). La participación en Operaciones de Mantenimiento de Paz e impacto en el ámbito familiar: tratando de enfrentar el desafío. Buenos Aires: Dunken

NACIONES UNIDAS (2000). "Informe Brahimi". *New York: ONU*. Disponible en: http://goo.gl/StEy5T. Consultado el 5/9/2015.

— (2015). *Uniting our strenghts for Peace, Politics, Parternership and Peoples. Report of the High Level Panel on United Nations Peace Operations*. Disponible en: http://goo.gl/V3Vts6. Consultado el 10/9/2015.

NAPOLEÃO, Thomaz Alexandre Mayer y DA CUNHA KALIL, Mariana Alves (2015). "Stabilization as the securitization of Peacebuilding? The experience of Brazil and MINUSTAH in Haiti", *Brasiliana-Journal for Brazilian Studies*, vol. 3, n.° 2, pp. 87-112.

NUCIARI, Marina (2006). "Models and explanations for military organization: an updated reconsideration", en Caforio Guseppe (ed), *Handbook of the Sociology of the Military*. New York: Springer. pp. 61-85.

ORGANIZACIÓN PARA LA COOPERACIÓN Y EL DESARROLLO ECONÓMICO (OCDE) (2016). *Statistics*. Disponible en http://goo.gl/WPzgqg. Consultado el 6/2/2016.

PIFCSS- SEGIB (2013). *Sistematizar la CSS para construir conocimiento desde la práctica. Documento 3.* El Salvador: PIFCSS. Disponible en: http://goo.gl/dLR3zD. Consultado el 1/2/2016.

PNUD (2013). *Informe de Desarrollo Humano.* Nueva York: PNUD.

— (2015). *Informe de Desarrollo Humano.* Nueva York: PNUD.

POLMAN, Linda y KLARREICH, Kathie (2013). *The NGO Republic of Haiti. The Nation,* Disponible en: https://goo.gl/vNftDN. Consultado el 1/10/2015.

RAMACHANDRAN, Vijaya y WALZ, Julie (2012). *Haiti: Where has all the money gone? CGD P. Paper 4. NY: CGD.* Disponible en: http://goo.gl/CVWo2x. Consultado el 1/2/2016.

RAMOS, José María Larrú (2005). "La Declaración de París-2005: Principios para una ayuda eficaz y aplicaciones para las ONGD", *Revista de fomento social,* vol. 60, pp. 243-281.

RIDDELL, Roger C. (2007). *Does foreign aid really work?,* OUP Oxford.

RODRIGUES, Gilberto M. A.(2015). "Regional Implementation of Peacekeeping: Notes and Lessons from the Brazilian Experience in the MINUSTAH", en *Perspectives on Peacekeeping and Atrocity Prevention.* Springer International Publishing, pp. 145-158.

RODRÍGUEZ CARMONA, Antonio (2009). *Rompiendo con el "proyectorado": El gobierno del MAS en Bolivia.* Madrid: Itaca, Red solidaria. Disponible en: http://goo.gl/jao8-Ub. Consultado el 1/12/2015.

RUFFA, Chiara (2014). "What Peacekeepers Think and Do: An Exploratory Study of French, Ghanaian, Italian, and South Korean Armies in the United Nations Interim Force in Lebanon", *Armed Forces & Society,* vol. 40, pp. 199-225.

SALVI, Valentina (2013). "Ejército y Nación. Un estudio sobre las estrategias e inscripción de lo/as oficiales del Ejército Argentino en la comunidad nacional", en Sociohistórica, n.° 32, La Plata: UNLP-FAHCE.

SANTOS, Elisabete; NUNES DOS SANTOS, Dário, BRITO, Luiza y SOUZA SILVA, Aderaldo (2007). *Experiência Brasileira sobre Captação, Armazenamento, Gestão e Qualidade da Água de Chuva para Consumo Humano em Comunidades Rurais do Haiti.* Disponible en http://goo.gl/cdkqkW. Consultado el 12/7/2015.

SEGATO, Rita (2003). Las estructuras elementales de la violencia. Ensayos sobre género entre la antropología, el psicoanálisis y los derechos humanos. Bernal: Universidad Nacional de Quilmes.

SNYDER, Jack y JERVIS, Robert (1999). "Civil War and the Security Dilemma", *Civil Wars, Insecurity and Intervention*, vol. 1, Nueva York: Columbia UP, pp. 15-38.

SOGGE, David (2004). *Dar y tomar: ¿qué ocurre con la ayuda internacional?*, Barcelona: Icaria Editorial.

SOTOMAYOR, Arturo (2007). "La participación en operaciones de paz de la ONU y el control civil de las fuerzas armadas: los casos de Argentina y Uruguay", *Foro internacional*, vol. XLVII, n.° 1, pp. 117-139.

SOTOMAYOR, Arturo (2014). *The Myth of the Democratic Peacekeeper. Civil-Military Relations and the United Nations.* Baltimore: John Hopkins University Press.

THÉODAT, Jean-Marie (2001). « Le jaden, berceau de l'identité haïtienne", *Géographie et cultures*, n.° 37, pp 117-133. Disponible en http://goo.gl/sMq2EE. Consultado el 1/2/2016.

— (2012). *Le jardin berceau de l'identité haïtienne*. Paris.

TOKATLIÁN, Juan Gabriel (2012). "Latinoamérica y el complejo integracionista: un concepto a debate", *Desarrollo Económico: Revista de Ciencias Sociales*, pp. 475-492.

TOMFORDE, Maren (2015). "The emotional cycle of deployment", en Moelker, René; Manon Andres; Gary Bowen y Philippe Manigart; *Military Families and War in the 21st Century. Comparative perspectives*, New York: Routledge, pp. 87-106.

TRIPODI, Paolo (2002). "Una cultura militar para las operaciones de paz. El caso italiano", Revista de Ciencia Política, vol. XXII, n.° 1, pp. 130-146.

TURNER, V. M. y BRUNER, Edward M. (eds.) (1986). *The Anthropology of Experience.* Urbana & Chicago: University of Illinois Press.

UN TRANSITIONS (2014): *Mission Drawdown or Withdrawal,* NYC. Disponible en http://goo.gl/LirX32.

Secretaría Técnica de UNASUR en Haití (2012). *Informe de actividad.* Disponible en http://goo.gl/P39QAI. Consultado el 12/8/2015.

VON EINSIEDEL, Sebastian y CHANDRAN, Rahul (2015). *The High-Level Panel and the Prospects for Reform of UN Peace Operations.* United Nations University, Center for Policy Research, vol. 14.

WEDEL, Janine R. *et al.* (2005). "Toward an anthropology of public policy", *The ANNALS of the American Academy of Political and Social Science*, vol. 600, n.° 1, pp. 30-51.

WEISBROT, Mark (2011). "Is this Minustah's "Abu Ghraib moment" in Haiti?", *The Guardian*, London, 3/9/2011.

WENDT, Alexander (1992). "Anarchy is what states make of it: the social construction of power politics", *International organization*, vol. 46, n.° 2, pp. 391-425.

WOOD, Elisabeth (2006). "Variation in Sexual Violence During War", *Politics and Society*, vol. 34, n.° 3, pp. 307-341.

WORBOYS, Katherine (2007). "The Traumatic journey form Dictatorship to Democracy. Peacekeeping operations and civil-military relations in Argentina, 1989-1999", *Armed Forces and Society*, vol. 33, n.° 2, pp. 149-168.

ZECK, Elisa (2010). *Constructions of peacekeeper's masculinity in the discourse on misogynist, racist and homophobic violence performed during UN missions.* Master thesis, Universiteit Utrecht.

Anexo

Apéndice

Contingentes militares argentinos en la MINUSTAH - Lapso 2004/2006

Contingente Número	Destino*	Fuerza	Hombres Oficiales	Hombres Suboficiales	Hombres Soldados	Mujeres Oficiales	Mujeres Suboficiales	Mujeres Soldados	Total por Fuerza	Total por Destino	Total por Contingente
HAITÍ 1	BCA	EA	35	158	81	-	-	-	274	457	545
	BCA	ARA	19	135	27	-	-	-	181		
	BCA	FAA	2	-	-	-	-	-	2		
	Unidad Aérea	FAA	8	21	-	3	4	-	36	36	
	Hospital Reubicable	EA	-	-	-	-	-	-	-	52	
	Hospital Reubicable	ARA	-	-	-	-	-	-	-		
	Hospital Reubicable	FAA	15	31	-	3	3	-	52		
HAITÍ 2	BCA	EA	32	178	64	-	-	-	274	450	545
	BCA	ARA	20	125	30	-	-	-	175		
	BCA	FAA	1	-	-	-	-	-	1		
	Unidad Aérea	FAA	-	-	-	-	-	-	47	47	
	Hospital Reubicable	EA	-	1	-	-	-	-	1	48	
	Hospital Reubicable	ARA	-	-	-	-	-	-	-		
	Hospital Reubicable	FAA	11	27	-	2	7	-	47		
HAITÍ 3	BCA	EA	35	185	81	-	-	-	301	453	545
	BCA	ARA	16	94	41	-	-	-	151		
	BCA	FAA	1	-	-	-	-	-	1		
	Unidad Aérea	FAA	-	-	-	-	-	-	47	47	
	Hospital Reubicable	EA	-	-	-	-	1	-	1	45	
	Hospital Reubicable	ARA	-	1	-	-	-	-	1		
	Hospital Reubicable	FAA	9	23	-	2	9	-	43		

* Solo personal militar

Contingentes militares argentinos en la MINUSTAH - Lapso 2006/2007

Contingente Número	Destino*	Fuerza	Hombres			Mujeres			Total por Fuerza	Total por Destino	Total por Contingente
			Oficiales	Suboficiales	Soldados	Oficiales	Suboficiales	Soldados			
HAITÍ 4	BCA	EA	34	171	95	-	-	-	300	452	540
		ARA	15	99	37	-	-	-	151		
		FAA	1	-	-	-	-	-	1		
	Unidad Aérea	FAA	-	-	-	-	-	-	47	47	
	Hospital Reubicable	EA	1	2	-	-	-	-	3	41	
		ARA	-	-	-	-	-	-	-		
		FAA	7	21	-	2	8	-	38		
HAITÍ 5	BCA	EA	36	186	80	1	-	-	303	455	549
		ARA	16	106	29	-	-	-	151		
		FAA	1	-	-	-	-	-	1		
	Unidad Aérea	FAA	-	-	-	-	-	-	47	47	
	Hospital Reubicable	EA	-	1	-	-	1	-	2	47	
		ARA	-	-	-	-	-	-	-		
		FAA	11	26	-	1	7	-	45		
HAITÍ 6	BCA	EA	34	220	44	1	2	-	301	455	542
		ARA	14	74	63	1	-	-	152		
		FAA	1	1	-	-	-	-	2		
	Unidad Aérea	FAA	-	-	-	-	-	-	47	47	
	Hospital Reubicable	EA	-	-	-	-	-	-	-	40	
		ARA	-	-	-	-	1	-	1		
		FAA	9	19	-	2	9	-	39		

* Solo personal militar

Contingentes militares argentinos en la MINUSTAH - Lapso 2007/2009

Contingente Número	Destino*	Fuerza	Hombres			Mujeres			Total por Fuerza	Total por Destino	Total por Contingente
			Oficiales	Suboficiales	Soldados	Oficiales	Suboficiales	Soldados			
HAITÍ 7	BCA	EA	35	182	79	-	1	-	297	454	537
		ARA	16	115	24	-	-	-	155		
		FAA	1	1	-	-	-	-	2		
	Unidad Aérea	FAA	-	-	-	-	-	-	47	47	
	Hospital Reubicable	EA	-	1	-	-	1	-	2	36	
		ARA	-	1	-	-	1	-	2		
		FAA	7	20	-	4	1	-	32		
HAITÍ 8	BCA	EA	34	188	67	2	5	2	298	455	540
		ARA	17	110	27	-	-	-	154		
		FAA	1	2	-	-	-	-	3		
	Unidad Aérea	FAA	-	-	-	-	-	-	47	47	
	Hospital Reubicable	EA	-	-	-	-	-	-	-	38	
		ARA	-	2	-	-	1	-	3		
		FAA	8	20	-	-	7	-	35		
HAITÍ 9	BCA	EA	34	206	39	2	1	-	282	451	534
		ARA	18	113	33	-	2	-	166		
		FAA	1	2	-	-	-	-	3		
	Unidad Aérea	FAA	-	-	-	-	-	-	47	47	
	Hospital Reubicable	EA	-	-	-	-	-	-	-	36	
		ARA	-	1	-	-	1	-	2		
		FAA	5	21	-	2	6	-	34		

* Solo personal militar

Contingentes militares argentinos en la MINUSTAH - Lapso 2009/2010

Contingente Número	Destino*	Fuerza	Hombres			Mujeres			Total por Fuerza	Total por Destino	Total por Contingente
			Oficiales	Suboficiales	Soldados	Oficiales	Suboficiales	Soldados			
HAITÍ 10	BCA	EA	35	204	38	2	3	1	283	451	539
		ARA	15	117	30	1	2	-	165		
		FAA	1	2	-	-	-	-	3		
	Unidad Aérea	FAA	-	-	-	-	-	-	47	47	
	Hospital Reubicable	EA	-	-	-	-	-	-	-	41	
		ARA	-	-	-	-	-	-	-		
		FAA	10	22	-	4	5	-	41		
HAITÍ 11	BCA	EA	34	183	48	4	9	-	278	450	533
		ARA	18	126	23	-	2	-	169		
		FAA	1	2	-	-	-	-	3		
	Unidad Aérea	FAA	-	-	-	-	-	-	47	47	
	Hospital Reubicable	EA	-	-	-	-	-	-	-	36	
		ARA	-	-	-	-	-	-	-		
		FAA	7	20	-	5	4	-	36		
HAITÍ 12**	BCA	EA	44	299	73	7	6	2	431	600	675
		ARA	17	124	20	1	3	-	165		
		FAA	1	3	-	-	-	-	4		
	Unidad Aérea	FAA	-	-	-	-	-	-	47	47	
	Hospital Reubicable	EA	-	-	-	-	-	-	-	28	
		ARA	-	-	-	-	-	-	-		
		FAA	8	12	1	3	4	-	28		

* Solo personal militar   ** Incluye la Compañía de Infantería del Ejército Argentino desplegada luego del terremoto de 2010

Contingentes militares argentinos en la MINUSTAH - Lapso 2010/2012

Contingente Número	Destino*	Fuerza	Hombres			Mujeres			Total por Fuerza	Total por Destino	Total por Contingente
			Oficiales	Suboficiales	Soldados	Oficiales	Suboficiales	Soldados			
HAITÍ 13**	BCA	EA	57	314	56	-	5	2	434	605	687
		ARA	17	122	24	-	-	-	163		
		FAA	4	4	-	-	-	-	8		
	Unidad Aérea	FAA	-	-	-	-	-	-	47	47	
	Hospital Reubicable	EA	-	-	-	-	-	-	-	35	
		ARA	-	-	-	-	-	-	-		
		FAA	7	21	-	3	4	-	35		
HAITÍ 14**	BCA	EA	48	313	60	5	7	1	434	604	697
		ARA	16	124	22	-	4	-	166		
		FAA	2	2	-	-	-	-	4		
	Unidad Aérea	FAA	-	-	-	-	-	-	47	47	
	Hospital Reubicable	EA	-	-	-	-	-	-	-	46	
		ARA	-	-	-	-	-	-	-		
		FAA	9	28	1	4	3	1	46		
HAITÍ 15**	BCA	EA	46	301	72	3	10	1	433	601	699
		ARA	16	123	18	-	9	-	166		
		FAA	1	1	-	-	-	-	2		
	Unidad Aérea	FAA	8	39	-	-	-	-	47	47	
	Hospital Reubicable	EA	-	-	-	-	5	-	5	51	
		ARA	-	1	-	-	4	-	5		
		FAA	11	24	-	3	3	-	41		

* Solo personal militar

** Incluye la Compañía de Infantería del Ejército Argentino desplegada luego del terremoto de 2010

Contingentes militares argentinos en la MINUSTAH - Lapso 2012/2013

Contingente Número	Destino*	Fuerza	Hombres			Mujeres			Total por Fuerza	Total por Destino	Total por Contingente
			Oficiales	Suboficiales	Soldados	Oficiales	Suboficiales	Soldados			
HAITÍ 16**	BCA	EA	47	275	83	3	16	-	424	600	700
		ARA	15	138	16	1	4	-	174		
		FAA	1	1	-	-	-	-	2		
	Unidad Aérea	FAA	10	37	-	-	-	-	47	47	
	Hospital Reubicable	EA	-	2	-	-	3	-	5	53	
		ARA	-	2	-	-	3	-	5		
		FAA	10	23	-	3	7	-	43		
HAITÍ 17	BCA	EA	35	198	33	-	5	1	272	450	546
		ARA	16	140	12	2	5	-	175		
		FAA	1	2	-	-	-	-	3		
	Unidad Aérea	FAA	9	34	-	-	2	-	45	45	
	Hospital Reubicable	EA	-	2	-	-	3	-	5	51	
		ARA	-	4	-	-	1	-	5		
		FAA	9	25	1	3	3	-	41		
HAITÍ 18	BCA	EA	36	184	54	-	7	-	281	453	549
		ARA	17	136	12	1	1	-	167		
		FAA	1	2	-	1	1	-	5		
	Unidad Aérea	FAA	9	37	-	-	1	-	47	47	
	Hospital Reubicable	EA	-	2	-	-	3	-	5	49	
		ARA	-	3	-	-	2	-	5		
		FAA	7	20	1	4	7	-	39		

* Solo personal militar

** Incluye la Compañía de Infantería del Ejército Argentino desplegada luego del terremoto de 2010

Contingentes militares argentinos en la MINUSTAH - Lapso 2014/2015

Contingente Número	Destino*	Fuerza	Hombres			Mujeres			Total por Fuerza	Total por Destino	Total por Contingente
			Oficiales	Suboficiales	Soldados	Oficiales	Suboficiales	Soldados			
HAITÍ 19	BCA	EA	31	201	29	6	10	-	277	455	555
		ARA	17	140	13	2	3	-	175		
		FAA	2	1	-	-	-	-	3		
	Unidad Aérea	FAA	10	35	-	-	2	-	47	47	
	Hospital Reubicable	EA	1	1	-	-	3	-	5	53	
		ARA	-	3	-	-	2	-	5		
		FAA	8	24	-	6	4	1	43		
HAITÍ 20	BCA	EA	33	189	42	5	3	-	272	447	549
		ARA	18	138	11	-	1	1	169		
		FAA	3	3	-	-	-	-	6		
	Unidad Aérea	FAA	9	38	-	-	-	-	47	47	
	Hospital Reubicable	EA	-	5	-	-	-	-	5	55	
		ARA	-	2	-	-	3	-	5		
		FAA	6	22	-	10	6	1	45		
HAITÍ 21	Hospital Reubicable	EA	-	2	-	-	3	-	5	58	58
		ARA	-	3	-	-	2	-	5		
		FAA	12	24	1	4	7	-	48		
									Total de personal desplegado		11664

* Solo personal militar

Sobre los autores

Calandrón, Sabrina es doctora en Antropología Social por la Universidad Nacional de San Martín y licenciada en Sociología por la Universidad Nacional de La Plata; es docente del Departamento de Sociología de esa misma universidad e investigadora asistente del CONICET (CIMeCS-IdIHCS/FaHCE-UNLP). Es integrante del Grupo de Estudios sobre Policías y Fuerzas de Seguridad (IDES-UNQ) y autora del libro *Género y sexualidad en la policía bonaerense*, UNSAM Edita.

De Martinelli, Guillermo es doctor en Ciencias Sociales por la Universidad Nacional de Quilmes. Es investigador de CONICET y profesor del área de Sociología en el Departamento de Ciencias Sociales de la Universidad Nacional de Quilmes y de la carrera de Historia de la Facultad de Humanidades y Ciencias de la Educación de la Universidad Nacional de La Plata. Actualmente es Director de la Licenciatura en Ciencias Sociales de la Universidad Nacional de Quilmes.

Fariña, Emanuel es estudiante avanzado de la Licenciatura en Ciencias Sociales con orientación en Políticas Públicas de la Universidad Nacional de Quilmes y profesor de nuevas tecnologías del Programa PUNQAM de la Secretaría de Extensión Universitaria de la misma universidad. Participó en convenios de Asistencia Técnica llevadas a cabo desde la Universidad Nacional de Quilmes con el Ministerio de Seguridad y el de Defensa. En 2015 se desempeñó como Tutor Par en el marco del Programa de Acciones Complementarias de aquella universidad.

Frederic, Sabina es doctora en Antropología Social por la Universidad de Utrecht, Holanda. Es antropóloga social por la Universidad de Buenos Aires, profesora titular de la Universidad Nacional de Quilmes e investigadora independiente del CONICET. Fue subsecretaria de Formación del Ministerio de Defensa de la República Argentina 2009-2011. Entre sus últimas publicaciones están *Los usos de la Fuerza Pública. Debates de las Ciencias Sociales sobre militares y policías*, UNGS y Biblioteca Nacional, y *Las Trampas del Pasado. Las Fuerzas Armadas y su integración al Estado democrático*, Fondo de Cultura Económica.

Gallo, Guadalupe es profesora en Ciencias Antropológicas por la Universidad de Buenos Aires y magíster en Antropología Social y Política por FLACSO Argentina. Actualmente es doctoranda por la Universidad de San Martín, IDAES, y trabaja temas referidos al movimiento corporal, la música y los sectores juveniles.

Hirst, Mónica es profesora del Departamento de Economía y Administración de la Universidad Nacional de Quilmes. Es doctora en Estudios Estratégicos/UFRGS (2011). Participó de la creación del área de Relaciones Internacionales de FLACSO-Argentina (1985-1999). Áreas de interés: cooperación internacional, seguridad global y regional y política externa de Brasil. Publicaciones recientes "Emerging Brazil; the challenges of liberal peace and global governance", Global Governance, 2015, y "Volver al Futuro: las relaciones entre Brasil y Cuba", NUSO, 2014.

Malacalza, Bernabé es investigador asistente del CONICET, doctor en Ciencias Sociales, FLACSO, magíster en Relaciones y Negociaciones Internacionales, FLACSO y Universidad de San Andrés, y magíster en Relaciones Económicas Internacionales, Universidad de Barcelona. Es profesor del Doctorado en Desarrollo Económico de la Universidad Nacional de Quilmes, del Doctorado en Relaciones

Internacionales de la Universidad del Salvador y de la Maestría en Cooperación Internacional de la Universidad Nacional de San Martín. Fue investigador de FLACSO Argentina. Entre sus últimas publicaciones están *Unidad y dispersión. Una década de Cooperación Sur-Sur Latinoamericana en Haití*, 2016 y *Las fuentes domésticas de la Cooperación Sur-Sur al Desarrollo de Argentina*, 2015.

Martínez Acosta, Marina es licenciada en Ciencias Sociales con orientación en Políticas Públicas por la Universidad Nacional de Quilmes, licenciada en Educación por la Universidad Nacional de San Martín y Profesora por la Universidad Tecnológica Nacional (en el marco del ciclo del profesorado). Es asesora en el área de Educación del Ministerio de Defensa de la Nación e Integrante del proyecto de Investigación I+D de la Universidad Nacional de Quilmes.

Melotto, Mariano es licenciado en Antropología por la Universidad Nacional de La Plata y Diplomado en Antropología Social y Política por FLACSO. Doctorando en la Facultad de Filosofía y Letras de la Universidad de Buenos Aires. Trabaja sobre cuestiones relacionadas con procesos de formación básica de diferentes fuerzas de seguridad. Actualmente se desempeña como docente en la Universidad Nacional de Lomas de Zamora y la Universidad Nacional de Lanús.

Este libro se terminó de imprimir en julio de 2016 en Imprenta Dorrego (Dorrego 1102, CABA).